Jean-Christophe LEBON

Pour une
AGRICULTURE REBELLE

ou
comment l'agriculture industrielle
nous asservit et comment y
échapper

Jean-Christophe LEBON

Après une licence et une maitrise de psychologie, Jean-Christophe Lebon s'est spécialisé dans la santé et la sécurité du travail avant d'entamer des recherches de terrain approfondies auprès de dizaine d'agriculteurs de France, de Grèce et de Roumanie, pour nous livrer ici le fruit de ces réflexions.

Pour une AGRICULTURE REBELLE

ou

comment l'agriculture industrielle
nous asservit et comment y échapper

Publié par Le Retour aux Sources

www.leretourauxsources.com

© Omnia Veritas Limited – Jean-Christophe Lebon – 2020

La dictature parfaite : une dictature qui aurait les apparences de la démocratie, une prison sans murs dont les prisonniers ne songeraient pas à s'évader. Un système d'esclavage où, grâce à la consommation et au divertissement, les esclaves auraient l'amour de leur servitude.

Le meilleur des mondes, Aldous Huxley

What's up ?[1]

De longues périodes de paix ont tendance à nous ramollir, à nous laisser la tête dans les nuages. Elles nous bercent d'illusions et font même de nous des Candides guidés par des Pangloss. Pourtant chaque jour apporte son lot de nouvelles pour le moins désastreuses : attentats, chômage, des salariés en CDI SDF... Alors, que faire ?

Que faire face à la catastrophe écologique ? Selon des chercheurs, en 2100 il pourrait ne plus y avoir d'humain sur Terre.[2] Des déchets radioactifs traînent un peu partout et parfois sans signalement de leur présence. Les poissons sont gavés de métaux lourds et en 2050 il se pourrait qu'il n'y en ait plus du tout, ou peut-être qu'il y aura plus de plastique dans l'eau que de poissons. Nous sommes témoins d'une des plus grosses extinctions de masse qu'ait connue la Terre et nous en sommes la principale cause.

Que faire quand on nous ment honteusement sur nos origines pour mieux nous contrôler, mais aussi nous empêcher d'envisager notre avenir. Ne sombrons pas dans le créationnisme non plus, mais les trous dans la théorie officielle ne manquent pas. Il suffit de lire *L'histoire secrète de l'espèce humaine*[3] pour sonder le dogmatisme ambiant ou regarder les travaux de Christopher Dunn sur la symétrie quasi parfaite de statuts Égyptiennes en granite. Cette dissimulation est commode pour appuyer la théorie de l'évolution de Darwin, l'idée de sélection naturelle, la loi du talion et compagnie. Cette théorie de Darwin qui vient à point nommé pour légitimer la doctrine capitaliste et l'arrière-pensée maçonnique – le naturalisme, je vous invite à écouter Pierre Hillard sur le sujet –, tout en chassant les valeurs et le mode de pensée catholique. Peu à peu fut délaissée la transcendance pour sombrer dans

---

[1] « Que se passe-t-il », chanson des 4 Non Blondes

[2] Étude de Nature, cité dans *Demain*, Cyril Dion et Mélanie Laurent, 2015.

[3] Livre de Michael Cremo et Richard Thompson, Éditions du Rocher, 2002.

le matérialisme et ainsi assurer la prospérité des nantis durant la révolution industrielle. Vive l'usure, l'emploi et la consommation. Après un bon lavage de cerveau, le travailleur se retrouve finalement heureux d'acheter des babioles en échange de son autonomie et de pertes de libertés qui ne feront qu'empirer avec le temps. Résultat, aujourd'hui tout peut s'acheter. Tout ce qui existe doit avoir une fonction marchande : votre force physique, le ventre de votre femme, les fœtus avortés...

Que faire quand la seule loi du plus ~~menteur, profiteur~~ fort règne dans nos sociétés « civilisées », que la notion d'amour ou de charité chrétienne est passée de mode, que les inégalités ont explosées ? À en croire l'époux de Carla, il faut « travailler plus pour gagner plus ». Dans ce cas on se doit de féliciter ces 62 stakhanovistes qui ont amassé autant de richesse que 50% de la population mondiale, à la sueur de votre front cela s'entend. Selon George Kennan 6,3% de la population mondiale contrôlaient 50% des richesses en 1948.[4] Aujourd'hui, c'est 1% de la population mondiale qui possède autant que les 99% restant.[5] Et ce phénomène continue à s'accélérer.

Que faire quand d'un côté le petit peuple trime pour assurer sa « survie » – ici, gagner un peu plus d'argent que son voisin direct, participant au grand manège capitaliste : crédit, consommation, etc. alors que les vrais pauvres meurent de faim – et que de l'autre, des ultras riches croulent sous l'argent au point d'en faire des apatrides, propriétaires de tout ou presque, notamment de l'entreprise pour laquelle vous travaillez. Bien entendu, ces gens ne paient pas d'impôts ou presque, ils ont une armée d'avocats pour cela et des paradis fiscaux qui les accueillent les bras ouverts. Quand bien même ils veulent dépenser leur argent – la mode est au concours de yachts entre copains – ils font dans l'une des entreprises qu'ils possèdent. Il se donne leur propre argent en quelque sorte. Avec les fusions d'entreprises, l'achat de parts d'autres entreprises ou des partenariats divers, les peuples finissent par ne plus travailler pour le bien de la société, la prospérité de leur pays ou pour avoir de nouveaux acquis sociaux. Aujourd'hui, vous travaillez directement ou indirectement à l'enrichissement personnel

[4] Cité par William Engdahl dans *OGM semences de destruction*.

[5] Rapport Oxfam *en finir avec les inégalités extrêmes*.

d'environ 1200 personnes qui ont presque tout.[6] Et ils « travaillent »
pour prendre la main sur ce qui leur échappe.

Que faire quand ces gens-là contrôlent les médias,[7] l'enseignement
de manière très insidieuse en modifiant l'Histoire à leur guise ou encore
en maîtrisant la Recherche ? Par leur argent et par leurs médias, ils
contrôlent les politiques. Nos Présidents de la République sont élus par
la télévision, plus ils y sont présents, plus ils ont de chances d'être élus.
Noam Chomsky[8] le démontre très bien dans son pays qui se présente
comme « la plus grande démocratie du monde ». Pays qui a relancé la
mode de la lettre de cachet à Guantanamo, pays qui pratique la torture
dans des prisons secrètes ou non comme Abu Ghraib, pays qui a repris
les recherches eugénistes menées par l'Allemagne nazie – recherches
financées en partie par l'élite Américaine. Pays qui a stérilisé des
prisonniers sur son sol sans leur accord, ainsi qu'une majorité des
femmes au Brésil dans les années 80, aux Philippines, etc. Pays dont
l'ancien président, Barak Obama, reçut le prix Nobel de la paix alors
que son pays est le plus gros vendeur d'armes au monde et qu'il cumule
225 années de guerre sur 242 années d'existence.[9]

Que faire quand Israël fait de l'eugénisme en offrant des
contraceptifs de longue durée sur des juives, uniquement d'origine
éthiopienne, en prétextant que ce sont des vaccins obligatoires ?[10] Israël
qui a violé plus de trente fois une résolution de l'ONU.[11] Pays dont
« l'armée la plus morale du monde » peut être financée par vous et moi
en faisant une donation déductible des impôts à hauteur de 60%,[12] alors

---

[6] Audrey Vernon https://www.youtube.com/watch ?v=EcQfZDLvj-0

[7] Les nouveaux chiens de garde, Gilles Balbastre, Yannick Kergoat, JEM
production, 2012.

[8] *La fabrication du consentement*, Noam Chomsky.

[9] http://www.infowars.com/america-has-been-at-war-93-of-the-time-222-out-of-239-years-since-1776/

[10] http://www.lepoint.fr/monde/quand-israel-force-ses-ethiopiennes-a-la-contraception-30-01-2013-1622050_24.php

[11] http://www.monde-diplomatique.fr/2009/02/A/16775

[12] http://www.rfi.fr/france/20140801-financer-armee-israelienne-tsahal-payer-moins-impots-france-fiscalite-dons-gaza-cisjordanie

qu'il est impossible d'en faire autant pour notre propre armée. Pourtant, nos soldats se voient souvent obligés d'acheter eux même leur matériel avec leurs soldes distribuées au lance-pierre à cause d'un « problème de logiciel » !

Que faire face à la crise financière qui arrive ? 2008 n'était qu'un feu de paille comparé au Mont Saint Helens qui approche. Les *quantitatives easing* fournissent un torrent de monnaie de singe qui ne sert qu'à créer des bulles qui ne demandent qu'à éclater et dévaster nos économies. La bourse repose sur des annonces et des promesses suivies par des prises de risques sur un marché totalement déconnecté de la réalité. Tous les boursicoteurs pensent sauter de la voiture en marche avant qu'elle ne finisse dans le précipice. Les peuples paient et paieront les pots cassés et les fautifs n'iront jamais en prison.

Que faire quand tout marche à l'envers ? Le savoir est remplacé par la technique ou le technologique, l'instruction par l'éducation. La biologie, devient l'étude de la mort. La médecine l'étude de la maladie. Le *Progrès*, une régression sans précédent. Le Conseil de Sécurité de l'ONU, censé maintenir la paix, est tenu par les plus gros marchands d'armes de la planète – oui la France en fait partie. Toujours à l'ONU, le Conseil des Droits de l'Homme a formé un groupe consultatif présidé par... l'Arabie Saoudite.[13] Un pays qui pratique la décapitation sans compter les meurtres et persécutions de chiites avec du matériel sponsorisé par les Américains depuis les accords de Quincy. Sans oublier son soutien financier accordé à des groupes terroristes comme DAESH.[14] Bien entendu, le courageux François Hollande a remis au prince héritier le « fion de hamster »[15] pour le remercier de dépenser ses riyals chez nous et aussi nous laisser acheter son or noir.

Que faire face à l'obsolescence programmée ? Des ingénieurs qui réfléchissent à une destruction de leur produit au meilleur moment pour obliger le client à le racheter et ainsi augmenter les ventes ainsi que le

---

[13] http://www.lemonde.fr/international/article/2015/09/22/le-role-de-l-arabie-saoudite-au-conseil-des-droits-de-l-homme-fait-debat_4767286_3210.html

[14] http://www.huffingtonpost.fr/2014/09/25/etat-islamique-argent-financement-dollars-daech_n_5869012.html

[15] *Rendez-nous jésus*, Dieudonné, 2012.

chiffre d'affaires de l'entreprise. Une arnaque généralisée et légale avec une pollution et un gaspillage des ressources délirants alors qu'en même temps, l'État nous culpabilise pour un peu d'eau qui coule du robinet ou pour nos ampoules qui tuent les ours polaires...

Que faire quand la CIA s'adonne au trafic de drogue[16]et que les grandes banques blanchissent l'argent ?[17]

Que faire quand l'Afrique, l'un des continents les plus riches en ressources naturelles, est obligée de tout vendre aux grandes puissances contre du papier qui ne vaut rien alors que son peuple souffre de la faim, du Sida ou des guerres. Si autrefois les peuples d'Afrique étaient esclaves de colons élevés à l'idée des Lumières, aujourd'hui ils sont esclaves de la dette. Nous, Français, percevons 500 milliards de dollars chaque année.[18] Jacques Chirac avouera qu'« une grande partie de l'argent qui est dans notre porte-monnaie vient précisément de l'exploitation depuis des siècles de l'Afrique ». L'État Français va jusqu'à faire la guerre sur ce continent au nom d'Areva.[19] La Grèce comprend à présent ce que c'est de payer la dette et très bientôt nous aussi en France nous y goûterons.

Que faire quand des ONG, l'ONU[20] ou des personnalités qui se présentent comme des philanthropes, des bienfaiteurs face caméra et qui dans les coulisses pillent le bien commun, tuent ou affament des populations – surtout les noirs. Souvenez-vous de la croix rouge qui

---

[16] http://actualitedelhistoire.over-blog.com/article-les-collusions-entre-la-cia-et-le-trafic-de-drogue-72725055.html et http://fawkes-news.blogspot.com/2014/11/secret-detat-quand-la-cia-se-faisait.html

[17] http://www.lemonde.fr/evasion-fiscale/article/2015/02/08/swissleaks-hsbc-la-banque-de-tous-les-scandales_4572333_4862750.html

[18] TEDX Mallence Bart Williams, 2015, Berlin https://www.youtube.com/watch ?v=dz5sOeD53Rc

[19] http://www.egaliteetreconciliation.fr/L-intervention-militaire-francaise-au-Mali-vise-t-elle-a-assurer-les-interets-d-Areva-15862.html

[20] http://www.lemonde.fr/afrique/article/2015/08/11/l-onu-ouvre-une-enquete-apres-des-accusations-de-viol-et-homicides-par-des-casques-bleus-en-centrafrique_4721149_3212.html

construisit 6 maisons avec « seulement » un demi-milliard de dollars.[21] Ou encore un Bill Gates qui donne son argent à sa propre association, histoire de ne plus payer d'impôts, pour ensuite passer son temps à vacciner des gens qui meurent de faim... Il dira même dans une interview que la vaccination réduit la maladie et réduit la croissance de la population.[22]

La liste pourrait s'allonger indéfiniment. La destruction de notre armée ; nos policiers, réduits à faire du chiffre dans des conditions déplorables, si déplorable qu'ils font maintenant partie des métiers avec le plus fort taux de suicide de France, et après on s'étonne qu'il y ait des attentats... Les réseaux pédophilies ;[23] les « usines à bébés ». Les sujets sensibles ne manquent pas.

Toute la journée de gentilles berceuses sont jouées dans les médias. Un grand merci à la bande à Bernays qui fit passer la propagande à un autre niveau, permettant l'avènement de l'ingénierie sociale. Exemple avec la démocratie, une sorte de Père Noël pour adulte. Coluche disait avec raison : « si le fait de voter changeait véritablement les choses, depuis longtemps les élections auraient été supprimées ». Etienne Chouard nous montre et nous démontre que nous vivons dans une ploutocratie et non pas dans une démocratie. Orwell n'a rien inventé, nos élites maîtrisent nos mots et maîtrisent donc nos pensées, pour ceux qui pensent encore.

Grâce à internet, il est devenu assez facile d'identifier les problèmes ou au moins comprendre que quelque-chose ne tourne pas rond. Nombreux sont ceux qui ne veulent pas encore le voir, soit par déni soit par naïveté, croyant vivre dans un pays libre puisqu'on nous le répète depuis tout petit. Goethe ne disait-il pas « nuls ne sont plus désespérément esclaves que ceux faussement convaincus d'être libres ». Le plus grand de nos problèmes est l'impossibilité– apparente – d'agir. Alors rien ne se passe. Quand un sujet va être compris, beaucoup font une petite dissonance cognitive et ils repartent comme si

---

[21] https://www.propublica.org/article/la-croix-rouge-haiti

[22] http://www.dailymotion.com/video/xgy4l1_bill-gates-admet-que-les-vaccins-servent-a-la-depopulation_webcam

[23] *Affaire Zandvoort, le fichier de la honte,* Canal +

rien ne s'était passé puisqu'ils ne peuvent rien y changer. Ils continuent de consommer dans une paix construite sur l'ignorance et la peur. D'ailleurs, qui a encore le temps et l'énergie pour travailler et en même temps de penser ? Chacun est trop occupé à sa petite vie, réglée par des tracas, le principal étant l'argent. On refuse la réalité pour ne pas effondrer son petit monde. Pourtant, si vous pensez que la vie semble difficile aujourd'hui, cela risque d'être l'enfer demain et la damnation après-demain. Non seulement pour vous, mais pour l'intégralité du vivant qui peuple la Terre.

Pour l'éviter il faudra résister, mais cela exige de grands sacrifices. Beaucoup préféreront la contrainte plus douillette. Résister devient encore plus difficile lorsqu'on a été infantilisé par l'État et les cartels qui sont là pour tout, comme penser à notre place, puisque l'hyperspécialisation du savoir nous a rendus ignorants de tout sauf de notre spécialité. Ainsi, la majorité de la population mettra d'autant plus facilement la tête dans le sable puisqu'elle est à genoux.

Heureusement, quelques-uns, les rebelles – *quiconque est mis par la loi de sa nature en rapport avec la liberté, relation qui l'entraîne dans le temps à une révolte contre l'automatisme et à un refus d'en admettre la conséquence éthique, le fatalisme* [24] – pour qui il est impensable de faire des compromis, qui ne veulent pas être à genoux, se débrouillent comme ils peuvent pour exister et faire avancer les choses. Mais ils sont peu nombreux et la tâche à accomplir est gigantesque.

Pour qu'il y ait de réelles avancées, il va falloir que chacun se tienne d'aplomb, que de plus en plus de rebelles se découvrent, il faudra que beaucoup mutent. Savoir qui l'on est, agir en fonction de ses convictions, ne pas être suggéré, parasité par un conditionnement extérieur, ce sont là l'essence même du rebelle. Mais par où commencer pour devenir un rebelle ? Et pour ceux qui sont déjà avancés dans leur mutation, ceux qui ont identifié les problèmes auxquelles nous faisons face, concrètement, quelles solutions mettre en œuvre pour agir, changer les choses et préparer l'avenir ?

---

[24] *Traité du rebelle, ou le recours aux forêts ; suivi de Polarisation.* Ernst Jünger, Seuil, 1986

Nos vies sont presque toutes tracées. Les plus chanceux – ou riches – sont faits pour un métier. Ils grandissent, les études se passent bien, ils n'ont pas, ou peu, besoin de courber l'échine grâce à un préformatage social. Ils obtiennent le diplôme qu'ils visaient, trouvent un CDI et vivent très bien les contraintes du métier puisqu'ils se disent qu'ils l'ont choisie et qu'ils vivent de leur passion. Ils s'épanouissent et s'ils ont un bon fond, ils peuvent faire avancer le schmilblick positivement. Pour les autres, une majorité, ils font avec les moyens du bord et perdent leur vie à la gagner. Ils essaient de trouver un gagne-pain qui colle un minimum avec leurs idéaux et qui ne nécessite pas trop d'investissement personnel. Ils peuvent aussi trouver un emploi, parfois infect, qui paie le plus possible pour nourrir sa famille et consommer à crédit tout en serrant les dents et recourir à l'alcool, les drogues ou des antidépresseurs comme $X\%$ des Français et/ou vivre dans un délabrement psychologique proche de la résignation acquise. Dans le pire des cas, ils peuvent vivre un enfer quotidien au travail et mourir à petit feu aussi bien physiquement que psychiquement et parfois finir par se suicider sous la pression.[25]

En l'absence de démocratie à la Chouard, aucune solution n'est à chercher du côté des politiques puisqu'ils se vendent volontiers au plus offrant, s'il n'est pas fabriqué par et pour eux– comme Jupiter à l'Élysée. Il faudra se débrouiller tout seul si l'on veut du changement. Comme l'a si bien dit Gandhi, « Soyons le changement que nous voulons voir dans le Monde ». Alors, comment devenir le changement – le vrai pas celui de Hollande – ? Où va-t-on trouver du temps et de l'énergie pour y arriver ?

La situation se résume en une équation assez simple : abondance (ou suffisance) = liberté = choix. Pénurie = contrôle = dépendance. Si nous regardons naïvement la bonne vieille pyramide de Maslow, la première des dépendances qui apparaît est d'assurer ses besoins vitaux. Si nous suivons cette logique, une autonomie alimentaire de chaque citoyen mènerait vers plus de liberté. Malheureusement, tous n'ont pas de jardin suffisamment grand pour pouvoir les nourrir. Nous pourrions imaginer que le citadin réussisse à convaincre sa petite famille de tout vendre pour s'offrir une petite ferme dans un coin paumé pour travailler

---

[25] *J'ai (très) mal au travail, cet obscur objet de haine et de désir*, Jean-Michel Carré, 2007

la terre. Une tâche qui n'est pas forcément faite pour tout le monde et qui ne s'apprend pas en un jour, sans parler de l'ambiance de suicide social qui pourrait régner. Encore faut-il trouver un lopin de terre qu'il puisse se payer et si en plus il veut faire une agriculture biologique, ou mieux de la permaculture, et pas du chimique-toxique-polluant, cela devient très compliqué sans parler du savoir à assimiler.

D'autres pourraient se reconvertir, recommencer des études pour se lancer dans l'agriculture bio et finalement déboucher sur une impasse. La demande pour ce type de terrains agricoles dépasse de loin l'offre et très peu réussissent à s'installer quand ils ne sont pas issus du monde agricole.

Alors, imaginez qu'il existe un nouvel outil qui redéfinisse les règles de l'agriculture et qui vous permettra de devenir autonome en nourriture. Un outil qui crée l'abondance n'importe où, qui est économe en ressources naturelles, qui produit des aliments de qualités, qui ne prend pas beaucoup de temps, ne coûte pas très cher, aux inconvénients relativement minimes comparés aux bénéfices qu'il pourrait offrir. Un outil au service d'une agriculture rebelle qui pourrait catalyser la mutation de ceux qui l'utilisent tout en dépossédant l'élite dominatrice d'une arme de choix. De nouveaux rebelles pourront utiliser ce *pharmakon*[26] qui deviendra un support pour tisser une toile de solutions aussi bien économique, sociale, voire politique et qui pourrait par la même occasion ouvrir une piste pour trouver des solutions à d'un « après-demain » qui s'annonce pour le moins compliqué.

Pour bien comprendre ce qui est en jeu, la nécessité de muter et aussi pour mieux apprécier la portée de ce *pharmakon*, tâchons par l'intermédiaire de l'agriculture d'avoir une vue d'ensemble sur des éléments déterminants et les motivations des principaux protagonistes qui nous ont conduits dans la situation désastreuse que nous venons de décrire.

---

[26] Idée développée par Bernard Stigler.

Partie I : État de la situation

> *Qui contrôle la nourriture contrôle les populations, qui contrôle l'énergie contrôle les nations et celui qui contrôle la monnaie contrôle le monde.*
>
> Attribué à Henry Kissinger

1. Ils appuient sur le champignon

> *Un bon écologiste, c'est un type qui voit loin et qui a peu de foi dans le progrès, la science et la technique.*
>
> Jacques-Yves Cousteau

Le Paysan et l'agriculture

Les paysans du XIXe siècle composaient 50% de la population française. Ils vivaient en parfaite autarcie. Les positions sociales étaient fermement établies de génération en génération et pour les conserver, aucun ne se risquait à changer ce mode de vie. Plus ils suivaient les règles imposées par la tradition, mieux ils étaient vus.

Le paysan avait une relation quasi affective avec ses animaux, mais aussi sa terre. Aucune parcelle, aucune vache n'était semblable et lui seul savait comment travailler sa terre ou reconnaître les humeurs d'Azalée. Comme il était propriétaire de ses terres, il pouvait se permettre une indépendance économique et sociale, bien que l'introduction de l'impôt pousse le paysan à optimiser son mode de production pour s'inscrire dans une logique un tantinet plus marchande. Il essayait de trouver le meilleur équilibre entre l'animal qui donnait le fumier pour fertiliser sa terre et le végétal qui se développait grâce à ce fertilisant. L'équilibre de ces deux pôles évitait l'épuisement des sols. Avec le temps, la technique évolua légèrement. La charrue fit son apparition, puis l'alternance céréales-fourrages élimina le besoin de jachère. Le travail se faisait au rythme imposé par la nature et le climat. Même si les tâches demandaient endurance et force physique, la pénibilité était bien acceptée puisque ces besognes avaient du sens. Le paysan avait le moral.

Il travaillait avec et pour sa famille. Le père de famille incarnait le rôle du patriarche. Il allait au marché pour écouler son surplus de production, tâche qui tenait plus de l'activité sociale que commerciale. Il pouvait se permettre de rentrer chez lui avec ses invendus sur les bras, le besoin d'argent n'était pas pressant.

Le paysan a une économie dite familiale. Selon Tepitch elle repose sur un caractère familial : économie domestique, petite communauté très soudée. Elle produit intensivement sur une petite surface et extensivement sur les grandes surfaces. C'est une économie « partiellement marchande », qui n'est pas orientée pour le marché, mais qui n'est pas exclusivement de subsistance. Elle a un rapport travail/revenu indivisible. Mais aux environs de l'année 1904, la donne change et deux modèles agricoles vont s'opposer. Celui du paysan européen qui produit pour ses propres besoins sur sa propriété et celui du *Farmer* Américain qui produit pour le marché et qui n'est pas forcément propriétaire de ses terres.

L'Agriculteur et l'agro-industrie

Ce fut le modèle Américain qui s'imposa. Sur le vieux contient, le paysan devient petit à petit un agriculteur, fournisseur de matière première pour l'industrie alimentaire. La place de la terre évolue elle aussi. Dans les années 50/60 elle devient un simple outil qu'on exploite sans vergogne dans une logique financière.

Le triomphe du modèle Américain est lié à deux facteurs : le progrès technique et la volonté politique. La révolution industrielle qui a besoin de main-d'œuvre engendre un premier exode rural. Cette révolution se conjugue aux premières utilisations d'engrais azotés à partir de poudre à canon. Puis vint la Seconde Guerre Mondiale qui, une fois finie, fit prendre conscience au semblant d'Union Européenne de l'époque de la faiblesse de ses moyens de production : pénurie, prix élevés des céréales sur le marché mondial, le climat qui fait des siennes et une forte dépendance aux aides Américaines.

Alors le politique s'en mêle. Le gouvernement Français qui veut devenir une puissance industrielle saute sur l'occasion pour encourager la productivité dans les campagnes en incitant à la mécanisation et en réorientant l'industrie chimique développée pour la guerre vers l'agriculture. Les mêmes substances trouvent des applications différentes. Un deuxième exode rural à lieu et elle marquera clairement la limite entre le monde urbain et le monde rural. Pour accélérer les choses, le gouvernement applique les recommandations du rapport Rueff/Armand. Rapport qui préconise de maintenir les prix agricoles en dessous des prix du secteur industriel pour créer mécaniquement une disparité sociale. Pour mieux gagner sa vie, le paysan troque sa pioche contre un bleu de travail. Les villes s'agrandissent et ameutent les non-agriculteurs des campagnes.

Le plan Marshall marque l'apparition des premiers tracteurs dans les campagnes. La traction mécanique, alimentée au carburant, peut remplacer la traction animale, alimentée par des cultures qui accaparait 38% de la surface cultivée en France. La monoculture permet l'utilisation d'une machine plutôt qu'une armée de petites mains. Elle divise par quatre le temps de travail dans les champs[27] et la machine permet d'agrandir la surface des exploitations.

Pour acheminer les tracteurs sur les lieux de production et pour en tirer profit au maximum, le « remembrement » est organisé. Que ce soit un sentier trop étroit, une haie ou un arbre qui se dresse sur la route du tracteur, tout est broyé. Des terrains sont aplanis pour que les engins puissent progresser facilement. Les parcelles dispersées de l'agriculteur sont fusionnées en une grande. Ces grands travaux vont créer une érosion sans précédent, un bouleversement des écosystèmes, la disparition massive au sein de la faune et la flore, mais personne n'en a cure à l'époque. La télévision promeut le tracteur, vendu comme symbole de la modernité, du *Progrès*. Le gouvernement encourage vivement les agriculteurs à se moderniser, à utiliser des engrais chimiques, la monoculture et les semences sélectionnés génétiquement.

---

[27] *Adieu paysans*, Audrey Maurion, Program 33, 2014.

La mafia entre en piste

En effet, les premières semences hybrides de blé et de maïs sont élaborées au Mexique avec l'appui de la fondation Rockefeller.[28] Ils prennent des espèces locales, les améliorent par croisement et en font des semences hybrides à haut rendement, mais qui n'ont ses propriétés que sur une génération. Si l'on ressème la récolte, le rendement baisse très fortement. Il faut donc racheter les semences chaque saison. Pour garantir ses hauts rendements, la plante doit avoir accès à de la nourriture en quantité. Elle est gavée d'engrais chimique et d'eau. Cette mise sous perfusion entraîne la prolifération des « mauvaises herbes » dont l'exploitant se débarrasse à grand coup de désherbants.

Ces semences donnent des plantes aux racines moins développées et les champignons peinent à s'y installer. Or, les champignons aident la plante à se nourrir et ils les protègent d'agents pathogènes comme les polluants organiques et les métaux lourds. Il permet aussi la restauration des sols, de l'humus et de bien d'autres choses. Leurs absences rendent les plantes plus fragiles. Mais les nouveaux promoteurs du savoir ont découragé les agriculteurs de continuer l'amélioration des semences « traditionnelles », qu'ils disent dépassées, au profit de celle payante et soumise à des droits de propriété intellectuelle.

Fête du blé, fête du pain ?[29]

Si les rendements sont bons, la qualité pêche un peu. La plante utilise toute son énergie pour se développer, mais n'arrive pas à créer les substances qui vont lui donner du goût, une odeur, une texture. Le

---

[28] Pour rappel, le fils de John Davidson Rockefeller, qui créa la Rockefeller Foundation, écrivit : « *Certains croient que nous [la famille Rockefeller] faisons partie d'une cabale secrète agissant contre les grands intérêts des Etats-Unis et il représentent ma famille et moi comme des internationalistes ; ils (ndlr : les « extrémistes » selon David Rockefeller) vont jusqu'à prétendre que nous conspirons avec d'autres capitalistes dans le monde pour construire une structure politique et économique globale plus intégrée–un seul monde, si vous voulez. Si c'est ce dont on m'accuse, je plaide coupable et j'en suis fier.* » David Rockefeller, Mémoire, Paris, Ed. Le Fallois, 2006 cité par Pierre Hillard, *La marché irrésistible du nouvel ordre mondial.*

[29] Poème de Paul Verlaine

produit final, qui a le même bagage génétique et qui est cultivé dans les mêmes conditions, aura la même taille, le même goût – peu affirmé –, la même texture, etc. Cette sélection donne un produit standardisé qui est aisément récolté et transformé par la machine.

Piquée des vers ou non, la qualité importe peu. Les premiers agriculteurs à tester les semences de blé hybrides s'aperçoivent qu'il est de qualité médiocre et est inutilisable par les boulangers, car il est impanifiable – défaut corrigé plus tard en augmentant la quantité de gluten contenu dans le blé et en additionnant au cours du processus de fabrication du pain, ce qui le rend plus volumineux. L'État ne tient pas compte de cet énorme handicap et garantie aux agriculteurs d'acheter leurs récoltes à bon prix. Le blé inutilisable, mais à haut rendement, fût vendu aussi cher que le blé classique au rendement plus faible. Une aubaine pour l'agriculteur qui a fortement investi en contractant un emprunt auprès du Crédit Agricole, avec un taux d'intérêt attractif. Eh oui, le gros tracteur tout neuf n'était pas gratuit, les engrais et les semences non plus. L'agriculteur trouve ainsi suffisamment de *blé* pour payer ses traites. Ceux qui ne peuvent se l'offrir seuls, montent des CUMA (coopérative d'utilisation du matériel agricole) et s'achètent le *Progrès* à plusieurs.

Le paysan n'a plus vraiment le choix. Soit il accepte la modernité tournée vers le marché, soit il reste dans une économie familiale et n'accède pas à la consommation, car il n'engrange pas d'argent. Sa femme voyant le niveau de vie des autres secteurs professionnel augmenter, mais aussi celui des agriculteurs qui se modernisent, n'hésite pas à le lui faire remarquer. Elle aussi veut un cadre de vie propre, confortable et agréable. Le métier de paysan lui apparaît comme le dernier des métiers ce qui peine son époux. Autre argument, la machine pourrait diminuer le temps de travail et séparer la sphère privée de la sphère professionnelle. Le paysan est connu pour ne pas vraiment aimer la nouveauté, qui peut menacer sa position sociale, sauf si cela peut accroître son patrimoine. Alors, frustré d'être à la traîne, devant un choix qui peut lui permettre d'augmenter son patrimoine et jouir d'un peu plus de temps libre tout en améliorant ses conditions de vie font que beaucoup de paysans cèdent à la tentation, surtout ceux qui en avaient les moyens. Il s'achète un tracteur, le symbole qui marquera son entrée dans la modernité.

L'idylle ne dura pas. Ceux qui ont choisi la modernité rencontrent leurs premiers problèmes. D'abord, les principes du Taylorisme vont s'appliquer à l'agriculture. On sépare ceux qui pensent de ceux qui produisent. L'agriculteur travaille à la chaîne : les gestes, l'outillage, les plantes, les engrais et la récolte obéissent à la « technique scientifique » imposée par l'ingénieur agronome, ce dernier n'étant plus formé que pour faire du rendement. Les agriculteurs sont soumis au bon vouloir des techniciens qui leur distillent les progrès au goutte- à-goutte. Ils se lancent donc dans de lourds investissements sans réel moyen de s'orienter. Ils sont dépossédés de leur savoir-faire et deviennent des salariés au service du rendement. Ils s'organisent en coopératives pour essayer de reprendre la main.

Ensuite, les scientifiques découvrirent que la nature était indomptable. Les mauvaises herbes développent une résistance aux herbicides. Il faut augmenter les doses pour avoir les mêmes effets, donc débourser un peu plus. La monoculture épuise les sols en quelques saisons, il faut toujours plus d'engrais. Le champ est devenu un terrain propice à la prolifération de parasites ou de maladies, surtout avec une armée de plante identique aux racines minuscules hostiles aux champignons. Les pesticides[30] furent inventés pour répondre au problème. Ils n'étaient en fait que le réemploi de la chimie de guerre. En guise de pesticide l'agriculture utilisa du Zyklon B– légèrement transformé en DDT – jusqu'en 1988. Les premiers problèmes de santé suivirent. La consommation annuelle de pesticide passe de 0,05 tonne en 1945 à 2,5 millions de tonnes aujourd'hui. Et la toxicité des produits a été multipliée par 10.

Enfin, l'abondance des récoltes créera une baisse des prix un peu plus tard. Pour garder les mêmes entrées d'argent et payer son crédit, l'agriculteur devra agrandir son exploitation et produire plus. Ce qui entraînera une nouvelle baisse des prix et ainsi de suite, c'est un cercle vicieux. Les plus petites exploitations périssent une à une. La folle course de l'innovation débute, le dernier agriculteur encore debout remporte la partie. Les exploitations de taille moyenne, qui naviguent à vue comme les autres, doivent prendre des décisions radicales et rapidement. Attendre est un luxe qui pourrait les condamner à long terme. Celui qui ne peut investir est voué à l'isolement économique et social. L'innovation ne profitera qu'à ceux qui peuvent se la payer, les

---

[30] Le terme pesticide englobe les herbicides, les fongicides, les insecticides, raticide etc. Ils sont là pour éliminer les « nuisibles ». Les pesticides, industriels, sont conçus avec des sous-produits du pétrole.

autres périssent sous le poids des dettes. Les plus grandes exploitations, les plus tournés vers le commerce, qui utilisent le plus de crédits alloués par l'État ont été les plus innovantes. La sélection se fait dorénavant par la technique et le capital – et non plus par le patrimoine.

La grande aliénation

> *J'aime les paysans, ils ne sont pas assez savants pour raisonner de travers.*
>
> Montesquieu

Des semences hybrides à usage unique alliées aux engrais chimiques et à l'irrigation, pour des exploitations plus grandes et avec une densité de plantation accrue constituent la base de ~~la révolution~~ *l'aliénation*[31]verte. La couleur verte qui renvoie exclusivement à la couleur du dollar américain, toute autre comparaison serait ridicule. Les semences payantes et les engrais bénéficient à des entreprises basées aux États-Unis – Dow Chemical, Monsanto et Dupont travaillent main dans la main avec le Pentagone. Cette agriculture est dépendante du pétrole, donc du dollar. C'est le cas pour le tracteur – directement importé des États-Unis –, les engrais, les produits phytosanitaires et le transport, ou l'irrigation avec des pompes fonctionnant au carburant. Le modèle Américain du *Farmer* qui s'impose sur le modèle Européen, est créé pour le marché « libre » et son idéologie capitaliste. Le nouveau marché des engrais chimiques, des semences hybrides et cette nouvelle pratique agricole dépendante du pétrole et de ses dérivés profitent très largement aux lanceurs du projet : les Rockefeller. Heureux hasard n'est-ce pas ?

Cette modernisation fut présentée aux paysans comme sans conséquence alors que ce fut un bouleversement pour la société Française tout entière. Les changements sont présents dans leur style de vie, leur modèle économique, social et leurs valeurs morales. En quelques années, la classe agricole, majoritaire et protégée par le gouvernement, s'ouvre à un monde à la recherche de compétitivité et régenté par un marché sans pitié. L'agriculteur, lancé dans le *Progrès* et sa logique économique, se crée des aspirations et des besoins qui se

---

[31] Aussi bien au sens juridique que psychiatrique.

monnaient et l'argent manque toujours. Son moral est au plus bas, il est dans le plus grand désarroi. Un sentiment d'injustice et d'abandon l'envahit. Son métier a perdu de son sens et pour la première fois, il a des craintes pour l'avenir.

Les gouvernements de l'UE de l'époque vont lancer en 1962 la politique agricole commune (PAC). Elle donnera des aides aux agriculteurs pour produire encore et toujours plus. Pourtant l'aliénation verte talonnée par une course à l'innovation ont répondu à l'urgence d'après-guerre. Alors, pourquoi aujourd'hui encore, s'entêter dans ce choix alors qu'il est déjà difficile d'écouler la surproduction ?

2. Une politique agricole qui affame

Toutes les idéologies politiques qui ont voulu modifier le monde paysan ont échoué parce que le monde agricole ne peut être géré par des théories, il est régi par la réalité.

Olivier De Kersauson

Au moment où les Européens mettaient en place la PAC, la France était autosuffisante sur le plan agricole. Aujourd'hui, elle importe massivement de la viande, des fruits et des légumes. Cherchez l'erreur.

La création de l'UE n'a fait que vider le pouvoir législatif de nos institutions pour les mettre dans les mains de personnes non élues et intimement gangrénées par les lobbys. L'Union Européenne est née sur la base d'une ouverture de marché avec une volonté commerciale et uniquement commerciale. Il est donc normal que le monde marchand ait pris possession et ceinturé l'évolution de leur gagne-pain. Par conséquent, notre pays a de moins en moins son mot à dire sur la politique menée au sein de ses frontières. Aujourd'hui, 80% des lois adoptées par l'institution Française proviennent de directives sorties des tiroirs de Bruxelles. Par exemple, la réforme « soudaine » du droit du travail était inscrite depuis longtemps sur l'agenda de l'UE et Emmanuel Macron, par l'intermédiaire d'El Khomri, n'a fait que suivre le guide. Si l'on rajoute le pouvoir des marchés sur notre économie, vous comprenez pourquoi un Jacques Attali peut dire placidement à la télévision que « *le président de la République n'a plus de pouvoir* ».[32]

La France ne déroge pas à la règle pour la PAC. Pire dès le début le gouvernement a sciemment donné les clés de nos fermes, qui faisaient une des forces du pays, à une poignée de bureaucrates sous influence.

---

[32] https://www.publicsenat.fr/lcp/politique/jacques-attali-plus-important-aujourd-hui-c-l-education-1527700

La PAC se décide par trois organismes. La première, la Commission Européenne, dont les 28 membres sont non élus, mais nommés dans un flou artistique. C'est la seule qui ait le droit de décider de la marche à suivre, en proposant ou modifiant des traités. C'est toujours elle qui choisit ce qu'on garde ou qu'on modifie dans la PAC. Elle propose ses idées au deuxième intervenant, le Parlement Européenne, qui dit si elle est d'accord avec ce qui est proposé ou non. Le dernier intervenant, le conseil des ministres de l'Agriculture, vote à majorité qualifiée les propositions. Le peuple n'a pas vraiment son mot à dire sur le contenu des décisions qui sont prises, pourtant c'est lui qui paye et qui consomme littéralement le fruit de ces choix. En revanche la CIAA (confédération des industries alimentaires et des boissons européenne) a participé aux propositions de la Commission Européenne.

Rapidement le petit monde Européen va se heurter à la dure réalité de la mondialisation. Et face à plus fort qui lui, l'UE a choisi la fuite.

2.1 PAC versus OMC

La PAC et son rôle

L'après-guerre et son lot de pénuries demandait de réels efforts pour accroître la production agricole. Le traité de Rome de 1957 débouche sur la mise en place d'une Politique Agricole Commune. Selon l'article 39 du Traité de Fonctionnement de l'Union Européenne (TFUE), la PAC a pour but :

➢ optimum des facteurs de production, notamment de la main-d'œuvre, d'accroître la productivité de l'agriculture en développant le progrès technique, en assurant le développement rationnel de la production agricole ainsi qu'un emploi
➢ d'assurer ainsi un niveau de vie équitable à la population agricole, notamment par le relèvement du revenu individuel de ceux qui travaillent dans l'agriculture,
➢ de stabiliser les marchés,
➢ de garantir la sécurité des approvisionnements,
➢ d'assurer des prix raisonnables dans les livraisons aux consommateurs.[33]

---

[33] http://eur-lex.europa.eu/legal-

Et récemment, Bruxelles y ajouta une volonté de protection environnementale, un contrôle sanitaire et le développement rural.

Des mesures sont prises pour atteindre ces objectifs :

➢ Des prix garantis. Ils assurent aux agriculteurs un prix minimum pour leurs productions. La différence entre le prix du marché et le prix garanti est comblée.

➢ Des subventions à l'exportation qui gomment la différence entre le prix garanti et les prix des marchés mondiaux pour que les producteurs puissent écouler leur production.

➢ Une préférence communautaire qui permet de protéger le marché européen de la concurrence de produits importés à bas prix. Une taxe à l'importation est imposée.

➢ Absence de la gestion de l'offre.

➢ Prise de mesure pour éliminer les exploitations « non viables » et agrandir et moderniser les autres pour abaisser le coût de production.

Très rapidement ces mesures qui incitent et aident les agricultures à produire vont inonder l'UE de denrées. La surproduction oblige à stocker ces produits et attendre des prix sur le marché mondial plus favorables. Vers la fin des années 70, l'UE devient autosuffisante dans de nombreux secteurs de production. Devant le buffet à volonté des prix garantis à l'exportation, la note devient vite salée. L'aide à l'exportation coûte trop cher. En 1984, la PAC subit sa première réforme, des quotas sur la production laitière sont mis en place pour éviter de stocker des « montagnes de beurre et des rivières de lait ».

Le rattrapage d'après-guerre se métamorphose en course au productivisme. Dans chaque secteur une hausse de productivité entraîne une baisse des prix qui provoque une restructuration un peu plus tard. Elle est compensée avec du *Progrès* technique qui produit une hausse de la productivité... Le système part en cacahuète, la réforme s'imposait. Ce fut la dernière que l'UE a pu prendre « librement ». Outre Atlantique, l'*Empire*[34] a tissé une toile dans laquelle nous nous sommes empêtrés.

---

content/FR/TXT/ ?uri=celex%3A12012E%2FTXT

[34] Celui décrit par Alain Soral dans *Comprendre l'Empire Demain la*

La volonté de l'*Empire*

> *La direction du Bureau du Président a été*
> *utilisée pour fomenter un complot pour*
> *anéantir la liberté des Américains, et avant que*
> *je ne quitte le Bureau, je dois informer les*
> *citoyens de ces conditions.*
>
> Président John Fitzgerald Kennedy,
> Université Columbia le 12 novembre 1963,
> dix jours avant son assassinat.

Chez l'Oncle Sam, la fin de la Seconde Guerre Mondiale est le moment d'écrire une nouvelle page dans l'agenda des Rockefeller et de leur clique. S'inscrivant dans un schéma beaucoup plus grand, l'éminence grise de ces mondialistes se réunissent au sein d'un groupe, le Council on Foreign Relation (CFR).[35] Il est présidé par Paul Warbourg, premier président de la FED et qui siège chez IG Farben, une société spécialisée dans la chimie – elle produit par exemple des engrais destiné à l'agriculture – et qui est aussi connue pour avoir fricoté avec les nazis. Mr Warbourg déclara « Nous aurons un gouvernement mondial, que nous le voulions ou non. La seule question est à savoir si le Gouvernement Mondial sera instauré par l'adhésion, ou par la conquête ».[36] Le CFR a activement préparé l'après-guerre. Ils veulent créer un grand espace sous hégémonie Américaine. Pour cela FMI, banque mondiale, GATT, ONU furent inventés. L'objectif est simple : prendre le pouvoir à tous les niveaux. Pour la petite histoire, le terrain où fut construit le siège de l'ONU à Manhattan fut gracieusement offert par John D. Rockefeller.

À leurs yeux, l'alimentation est une arme stratégique dans la prise de contrôle des peuples. Suite à la loi antitrust Américaine qui démembre la compagnie Standard Oil de J.D Rockefeller, la famille

---

gouvernance globale ou la révolte des Nations ?, Éditions Blanche, 2011.

[35] Fondé par les Rockefeller en 1921. Se présentant comme un *think tank*.

[36] James Paul Warburg (1896-1969), officier de l'OSS et membre du CFR, le 7 février 1950, devant le Sénat des États-Unis.

diversifie leurs activités et se recycle partout ou presque, notamment dans l'agriculture. Ses petits-fils : Nelson, David, Laurance, John et Winthrop Rockefeller sont sur le coup. Ils échafaudèrent l'*aliénation* verte et s'arrangèrent pour le vendre au monde entier.

Nelson créa l'*International Basic Economy Corporation* (IBEC), principal vecteur de l'industrialisation massive de l'agriculture dans les années 50/60 au sein des pays d'Amérique du Sud. Il s'associe avec Cargill – une grosse société qui négocie et transporte les matières premières agricoles – et rend le soja indispensable à l'alimentation animale. Le soja deviendra une arme de plus dans l'arsenal Américain pour le contrôle alimentaire.

Son frère, John D. troisième du nom, s'occupe de l'Asie. La raison officielle est de combattre le communisme. Ils veulent sécuriser l'approvisionnement alimentaire pour éviter l'éclosion de mouvements nationalistes ou communistes dans les pays qu'ils convoitent. Un peuple qui a faim est plus difficile à gérer. Ils prétendent préserver les intérêts de leur beau pays et la nation Américaine n'y voit que du feu en temps de guerre froide. Mais nous savons très bien à qui cela va profiter : les amis des Rockefeller. Leurs multinationales qui ont pignon sur rue pour les semences, les intrants, le pétrole. Ils prennent le contrôle de l'approvisionnement alimentaire mondial.

En 1966, le président Johnson successeur d'un Kennedy assassiné – un JFK opposé au contrôle des naissances – réoriente la *Public Law* 480,[37] sur l'aide alimentaire que fourni le gouvernement américain aux pays les « moins développés ». Il profite du nouveau phénomène de la « bombe démographique », théorie selon laquelle la surpopulation entraînerait un épuisement des ressources qui condamnerait l'humanité et dont l'unique solution consistait en une réduction de la population mondiale, surtout des noirs.[38] Dorénavant, l'aide alimentaire pour le Tiers Monde se fait à condition que ces pays acceptent un programme de restriction de population, une ouverture aux investissements américains et plus globalement à tout ce que demandent les Rockefeller.

---

[37] Devenu Public Law 89808 disponible sur
https://www.gpo.gov/fdsys/pkg/STATUTE-80/pdf/STATUTE-80-Pg1526.pdf

[38] http://www.solidariteetprogres.org/actualites-001/Guerre-demographique-et-sous.html

Ils ouvrent leurs frontières au gentil *Tonton d'America,* comme dirait Tiken Jah Fakoly, s'ils veulent goûter à l'aliénation verte. Intrant, semence et pétrole sont Américain, la prise de contrôle de la production agricole est enclenchée. Les grandes entreprises des amis des Rockefeller se métastasent.

Pour officialiser le problème de surpopulation, Rockefeller commande un rapport à Kissinger via le président Nixon. Le NSSM 200 – gardé secret durant 15ans – fut achevé en 1974. Il nous apprend, à notre grande surprise, que la croissance démographique des pays moins développés représente une menace pour les intérêts stratégiques des USA, qu'une augmentation de la population est potentiellement une cause d'instabilité dans ces pays qui peut *in fine* menacer l'accès aux ressources du pays. Par conséquent, les prix alimentaires doivent rester bas, la population ne doit pas trop augmenter et un contrôle les approvisionnements est nécessaire pour conserver l'hégémonie Américaine.

Il faut donc promouvoir la réduction de la population par de nouveaux moyens – la contraception fait son apparition – et accorder des aides uniquement si le pays entre dans une politique de contrôle démographique. Un plan secret pour réduire la population de 13 pays en moins de trente ans fut imaginé. La plus grande victime fut le peuple Brésilien. Il était vu comme une menace aux intérêts de Washington sur le continent Américain à cause de sa densité de population. Au début des années 90, quatorze ans après le début de l'opération, les autorités brésiliennes diligentèrent une enquête après avoir eu vent de nombreux cas de stérilité. Elles découvrirent que 44% des femmes du pays, de 15 à 45 ans, furent stérilisées sans leur consentement, dans des campagnes de pseudo vaccination contre le tétanos qui étaient organisées par les ONG pilotées par les Américains.

Lentement mais sûrement

Fin des années soixante, les États-Unis connaissent une baisse de régime. La guerre au Vietnam est perdue, le dollar est en crise, les hippies shootés au LSD pullulent. L'économie Américaine se fait distancer par l'UE et le Japon. Les grosses sociétés Américaines des amis de Rockefeller souffrent, les profits fondent. Ils contre-attaquent en se lançant dans l'acquisition de firmes étrangères. Ainsi naquirent les firmes transnationales aux profits mirobolants.

En effet, la crise fait comprendre tout l'intérêt de l'intégration verticale – qui conduit au monopole. De plus, l'*Empire* crée en 1973 de la commission trilatérale. Inspiré par Zbigniew Brzezinski, leur poulain qui dans son ouvrage *Beetwen two ages* (entre deux âges) propose la consolidation de l'influence mondiale des banques et des compagnies Américaines par une série de réunion à huis clos parmi les grands pontes de ce monde. L'objectif de la commission trilatérale était, selon les mots de George H. W. Bush, « le nouvel ordre mondial ».

Ce petit club de mégalo à l'influence démesurée prétend que la démocratie est un frein à leurs intérêts et que la population n'est pas assez maîtrisée. Alors ils fomentent un plan pour privatiser le secteur public et déréguler l'industrie. Dans ce braquage Kissinger est assigné au contrôle de la politique alimentaire et au pétrole. La prise de contrôle de la politique agricole Américaine est réalisée par un troc magistral de grain contre du pétrole Russe. 30 millions de tonnes de céréales que Kissinger amassa partout dans le monde grâce au travail de négociants privés basés aux États-Unis comme Bunge ou Cargill, mais sans toucher aux réserves de l'État Américain. La transaction épuise les stocks mondiaux, les compagnies privées qui gèrent les réservent en profitent pour augmenter les prix. Le blé et le riz augmentent de 70%. Après avoir provoqué cette crise, Kissinger crée de toute pièce une hausse de 400% du prix du pétrole. Au même moment de grands pays producteurs agricoles comme la Russie, l'Inde, la Chine et l'Australie connaissent une période de vache maigre liée à des phénomènes climatiques. La situation est intenable.

En 1974, l'ONU organise à Rome une réunion où la sécurité alimentaire est au menu. Le premier argument développé est l'explosion démographique à venir. Le deuxième point porte sur la régulation des écarts de prix et des volumes des approvisionnements alimentaires mondiaux. À l'époque, les prix des aliments et du pétrole augmentaient de 300 à 400% chaque année, ce qui donna un avantage aux USA, leader de la surproduction agricole, avec des stocks intacts.

La cause de ces augmentations à répétition est simple. 95% des réserves mondiales étaient détenues par six compagnies basées aux USA : Archer-Daniel Midland (ADM), Bunge, Cargill, Dreyfus, Continental Grain Industrie et Cook Industrie. Grâce au coup de Kissinger, ils ont pris les commandes de la distribution mondiale et ils étaient les seuls à fixer les prix. En 1972, les réserves alimentaires, souffrant de mauvaises récoltes, étaient de 66 jours. En 1974, après de bonnes récoltes, les réserves étaient de 37 jours. En 1975, 27 jours. Tout le grain était dans les mains de quelques compagnies privées qui voulaient faire uniquement de l'argent.

Malgré tout, certaines zones échappaient à l'influence des cartels américains. La PAC qui voulait protéger son agriculture faisait tache. Les Européens défendent « l'inefficacité » selon les Américains. Cette agriculture d'assistés qui était l'une des forces de la France. France qui rappelons-le a pu laisser la porte ouverte à une Troisième voie, prônée par De Gaulle jusqu'à son éviction largement aidée par la main Américaine.[39] Pour s'imposer comme grenier du monde, Washington devait vite se débarrasser de la PAC.

Les hostilités sont lancées par William Pearce, vice-président de Cargill pour les affaires publiques et adjoint au représentant spécial aux négociations commerciales. Il va réussir à influencer la politique Américaine pour promouvoir le libre-échange, grâce à sa nomination au poste d'adjoint au représentant des négociations commerciales au sein du gouvernement Américain. Sous son impulsion, la nouvelle politique agricole Américaine était claire, l'ouverture des frontières permettra de « réduire les ressources humaines agricoles excédentaires », pour mieux les remplacer par des exportations 100% US.

Sous Reagan, les réglementations qui protégeaient l'agriculture de l'intégration verticale furent démantelées, la grande majorité des cartels de l'agroalimentaire s'y engouffre et créent leur propre législation et standard. C'est Cargill et ADM qui maintenant menaient la politique agricole Américaine. Ils supprimèrent une à une les protections des exploitants familiaux pour favoriser celles orientées vers le marché « libre ».

La fin de l'agriculture familiale provoque du chômage. Trois emplois disparaissent dans les secteurs traditionnels pour un emploi sous-payé créé par l'industriel alimentaire. À la fin des années 90, l'agriculture américaine en fut profondément changée. L'agriculture familiale n'existait plus, remplacée par l'industrie agricole « plus efficace ». Les banquiers se sont unis aux grosses compagnies de

---

[39] *L'Amérique contre De Gaulle, histoire secrète*, 1961-1969, Vincent Jauvert.

l'agroalimentaire pour développer l'industrie agroalimentaire tournée vers l'exportation. L'agriculture devient une source importante d'investissement sur les marchés boursiers. La situation est idéale pour introduire les premières semences OGM.

Pour faire accepter aux Européens l'abandon de leur agriculture autosuffisante, l'*Empire* se cache derrière le libre-échange. Dès 1972 Cargill réfléchissait à une stratégie pour arriver à ses fins.

L'érection de l'OMC ou l'Organe Mondialiste Carabiné

Selon les gourous mondialistes, un bon pays capitaliste devrait permettre au citoyen de se libérer de l'État trop intrusif, donner le choix, la liberté, l'efficacité économique que seul un monobloc qui réalise des économies d'échelle associées à de la dérégulation pouvait garantir. Le premier pas vers ce Graal prend la forme du libre-échange.

Le GATT,[40] accord de libre-échange d'après-guerre, visait à consolider et encourager les échanges entre les pays en diminuant les droits de douane. Il y eut de nombreux « *Round*s » de négociation entre les pays membres pour se mettre d'accord sur les conditions de l'ouverture de leur marché. En 1986, l'Uruguay *Round* débute. Il n'arrive pas comme un cheveu sur la soupe, c'est le fruit d'une étude d'Harvard, mis en œuvre par Ray Goldberg et John Davis en 1950 et fiancé par les Rockefeller. Dans ce *Round*, l'agriculture, qui jusqu'ici était préservée du libre-échange, se prend un KO. La position Américaine pour ces négociations fut préparée par Cargill. Sa mission : asseoir la domination de Washington, c'est-à-dire la position de l'agrobusiness. La principale exigence était la suppression des programmes d'aides gouvernementales sur l'agriculture avec en ligne de mire l'aide aux exportations Européennes. Le libre-échange générera de l'intégration verticale partout.

---

[40] General Agreement on Tariffs and Trade (GATT), en français : Accord général sur les tarifs douaniers et le commerce, AGETAC.

Après 87 mois de tractations, la plus vaste négociation de l'histoire accouche d'une entité non élue voulue entre autres par l'agro-industrie : l'Organisation Mondiale du Commerce (OMC).

Les pays s'engagent sur l'agriculture : une réduction des subventions à l'exportation de 36% des budgets et une baisse 21% des quantités. Les pays s'engagent aussi à baisser en moyenne de 36% des tarifs douaniers. Une autre baisse de 20% sur la mesure globale de soutien et qui sera en plus plafonnée. Les pays pauvres ont un régime plus souple dans l'application de ces règles.[41] Cette panacée n'a rien de nouveau, elle reproduit ce qui était fait aux USA pendant 30ans : ouverture des frontières, démantèlement de la réglementation sanitaire et des standards de sécurité. Ils partent donc avec une longueur d'avance.

L'OMC est un organisme non élu, « elle est presque totalement entre les mains de sociétés transcontinentales privées »,[42] qui n'a de compte à rendre à personne. Il n'y a pas de vote, les pays membres signent des accords passifs. De plus, elle est dotée d'un tribunal, l'organe de règlement des différends, qui lui donne un pouvoir coercitif. Un État qui ne respecte pas les accords peut être poursuivi par un pays qui s'estime lésé et il peut être condamné à payer de lourdes amendes par exemple.

De curieux points sont adoptés par les membres. Par exemple, « les standards et les mesures prévues pour protéger la personne de la vermine peuvent potentiellement être utilisés comme barrières commerciales » et de ce fait, ils doivent être bannis par les règles de l'OMC.[43] (C'est inscrit dans le SPS : *Sanitary and phytosanitary agreement* de l'OMC). La protection sanitaire prévenant des risques sur la santé humaine et animale est considérée comme « pratique commerciale inéquitable ». Les pays membres, dont beaucoup se

---

[41] http://www.csa-be.org/spip.php?article309

[42] Rapport du 15 juin 2000 de l'ONU, cité dans *Complot mondial contre la santé*, Claire Séverac, p : 31.

[43] Lori Wallach And Michelle Sforza, *The WTO : Five years of reasons to resist corparate globalization*, Seven Stories Press, New York, 1999, p : 45, cité par William Engdahl, *OGM semences de la destruction*, p : 184

revendiquent comme des démocraties, ont signé la paperasse, mais n'ont semble-t-il, pas vraiment lu ces parties ou ont fermé les yeux, guidés par les lobbys de leur pays. Ainsi le commerce prévaut sur le droit à l'information du citoyen, notamment sur le fait de savoir ce qu'il mange. L'OMC interdit l'étiquetage des OGM, car elle fait partie des « entraves techniques au commerce ». D'ailleurs les OGM, plantes et organismes vivants, peuvent officiellement être brevetés grâce aux TRIPS (droit de propriété intellectuelle) de l'OMC. La bande à Rockefeller pourra introduire ces OGM un peu partout, tout, particulièrement chez les pays ciblés par le NSSM 200 de Kissinger.

L'OMC est donc capable de forcer l'ouverture du marché national. Il va profondément modifier l'agriculture mondiale avec les règles Américaines et donner un cadre au marché alimentaire mondial. La production agricole est perçue comme une marchandise et non plus comme une production locale, échangée localement, qui était jusqu'ici la base de l'existence humaine et la sécurité économique de nombreux pays. Le plan des Rockefeller et consorts prend de l'ampleur. La « sécurité alimentaire » tant espérée ne pouvait avoir lieu que dans le cadre du libre-échange. Les grands bénéficiaires étaient ceux qui fournissaient et apportaient les matières premières.

Je te tiens tu me tiens par la barbichette ...

D'un côté nous avons notre PAC avec des impératifs définis depuis longtemps dans le but de protéger le marché commun Européen. De l'autre nous avons l'OMC qui vise à libéraliser le marché en garantissant la libre circulation des biens. L'UE devait couper la poire en deux : ouvrir son marché ou le protéger. Mais non, elle décide comme son homologue Américain d'avoir le beurre et l'argent du beurre.

La PAC des années soixante était déjà en contradiction avec le GATT : la protection aux frontières aurait dû être accompagnée d'une gestion de l'offre et la préférence communautaire - qui n'est pas appliquée pour la nourriture destinée aux animaux – n'est pas tolérée. Les droits de douane devraient être supprimés. Mais le GATT n'avait aucun pouvoir pour nous punir.

Alors, le 19 septembre 1986 la Déclaration de Punta del Este marque le début des négociations de l'Uruguay *Round*. Au programme :

les télécommunications, les services financiers, la question de l'agriculture et d'autres services.

L'UE et les États-Unis (EU) se prennent le chou. Le premier veut que les EU baissent leurs aides aux agriculteurs. Le second, que l'UE ouvre ses frontières. Le courant ne passe pas, les négociations sont suspendues.

En 1992, Bruxelles réforme la PAC pour être en adéquation avec la future OMC. Elle copie ce qui se fait chez l'Oncle Sam depuis les années soixante. Pour ne pas verser d'aide à l'exportation, elle baisse le prix d'achat garanti pour qu'il se rapproche du cours mondial. Le manque à gagner est restitué aux agriculteurs sous la forme d'une aide directe qui favorise encore les gros producteurs : ils représentent 20% du métier, mais ils perçoivent 80% des aides jusque-là.[44] Cette réforme convint les Américains. L'entente des partis s'officialise par l'accord de Blair House.

Pourquoi les Américains qui veulent détruire la PAC cèdent si facilement ? Probablement par le beau cadeau que leur laisse le commissaire Européen chargé des négociations, Ray MacSharry. Il permet aux États-Unis d'importer au sein de l'UE des produits destinés à l'alimentation animale (OGM ou non), sans taxe, alors que l'UE est leur seul rival sur ce secteur. Par ce geste, MacSharry rend nos élevages non seulement entièrement dépendants du bon vouloir Américain mais en plus il saborde un marché où les Européens étaient compétitifs. Cette largesse intervient miraculeusement pour l'*Empire* qui cultive depuis 1991 en Argentine du soja OGM, sur lequel ils misent très gros. Cette trahison va entraîner la spécialisation des zones de production, comme la Bretagne avec ses ports qui profitent aux porcs en réduisant la distance de transport de l'aliment vers l'exploitation. L'empreinte carbone en prend un coup, les protéines végétales font des milliers de kilomètres pour nourrir nos ports. Et ces plantes qui pourraient fixer l'azote – le N du NPK – de l'air dans nos champs pour l'enrichir ne sont pas utilisées. Notre dépendance aux engrais chimiques s'accroît. Cette

---

[44] http://web.grinnell.edu/courses/pol/f02/pol295-01/Moyer%20-%20Ch.%206.pdf

décision va à l'encontre des idées qui ont fait naître la PAC, une souveraineté et une indépendance alimentaire.

En 1994, l'Uruguay *Round* se conclut à Marrakech, l'OMC est née. Pour que tout le monde s'y retrouve, l'OMC classe les aides allouées à l'agriculture par des « boîtes » indiquant le degré de protection du marché.

➢   La boîte rouge : où sont rangées les aides interdites. On y trouve les mesures qui protègent les revenus des agriculteurs contre la concurrence internationale en leur versant des subventions, elles sont strictement interdites.

➢   La boîte orange : toutes les formes de soutien interne, comme le soutien des prix, qui peuvent créer des effets de distorsion sur la production et les échanges.

➢   La boîte bleue : identique à la boîte orange, mais avec des limitations de la production.

➢   La boîte verte : pour les mesures qui n'ont aucun effet de distorsion, ou minimes, sur les échanges et la production. La protection de l'environnement, le développement régional en font partie.[45]

La boîte verte et la boîte bleue ne sont pas plafonnées. Elles sont décomptées de la mesure globale de soutien.

La réforme de MacSharry en 1992 consistait juste à faire passer l'argent d'une boîte à une autre. On remplace le soutien sur les prix par des soutiens directs aux agriculteurs. Les États-Unis et l'UE peuvent ainsi contourner les règles. La distorsion du marché a toujours lieu puisque les denrées sont vendues moins cher que le coût réel de production, ce qui pénalise les autres pays. Il faudrait que les denrées européennes s'exportent moins cher que le coût du marché intérieur pour que ce dumping soit officialisé.

L'ouverture de l'agriculture n'est pas pour autant finie. En 2001, un nouveau *Round* de négociation commençait à Doha. La PAC et le *Farm Bill* Américain sont critiqués par le Brésil, l'Inde et la Chine. Dans ces pays 75% de la population vit de l'agriculture. Le dumping leur est fatal. Mais le vieux continent avait plus d'un tour dans son sac.

---

[45] https://www.wto.org/french/tratop_f/agric_f/agboxes_f.htm

En 2003, dans cette nouvelle réforme de la PAC toutes les aides sont découplées. Désormais, l'agriculteur perçoit une aide qui est totalement indépendante de sa production. Il est payé pour semer sans savoir ce qu'il va récolter. Plus l'exploitation de l'agriculteur est grande plus il touche d'aides ce qui les incite à agrandir leur exploitation. Pour légitimer la subvention de ces grandes exploitations, Bruxelles utilise un sophisme : les plus grandes exploitations sont celles qui s'en sortent le mieux et c'est pour cela qu'elles vont toucher la plus grande partie des aides. Mais c'est uniquement grâce à ces subventions qu'elles sont en meilleure santé. Les subventions sont donc attribuées aux grandes exploitations sans raison valable, ce qui pénalise les petits exploitants, encourage l'industrialisation de l'agriculture et génère du chômage. Enfin, cette stratégie crée aussi des dérives, comme de grands propriétaires terriens qui gagnent de très grosses sommes ou même de grandes entreprises. La plus célèbre étant la Reine Élisabeth II qui percevait jusqu'à 500 000€ en 2008.[46] Nestlé, le prince de Monaco ont aussi touché des aides... La liste est longue.

En 2013, c'est une nouvelle réforme qui apparaît. Elle s'inscrit dans le même sillon des précédentes. Bruxelles veut du « verdissement ». Volonté qui est pourtant à l'opposé de ce qu'elle a encouragé depuis 50 ans. L'hypocrisie de la réforme est à peine cachée. Pour réellement changer de stratégie et être « plus vert », cela passe obligatoirement par un arrêt de la course à la productivité s'accompagnant au minimum d'une diversification des cultures, subventionner l'herbage plutôt que le maïs irrigué, produire des légumineux localement, qui enrichira le sol tout en faisant des économies d'engrais, plutôt que du soja OGM importé. L'UE devrait interdire les agrocarburants – au moins ceux de première génération – et châtier par de lourdes amendes les plus pollueurs comme les producteurs ou utilisateur d'engrais et de pesticides.

Comment s'y prend un agriculteur endetté, tenu de produire autant sinon plus pour rembourser ses crédits, pour se mettre à un mode de culture plus écologique ? Ça n'a aucun sens.

---

[46] http://www.ladepeche.fr/article/2009/04/30/600229-reine-angleterre-recu-500-000-euros-subventions-agricoles-2008.html

Pire, la volonté écologiste s'accompagne de nouvelles règles à respecter pour percevoir les aides : l'éco conditionnalité. Cette mise en conformité a un coût qui se traduit par de nouvelles dettes pour l'agriculteur. Il doit obligatoirement s'y conformer pour continuer de survivre. Toujours plus de contraintes, toujours plus de dettes pour les producteurs Français alors qu'à l'autre bout de l'Europe, en Roumanie par exemple, les contrôles sont sporadiques.

2.2 La PAC récolte ses lauriers...

Mieux vaut essuyer la larme du paysan, que d'obtenir cent sourires du ministre.

Proverbe chinois

En 1957, quand la PAC fut décidée, l'UE rêvait d'un idéal : accroître la productivité pour assurer un niveau de vie plus juste pour les agriculteurs, stabiliser les marchés, assurer des prix convenables aux consommateurs et acquérir la souveraineté alimentaire. Aujourd'hui le rêve a tourné au cauchemar. Les pays de l'Union Européenne sont les premiers importateurs d'aliments au monde, l'agriculteur est en voie d'extinction, les scandales s'enchaînent : vache folle, dioxine, intoxication, pollution, érosion... La course au rendement pour rembourser les crédits ont complètement déconnecté l'agriculture de la nature. Le système ne continue que par l'ignorance des dindons de la farce : les consommateurs.

L'usure des agriculteurs

En Europe le paysan qui est allé tenter sa chance comme ouvrier dans les usines des villes a troqué la pauvreté pour la misère, l'ouvrier est une classe sociale encore moins valorisée que l'agriculteur. Les politiques avec pour appât le *Progrès* – à grand renfort de propagande pour promouvoir les tracteurs – ont fait tomber le premier domino les amenant dans une impasse. Le paysan, archétype de l'indépendance, est devenu l'exploitant agricole dépendant des aides de la PAC. Il se fait déposséder de son savoir, ses sols sont détruits tout comme ses valeurs. L'agriculture paysanne est remplacée par une agriculture simpliste dictée par des techniciens, des machines et l'argent. Il n'y a plus de mauvaise terre, il n'y a que de mauvais agriculteurs, sous-entendez des agriculteurs qui ne mettent pas assez de moyens financiers.

En France, la volonté d'entrer dans le progrès va pousser le gouvernement à modifier le contenu de l'enseignement. Il est tourné sur des aspects techniques dictés par les promoteurs de l'aliénation verte. Dans des lycées on pouvait entendre des perles : « on reconnaît un bon agriculteur à la quantité d'engrais [chimique] qu'il met dans son champ ». Un article de l'INRA de 1972 « démontrait » que l'agriculture biologique ruinerait les agriculteurs et que cela n'apportait aucun bénéfice pour le consommateur. Le même auteur 16 ans plus tard retournait sa veste et avoua que l'agriculture bio évitait la pollution et l'érosion, et qu'au final c'était bénéfique.[47] Pour accélérer la conversion de l'agriculture Française, le plan Monnet va mettre les plus âgés sur la touche pour mettre de jeunes fougueux à la place qui, formé par l'INRA à la « bonne méthode », s'endetteront avec joie.

Au même moment, les premières subventions de la PAC sont octroyées en fonction du rendement. Les paysans qui n'avaient pas suivi le *Progrès* sont éliminés. Par la suite, la PAC finance à l'hectare pour éliminer les petites exploitations, 20% des plus gros exploitants reçoivent 80% des aides alors qu'elles représentent 59% des superficies et 25% des emplois. Et aujourd'hui, elle met des normes sanitaires drastiques et contre nature. Probablement un coup de l'agro-industrie pour écraser les derniers petits exploitants qui ont survécu jusqu'ici, mais aussi pour mieux s'approprier le marché du bio.

Durant les années 50, 400 000 exploitations disparaissent. Seuls les grands propriétaires et quelques marchés de niches s'en sortent. Entre 1960 et 1980, l'endettement moyen des agriculteurs Français a doublé tous les cinq ans. Ceux qui ne tiennent pas le coup cèdent à la banque leurs biens : terres, matériels agricoles, etc. La banque revend tout et comme c'est une pratique généralisée, le prix des terrains baisse. Le Crédit Agricole jubile. Entre 1980 et 2011, l'endettement de l'agriculteur moyen passe de 50 000 euros à 163 700 euros.[48] Depuis la création de la PAC la valeur ajoutée créée par l'agriculture diminue

---

[47] Nous Redeviendrons Paysans, p : 104 et 217.

[48] *http://www.economiematin.fr/news-agriculteurs-difficultes-salaires-endettement*

chaque année. Le maintien du salaire se fait en absorbant les terres des exploitants ruinés.

Le choix des cultures se fait en fonction des subventions et plus de l'état du sol, du climat, ou de la volonté des consommateurs qui n'est d'ailleurs plus roi depuis longtemps. Comme par hasard, les subventions sont orientées pour des produits qui nécessitent du soja OGM ou des pesticides qui ont un coût non négligeable. Si un agriculteur fait de la pomme ou de la vache rustique il n'obtient pas ou peu de subventions. Tout est au service de l'agro-industrie.

L'exploitant agricole est pied et poing lié. Plus son exploitation est grande, plus il produit en quantité, plus il est probable qu'il soit fortement endetté. Il n'est pas en position de négocier avec celui qui va acheter sa grosse production surtout quand on sait que celle-ci est imprévisible, à une demande qui varie, se conserve mal et qui est en plus difficile à stocker. En face l'acheteur est souvent en position de monopole : dix centrales d'achats contrôlent 40% de l'approvisionnement alimentaire en Europe.[49] Il en profite aussi pour imposer ses règles. Si l'agriculteur les discute, il peut perdre son contrat et même se faire blacklister, et ce sera la fin des haricots pour lui. Soit l'exploitant lui vend sa production en serrant le poing dans sa poche, soit il se débrouille avec sa production qui lui reste sur les bras. Il peut aussi vendre à perte ou plus rarement l'entreposer devant la préfecture de la région.

Le producteur, qui peine à survivre alors qu'il perçoit des subventions, trouve évidemment que les prix du marché sont trop bas. L'industriel lui, les trouve toujours trop hauts. À ce petit jeu, c'est l'industrie qui gagne à chaque fois. Les prix de vente sont si ridicules que beaucoup de secteurs ne pourraient pas survivre si les subventions cessaient demain. La production animale, de céréale et d'oléagineux – en réalité quasiment tout sauf le secteur viticole, le maraîchage et des grands céréaliers – ne pourrait plus dégager de revenus. Les aides représentent plus de 50% dans celui-ci. Plus de 50% des actifs agricoles à plein temps ont un revenu disponible inférieur au SMIC. Un tiers des agriculteurs gagent moins de 400€ par mois.[50] Les revenus moyens des

---

[49] Zone interdite - *Agriculteurs entre passion et colère*

[50] http://www.leprogres.fr/france-monde/2016/10/12/un-tiers-des-agriculteurs-

agriculteurs ont augmenté de 7% entre 1995 et 2002 et cette augmentation est liée à l'agrandissement de l'exploitation.

Résultat, il suffit d'une colère de Mère Nature, d'une surproduction ou des tensions au niveau international – comme avec la Russie récemment – pour mettre l'agriculteur en danger. Et l'État se doit, à chaque fois, de venir en aide pour rattraper les inepties – et le mot est faible – liées au marché « libre ». Alors dans un système qui pousse à l'endettement pour obtenir des subventions qui peinent à assurer un revenu décent, sur un marché objet de spéculations intensives... Investir dans ces conditions revient à jouer à la roulette russe, littéralement pour beaucoup, hélas.

L'amour est dans le pré ? !

Les sociologues ont montré que le célibat est plus présent chez les personnes appartenant aux couches sociales inférieures. Au milieu des années quatre-vingt, un fils d'agriculteur qui quittait ce secteur d'activité avait deux fois plus de chance de se marier que ceux qui y restaient. Aujourd'hui 50% des chefs d'exploitations, qui en plus vivent ou travaillent avec leurs parents, sont célibataires. Plus l'exploitation est petite plus le chef d'exploitation a de chance d'être célibataire sur le long terme. Avec l'émission présentée par Karine Le Marchand, on voit bien le degré de décrépitude de cette profession qui, il y a 100 ans, était majoritaire et attractive. Même la brillante Nabilla n'épouserait pas quelqu'un qui exerce ce métier. Un métier qui est aussi pénible, physique, nuisible et risqué que les travailleurs du BTP, des travaux publics et quelques métiers de l'industrie. Un métier aux horaires à peine meilleurs que ceux de la restauration, avec 56 heures par semaine, contre 37,5 heures pour le travailleur Français moyen. Un métier qui a des astreintes rendant difficile la possibilité d'avoir une vie de famille « normale » sans une grosse organisation. Un métier qui ressent un fort manque de reconnaissance, qui part moins en vacances que les autres, qui a un revenu maigre comparé au temps de travail et aux contraintes, qui offre une retraite d'environ 840€ pour un chef d'exploitation. Non, Nabilla ne craquera pas pour quelqu'un qui a comme unique atout une charge émotionnelle inférieure à la moyenne.

---

gagne-moins-de-400-euros-par- mois

Le manque d'attractivité et l'agrandissement perpétuel des exploitations engendrent une baisse du nombre d'installations de nouveaux agriculteurs. On assiste à un troisième exode rural, un exode par défaut, car personne ne vient remplacer les départs à la retraite.

La mort est dans le pré[51]

La profession souffre du *Progrès*. Les pesticides ont été présentés comme sans danger et parfois, comme chez Monsanto, biodégradable. Des allégations basées sur des études financées et évaluées par les fabricants. Pourtant ces produits sont très toxiques. Selon la source de Pablo Servigne dans 10 ou 20 ans 90% des agriculteurs en France pourraient être atteint d'un cancer.[52]

Alors que font les syndicats, eux qui doivent défendre la profession ? Aucun mystère, comme un peu partout, le Capital s'en est emparé. Par exemple la FNSEA, tenue par Xavier Beulin, un patron d'industrie qui représente uniquement les céréaliers et qui promeut l'agriculture industrielle. La FNSEA couve les grosses exploitations et livre en pâture les plus petites. Fini le temps où les agriculteurs étaient unis, actuellement c'est chacun pour sa pomme. Dès les années 60 les premiers mouvements « hors syndic » furent observés, avec eux les premiers barrages routiers, du jamais vu à l'époque. Aujourd'hui les agriculteurs manifestent toujours, mais chacun de leur côté. La désunion et le petit nombre est compensé par du spectaculaire pour attirer les journalistes. En retour les manifestants ne reçoivent que des promesses ou quelques pécules pour qu'ils se calment. Exemple avec la crise de la viande que l'on a connue en 2016.

En 2011, le ministre de l'Agriculture, Bruno Le Maire déclarait : « il y a clairement des perdants qui sont les producteurs de viande bovine. Il y a urgence à apporter des réponses structurelles pour améliorer les revenus de ces agriculteurs, qui figurent parmi les plus bas du secteur agricole ».[53] Cinq ans plus tard, rien n'a changé ! Les

---

[51] Un documentaire d'Éric Guéret.

[52] Conférence de Pablo Servigne : « Nourrir l'Europe en temps de crise ».

[53] http://www.lefigaro.fr/conso/2011/01/06/05007-20110106ARTFIG00812-en-dix-ans-le-prix-de-la-viande-a- augmente-de-24.php

agriculteurs manifestent toujours pour les mêmes raisons et le nouveau ministre de l'Agriculture ressort le pipo de fonction. Les intermédiaires sont pointés du doigt, ce sont les seuls à profiter de l'augmentation des prix.[54] Des promesses sont faites pour mieux cacher l'inaction, mais le politique Français n'y peut rien. Pour réellement obtenir gain de cause, les agriculteurs doivent s'adresser à Bruxelles, mais les petits exploitants n'ont pas le bras assez long pour caresser cette grosse bête dans le sens du poil. Il semble que seuls les gros céréaliers y parviennent.

Assaillis de dette, travaillant pour gagner une misère et parfois sans se donner de salaire, subissant le regard du voisin, malade, seul et sans soutien, nombre d'agriculteurs ne trouvent qu'une seule solution : le suicide. C'est l'une des professions qui paie le plus lourd tribut aujourd'hui, alors qu'avant le *Progrès* et sa surproduction morbide, c'était le métier le moins touché.[55] Officiellement, un agriculteur se suicide tous les deux jours en France[56] – beaucoup sont cachés. Le suicide est la troisième cause de décès chez les agriculteurs après le cancer et les maladies cardiovasculaires.

La fin de l'agriculture familiale en France

On entend souvent dire que ce qui se passe aux États-Unis arrive dans l'hexagone avec quelques années de retard. Cela se vérifie pour l'agriculture. Dans les années 90, les Américains ont signé l'arrêt de mort de l'agriculture familiale pour la remplacer par l'agriculture industrielle. La même chose se produit chez nous. Le paysan propriétaire de ses terres est remplacé par des GAEC, SCEA, EARL, CUMA, SCEV et autres SARL.

---

[54] http://www.francetvinfo.fr/economie/emploi/metiers/agriculture/crise-des-eleveurs/crise-des-eleveurs-trois-graphiques-pour-connaitre-la-composition-du-prix-quand-on-achete-un-kilo-de-viande_1007023.html

[55] http://www.egaliteetreconciliation.fr/Monde-paysan-suicides-dans-les-campagnes-34097.html

[56] http://www.lemonde.fr/societe/article/2013/10/10/500-suicides-recenses-chez-les-les-agriculteurs-en-3-ans_3493464_3224.html

En 2010, 30% des exploitations avaient le statut de société et elles représentaient 50% des surfaces agricoles utilisables (SAU) de France. Elles sont près de 80% à avoir ce statut dans les plus grandes exploitations. Comme les exploitations tendent à s'agrandir à l'infini, nous n'aurons bientôt plus que des sociétés, le pouvoir du capital, pour valoriser nos campagnes.

Le chef d'exploitation traditionnel a de plus en plus de difficulté pour transmettre son patrimoine. En plus, il doit régulièrement se mettre à jour sur les nouvelles techniques et technologies pour rester compétitif. Il devient alors très difficile de résister face à des firmes au capital quasi illimité. La « dépatrimoinialisation » de la terre par la finance diminue le risque de l'endettement pour l'exploitant et le risque de faillite lors de crises. Elle favorise l'augmentation de la diversification des placements et du retour sur investissement et donc la spéculation. Mais elle produit surtout l'assujettissement de l'exploitant qui n'a plus son mot à dire, une course à la rentabilité coûte que coûte pour rassasier les investisseurs quitte à sacrifier l'écologie sur l'autel du profit. Cette course augmente les prix des terres agricoles qui sont devenues par la même occasion des objets de spéculation boursière. Les lois du marché sont ici aussi toutes puissantes.

Un hectare de terre agricole coûtait 3500 euros en 2000. En 2008, il valait plus de 5000 euros, en 2012, 5420 euros. Ne parlons même pas du prix des installations ou du matériel toujours plus *high tech*. S'installer devient donc très difficile. Pour chaque agriculteur qui s'installe, six quittent le métier, et un autre ne trouve pas de terrain à acquérir.[57] Dans le meilleur des cas, le petit agriculteur est obligé de passer par le fermage, c'est-à-dire louer des terres. Les banques ne veulent plus lui prêter l'argent pour acheter des terres, car l'agriculteur ne pourrait pas rembourser ses dettes en une vie. Alors ce ne sont que des sociétés, à l'origine de l'inflation, souvent apatrides, qui se taillent la part du lion. Ils confient la gestion à des ouvriers agricoles, payés au ras des pâquerettes, pour faire fructifier l'argent du capital. De 1979 à 2004, le nombre d'agriculteurs a été divisé par 3 en France et par 1,5 aux États-Unis. C'est la même tendance dans le monde et ce n'est pas près de s'arrêter.

---

[57] http://www.bastamag.net/Epargne-solidaire-contre

L'*Empire* qui contrôle déjà le marché continue sa quête et prend lopin par lopin les commandes de l'agriculture Européenne. Cependant, quelques anicroches persistent, comme le refus des OGM ou des standards de qualité trop exigent au goût des industriels. C'est pourquoi ils édifient de nouveaux accords de libre-échange pour nous posséder complètement.

2.3 Les restes du monde

Nous avons vu que l'aide alimentaire, dans le cadre du rapport NSSM 200 de Kissinger, était une arme de choix pour l'*Empire*. Mais ces magiciens ont plus d'un tour dans leur sac pour conquérir les pays moins développés – ou non d'ailleurs. Le duo gagnant dette/OMC, la guerre directe ou indirecte, font aussi partie de la panoplie du bon impérialiste.

Qui paie ses dettes s'appauvrit

Les pays pauvres se sont endettés suite à la décolonisation et à l'aliénation verte. Quand celle-ci devient intenable, le seul choix qui leur est offert est de demander une aide auprès du FMI et la Banque Mondiale. Cette aide est accordée si les pays suivent un programme d'ajustement structurel qui n'est qu'un moyen pour appauvrir leur bénéficiaire. De l'argent leur sont donnés – utilisé pour rembourser les intérêts à court terme des banques occidentales et qui ne profite pas à l'économie du pays –, et en échange ces nouveaux Faust doivent effectuer des ajustements structurels imposés par le créditeur. Ces ajustements préconisent la libéralisation du marché par la privatisation et l'abandon de sa souveraineté alimentaire au profit une monoculture profitable au marché mondial. Une fois le pacte conclu, ces pays ne peuvent plus décider de leur politique économique.

Cette libéralisation du marché signifie l'ouverture des frontières. Le pays va voir arriver sur les étals des produits alimentaires à des prix imbattables, puisque vendu en dessous du coût de production et en grande quantité, grâce à une agriculture subventionnée dans les pays riches qui ont contourné les règles de l'OMC. Une aubaine pour les habitants qui consacrent en moyenne 80% de leur budget à l'alimentation. Vraiment ? Les clients locaux ne sont pas en position pour boycotter les produits importés pour celui du producteur local qui lui ne peut absolument pas concurrencer. Progressivement l'agriculture locale dépérit et le pays se retrouve alors totalement dépendant des importations. Si un incident météorologique survient, une volatilité anormale sur les marchés des matières premières, un embargo pour une raison quelconque, ou encore une forte augmentation du prix du baril de pétrole, la population sera exposée à la famine. Souvenez-vous des émeutes de la faim de 2008 qui fit des ravages. Avec la prochaine crise qui s'annonce, le climat de guerre mondiale, une autre flambée des prix ou une pénurie serait à craindre. Des experts pensaient que cela aurait été le cas en 2011.[58]

Comme la concurrence est déloyale, le paysan du coin ne peut plus écouler sa production. Exemple du poulet au Sénégal, où les exportations Européennes à prix truqués, vendues deux à trois fois moins cher que le marché local, ont anéanti les petits producteurs. 70% des élevages de poulet ont disparu en 15 ans.[59] Les victimes finissent par abandonner l'agriculture pour tenter leur chance en ville dans l'espoir de trouver du travail. Mis à part quelques multinationales des pays riches qui viennent profiter de cette main-d'œuvre bon marché, le travail est rare. Ceux qui font chou blanc vont s'entasser dans des bidonvilles qui fleurissent comme des Couronnes Impériales.[60] La misère, la violence, la maladie et des trafics en tout genre y prennent racine. Pour se donner bonne conscience, les pays riches envoient des ONG pour se faire de la bonne publicité, mais aussi profiter du marché de la misère, comme avec une gamme d'aliments pour lutter contre la malnutrition. *Si tu donnes un* plumpy'nut *à un homme, il mangera un jour. Si tu lui apprends à cultiver, il mangera toujours* pourrait-on dire. Mais l'OMC leur interdit les moyens de cultiver leur terre et les condamne à l'assistanat.

Ces pauvres bougres sont de temps à autre réduits en esclavage, travaillant jusqu'à vingt heures par jour, mal nourris et non payés évidemment. D'autres vont donner tout ce qu'ils possèdent à des

---

[58] http://www.lefigaro.fr/matieres-premieres/2011/01/05/04012-20110105ARTFIG00645-les-prix-alimentaires-mondiaux-au-plus-haut-depuis-2008.php

[59] https://www.youtube.com/watch ?v=ZPC3gvzugCc

[60] La fritillaire impériale (Fritillaria imperialis) ou couronne impériale est une plante herbacée vivace de la famille des Liliacées. Le nom ancien de la couronne impériale était Larmes de Marie. Son nom persan (gole achke) signifie la fleur qui pleure. L'odeur de la fleur est parfois décrite comme musquée ou pourri.

passeurs pour tenter leur chance en Europe en pensant trouver l'eldorado, quitte à mourir en route. Mais même dans ces pays « évolués », il subsiste des droits de l'hommiste bien- pensants pour les réduire en esclavage. C'est le cas d'exploitants Italiens qui « accueillent » des compatriotes du pays de Gandhi par un racket, où leurs passeports sont prélevés. Une fois la carte de séjour périmé ils deviennent des sans-papiers corvéables à merci. Ils travaillent plus de douze heures par jour pour des prunes.[61] La misère des uns fait la richesse des autres. Cerise sur le gâteau, les terres délaissées par les paysans ruinés par l'ouverture du marché et que l'État ne peut aider vont à nouveau être cultivées, mais cette fois-ci par des pays riches. Du grand art !

L'agriculture représente 4% du PIB mondial pour 42% des actifs. Les victimes de la faim sont pour les deux tiers des paysans. Le savoir ancestral a été remplacé par la doctrine des Rockefeller. Le FMI et la Banque Mondiale ne jurent que par la théorie des avantages comparatifs, obligeant à produire uniquement ce que le pays pourrait faire au plus bas coût possible, tuant toute concurrence et pour le seul bénéfice du marché mondial. L'ouverture du marché et l'interdiction les investissements productifs imposés par l'OMC combinées aux subventions injustes de Washington et Bruxelles, qui poussaient tous deux comme de beaux diables pour imposer l'ouverture du marché des pays pauvres, importent le chaos et une dépendance alimentaire dans des pays déjà fragiles. Chômage, bas salaire et désastre écologique sont les conditions *sine qua non* d'une recherche du prix le plus faible. Par conséquent chaque pays est spécialisé dans une monoculture qui servira les multinationales de l'*Empire*. Le reste de l'approvisionnement alimentaire est assuré par les pays dépendant des méthodes Américaines. Tous sont enchaînés et mis en dépendance quitte à marcher sur la tête. Par exemple le Sahel durant une période de sécheresse a exporté plus de protéine qu'elle n'en recevait avec l'aide internationale.

---

[61] http://info.arte.tv/fr/italie-lexploitation-agricole-desclaves

La méthode Rambo

Une guerre est juste quand elle est nécessaire.

Nicolas Machiavel

Pour les pays qui n'obéissent pas au doigt et à l'œil ou qui sont devenus plus rentable mort que vif, l'*Empire* lâche son chien. Ici ce n'est plus une petite guerre économique qui est menée, non, c'est digne d'une production hollywoodienne, les Iraquiens en savent quelque chose. La guerre du Golfe fut un merveilleux laboratoire à ciel ouvert aussi bien économique que militaire, avec par exemple le test grandeur nature d'armes électromagnétiques modifiant le comportement des individus. Une fois à genoux, l'Iraq se voit imposer une politique agricole aux petits oignons pour les multinationales Américaines. « L'Axe du Bien » de l'époque commence par donner aux agriculteurs locaux des semences OGM de blé. Du blé ? Dans un pays qui ne mange pas de pain ou de pâtes ? Ces semences n'étaient pas fournies dans le but de nourrir un peuple au lendemain d'une guerre, non. Son unique objectif était de créer un marché tourné vers l'exportation. Et comme par magie l'*Empire* oblige l'utilisation des tout nouveaux OGM, il s'accapare les terres et l'agriculture d'un pays pour que ses entreprises puissent rendre heureux leurs actionnaires.

En Amérique du Sud, c'est la CIA qui se chargea du sale boulot et elle n'a pas chômé. Une kyrielle de coups d'État sont fomentés, c'est la guerre sale. L'arme alimentaire joue un rôle essentiel dans toute « révolution ». Grâce à elle, ils réussissent à éjecter Allende pour le remplacer par Pinochet, un dictateur jouant dans l'équipe Américaine. À peine le temps de se reposer que les cowboys s'attaquent à l'Argentine.

Au pays du tango, l'agriculture y est pérenne et équitable. Elle repose sur de petites exploitations familiales produisant plus qu'il n'en faut, gérées par un pouvoir politique qui veille au grain sans même avoir recours aux subventions. Le pentagone, en lutte contre le côté obscur de la force, l'axe du mal de l'époque : le communisme, va former la « rébellion » en Argentine. (Cela ne vous rappelle rien ? La CIA a formé Al Qaida,[62] et maintenant DAESH,[63] ce petit côté *ordo ab chao* comme marque de fabrique). Celle-ci finira par évincer le président Juan Péron en 1976 et le pays passe sous la main d'une dictature militaire sanglante. Comme par hasard, le nouveau ministre des Finances est un ami des... Rockefeller. Il va libéraliser le marché des produits de première nécessité, geler les salaires et augmenter les impôts. Avec la surévaluation du peso, entre autres facteurs, l'économie s'écroule. La Chase et Citybank, des Rockefeller, sautent sur l'occasion pour s'installer en Argentine. Les Américains vont accorder une aide aux Argentins à condition de tout privatiser, de caviarder des lois qui les gênent, etc. Les Rockefeller vont acheter énormément de terres, bradées par les paysans qui ne peuvent pas concurrencer le prix des denrées importées, et leurs banques vont faire des profits faramineux en organisant la fuite des capitaux de riches Argentins. Ils introduisent peu après les OGM et réorientent l'économie du pays sur de la monoculture de soja transgénique pour rembourser la dette du pays, et parachèvent du même coup la destruction de l'autosuffisance alimentaire. Les Rockefeller sont aux anges – sûrement déchus –, Monsanto et Cargill aussi.

Le peuple Argentin en 1970 comptait moins de 5% de sa population vivant dans la pauvreté. En 1998, il était 30%. En 2002, 51%. Faute de surface cultivable à disposition de la population, la malnutrition apparaît. Le cynisme et le sadisme de Kraft food (devenu Mondelez), de Nestlé, de Monsanto ou de Cargill les poussent à distribuer au peuple affamé des repas à base de soja OGM. L'État fait campagne pour que les Argentins arrêtent de manger de la viande, du lait, des légumes... pour ne manger que du soja ou presque !

Après avoir perdu sa souveraineté économique – supplantée par les organes de la régence mondialiste – les pays pauvres perdent leur souveraineté alimentaire. Pour manger, elles dépendent des importations, leurs cultures vivrières sont remplacées par une monoculture. Aujourd'hui ce sont leurs propres terres qui leur sont volées. Si les agriculteurs Européen souffrent des manœuvres de

---

[62] http://www.theguardian.com/uk/2005/jul/08/july7.development

[63] http://www.egaliteetreconciliation.fr/Operation-Timber-Sycamore-comment-la-CIA-a-entraine-Daech-37423.html et l'intervention de Vladimir Poutine http://www.halalbook.fr/actufiche-19-6120.html

l'*Empire*, les paysans du Sud en meurent. Cette colonisation *light* permet de jouir des ressources du pays. La nation expansionniste est remplacée par la multinationale capitaliste. L'argent fait littéralement la loi. Les élites mondialistes, véritables dragons de Komodo, peuvent ainsi se repaître sur le pays qu'ils ont eu même affaibli, ajoutant un maillon de plus à la chaîne des pays prisonnier du *libéralisme*.

2.4 Abattre l'arbre pour avoir le fruit

Partout sur Terre, cette volonté politique de répandre les règles de l'aliénation verte sévit. Les exploitations sont toujours plus grandes, spécialisées et industrialisées. Ces règles, en plus d'être contre nature, sont anti-nature. Comme le faisait remarquer Henri Mandras, « La rationalité économique ne peut s'appliquer à l'agriculture comme elle s'est appliquée à l'industrie »[64] et pour cause. Le climat, les sols, les rythmes de la nature, les caractéristiques de la plante ou de l'animal et celles de l'Homme ont des lois qui sont difficiles, voire impossibles, à contourner. Et la pensée matérialiste est une des pires, sinon la pire, des méthodes pour apprécier les subtilités et nuances que nous offrent en spectacle la Nature. Malheureusement, cette logique bête et méchante perdure au-delà de toutes raisons, sauf celle des adeptes de l'*ordo ab chao*.

La clé des champs

> *Les forêts précèdent les peuples et les déserts les suivent.*
>
> François René vicomte de Chateaubriand

Le sol est comme l'intestin de la Terre, il grouille d'êtres vivants qui jouent un rôle primordial dans l'écosystème, mais peu nombreux sont ceux qui y prêtent attention. En temps normal cette terre est vivante. Elle abrite quantité de microbes, champignons, insectes et bien plus. Son bon état de santé se voit à son teint foncé, son odeur d'humus et à sa granulosité qui est le signe d'une bonne aération, c'est le profile typique des sols de forêts. Ce berceau de la vie agit comme un tampon. Elle stocke une grande quantité de nutriments dont les végétaux

---

[64] La fin des paysans, Henri Mandras.

s'alimentent. Cela est possible grâce aux efforts du plus zélé des jardiniers, le ver de terre. C'est lui qui laboure la terre, qui apporte le repas aux microorganismes, en mélangeant les déchets végétaux, qui vont les transformer en nutriment disponible pour les plantes et tout ça en fertilisant le sol de ses excréments. Le sol va aussi stocker de l'eau toujours grâce au travail de ses habitants qui rendent la terre spongieuse. Cette terre vivante est fertile puisqu'elle amasse les éléments essentiels pour le développement des chlorophylliens. Le travail de l'agriculteur consiste à maintenir la bonne fertilité de son sol en lui restituant ce qu'il a prélevé. Il peut au choix, amender en fumier, compost ou planter une culture intermédiaire qui enrichira le sol ou encore le laisser en jachère quelque temps. Plus il puise sans restituer, plus les rendements vont s'essouffler.

L'aliénation verte vante la monoculture de semences hybrides à l'appétit vorace. Pour atteindre de bon rendement l'agriculteur les gave d'engrais chimique, la trinité NPK. Cet acronyme désigne les éléments chimiques suivant la classification périodique de Mendeleïev, N pour azote, P pour phosphate et K pour potassium. Comme nous l'avons vu, qui dit engrais dit mauvaise herbe et donc désherbant. La monoculture augmente l'utilisation d'engrais chimique d'année en année. L'écosystème change, les hybrides moins bien adaptés au milieu sont plus fragiles. La maladie et des nuisibles apparaissent. La monoculture donne le champ libre aux pesticides. La nature s'adapte et les résistances sont de plus en plus nombreuses. Le *Progrès* répond en augmentant les doses ou en changeant la formule du pesticide, ce qui arrive tous les deux, trois ans. Sans ces artifices les récoltes seraient ridicules. Dans la nature l'organisme le plus faible tombera malade, l'antilope la plus faible sera dévorée par les lions, mais grâce à l'innovation, l'Homme réussit à obtenir quelque chose de contre nature. Ce *Progrès* se paie au prix fort pour l'agriculteur aussi bien pour son porte-monnaie que pour sa santé, surtout s'il n'est pas informé des risques liés à ces produits.

Après ces traitements le sol est méconnaissable. Notre jardinier zélé, qui se nourrit de résidus de biomasse, n'a plus rien à se mettre sous la dent. Il se fait de plus en plus rare, plus personne n'assure la fertilisation et l'aération du sol.

Les engrais chimiques et l'irrigation massive minéralisent et stalinisent graduellement le sol. La salinisation touche aujourd'hui 5% des terres arables mondiales. Le labourage profond va casser les différentes strates du sol et transforme le berceau de la vie en cercueils. Les conditions deviennent trop rudes pour ses habitants, ils périssent. La terre se contracte, durcit, se minéralise. La digestion des déchets végétaux ne se fait plus et ils pourrissent. Cette terre maintenant compacte, de couleur claire, sent la mort. Les saisons se succèdent, moins le sol est actif biologiquement et plus les plantes sont affaiblies par les maladies et parasites. L'agriculture ajoute encore plus de NPK pour compenser et souvent en excès. En 1960 nous utilisions 30 millions de tonnes d'engrais, aujourd'hui 170 millions de tonnes. La terre est réduite à un simple support pour des plantes sous perfusion, une sorte d'hydroponie en sol. Elle perd ses capacités de stockage de l'eau, elle est plus sensible à la sécheresse. Il faut alors investir dans des systèmes d'irrigations toujours plus gros qui volent l'eau des régions voisines. De plus, ce sol nu et imperméable ne peut plus amener l'eau en profondeur et rejoindre la nappe phréatique comme elle le devrait. Alors dès qu'il pleut abondamment, crues et inondations apparaissent. L'eau entraîne avec elle les engrais chimiques, polluants, qui la souille et elle en profite pour éroder le sol puisqu'il n'y plus un arbre ou une haie pour la maintenir. La couche vivante – le complexe argilo-humique – du sol prend la clé des champs, donnant une couleur sépia à l'eau de la rivière. La perte de cette couche fertile est inestimable, il faut des années pour la reconstruire. Mais, le sol a ses limites. Passé un seuil il meurt définitivement et se transforme en désert.

Selon les époux Bourguignon, en France la matière organique du sol est passée de 4% à 1,4% sur les cinquante dernières années. En métropole, 60% des sols sont frappés d'érosion et nous perdons en moyenne entre 10 et 40 tonnes de sols par hectare par an – selon les sources. Produire 1 tonne de nourriture revient à éroder 1 tonne de terre. Au niveau mondial 20% des sols sont significativement dégradés. Pour produire 1 tonne de nourriture, nous perdons 4 tonnes de terre. L'érosion éolienne ou hydrique liée à l'activité humaine lessive 25 milliards de tonnes par an dans le monde, soit 0,3% de la masse totale de terre arable. À ce rythme dans 300 ans il n'y en aura plus. Les Bourguignons précisent aussi que si le sol était biologiquement actif, nous pourrions diminuer les apports azotés (N) de moitié tout en supprimant le potassium (P) et le phosphore (K) sans pour autant perdre en rendements. Pour y arriver, la première étape serait de remettre en place une rotation des cultures.

Une étude de Mosca dans les années 70 aux États-Unis disait que l'emploi de 450 000 tonnes de produits chimique (pesticide, engrais, etc.) aurait des effets équivalents à 72 500 bombes d'Hiroshima.

Comme par hasard, le gouvernement Américain a classé cette étude « secret défense ».

Animal farm corrigé par l'Oncle Sam

> *On peut juger de la grandeur d'une nation par la façon dont les animaux sont traités*
>
> Gandhi

Qu'ils sont beaux nos animaux au salon de l'agriculture. Pouponnées, apprêtées, prenant la pose avec notre beau et grand Président de la République entre deux noms d'oiseau, on en oublierait presque que ces mêmes bêtes de foire ne sont que de la viande sur pattes une fois à l'abattoir.

Ici aussi, la mégalomanie capitaliste a frappé. C'est dans les années 80 que la révolution du bétail industriel eut lieu. Les techniciens ont pris le pouvoir, il faut faire du chiffre, le plus de viande sur le plus petit espace. Tout se standardise. Les races sont sélectionnées – et plus sensibles aux maladies –, les animaux sont nourris de façon identique, abattus au même poids. Pour gaver ses bêtes, la France est contrainte d'importer 40% des besoins en protéines végétales directement du continent Américain, en très grande majorité du soja et maïs OGM, qu'elle peut importer sans taxe grâce à Blair House. Soyons clairs, le métabolisme de l'animal passe par- dessus la jambe de l'engraisseur. Regardons les bovins, ce sont des herbivores et non des granivores, donc par définition ils sont faits uniquement pour ne manger que de l'herbe. Pour expliquer brièvement, la vache mange l'herbe, l'herbe va nourrir les bactéries présentes dans son système digestif, les bactéries seront à leurs tours digérées et serviront d'éléments nutritifs à la vache. Si on leur donne du maïs par exemple, leur système digestif ne dispose pas des bonnes bactéries ou enzymes pour les dégrader convenablement. Résultat, la vache va produire un tiers de méthane en plus. Des bactéries pathogènes, comme l'E-coli, vont aussi apparaître et rendre la vache malade. Alors les vétérinaires la charge d'antibiotiques pour que son dernier voyage se fasse à l'abattoir et non pas avant. Si demain une vache nourrie au pétrole donnait les mêmes rendements tout en étant moins chère que le maïs subventionné, nous aurions sans doute droit à du lait et des steaks au bon goût de bitume. Au passage on a essayé de leur donner de la farine animale. Une mixture qu'on a inventée des suites de l'évolution du goût du consommateur qui ne mangeait plus les abats. Et les vaches malades qui mangeaient des restes d'autres vaches malades vous savez ce que ça fait ? Une vache folle.

Mais les ennuis ne s'arrêtent pas là. À l'abattoir, la bête arrive couverte d'excréments, porteurs de toutes sortes de bactéries dont l'E-coli. Le bestiau est à peine nettoyé, puis massacré à la chaîne. Durant ce processus, il arrive que la viande soit contaminée par ces bactéries pathogènes. Très nocives pour l'humain, certaines souches provoquent la mort. D'autres bactéries résistantes aux antibiotiques se retrouvent aussi dans nos assiettes.

En France on estime que deux tiers des 7000 à 10 000 décès des suites d'une infection nosocomiale seraient liés à des bactéries résistantes aux antibiotiques. Aux États-Unis c'était 19 000 décès en 2005.[65] La plus connue est le SARM (staphylocoque doré résistant à la Méthicilline). Dans la filière porcine, le SARM touche 46% des porcs en Espagne, 14% en Italie, 43,3% en Allemagne, 40% en Belgique et 1,9% en France. Chez les Allemands jusqu'à 90% de la viande de dinde vendue en supermarché est contaminée au SARM.[66] Plus l'exploitation est grande plus les risques de propagation sont élevés.

En 1954, les États-Unis utilisaient 250 tonnes d'antibiotiques pour ses animaux. En 2005, c'est 25 000 tonnes. Beaucoup étaient ajoutés directement à la nourriture pour les faire grossir plus vite. Si en Allemagne et en Espagne l'élevage utilise environ 1700 tonnes d'antibiotiques, l'élevage Français ne se contente « que » de 100 tonnes par an.[67] Mais ce petit chiffre suffit très largement pour infecter la viande que vous mangez et votre eau, ce qui favorise la prolifération de bactéries résistant aux antibiotiques chez ceux qui la consomment.

Des alternatives aux antibiotiques existent pour les animaux, des soins à base d'huiles essentielles ou homéopathiques, mais depuis 2013

[65] http://www.lemonde.fr/idees/article/2013/02/25/le-scandale-alimentaire-qui-s-annonce_1838402_3232.html

[66] http://www.spiegel.de/wirtschaft/service/putenfleisch-resistente-keime-in-proben-vom-discounter-gefunden-a-1012575.html

[67] http://www.pourquoidocteur.fr/Articles/Question-d-actu/9663-Antibiotiques-la-France-championne-d-Europe-de-la-consommation

Bruxelles les interdit s'ils sont utilisés sans ordonnance. Les contrevenants pourront se voir supprimer les aides de la PAC.[68] L'UE a retiré du marché pas moins de 600 plantes utilisées pour fabriquer des extraits et des huiles essentielles sous prétexte qu'elles n'ont pas fait l'objet d'une autorisation de mise sur le marché. Pourtant les animaux peuvent en manger librement dans les pâturages et depuis toujours.

Au même moment, le gouvernement livrait bataille aux antibiotiques grâce à son plan « Eco-antibio », l'arme ultime pour réduire de 25% les antibiotiques dans le secteur agricole entre 2012 et 2017. Une mesure pour le moins hypocrite puisque selon Philipe Labre, « les solutions alternatives permettent de gérer 75% des maladies des troupeaux ».[69]

Ce n'est pas tout, en plus des antibiotiques, hormones, vitamines, hépatoprotecteurs et même des anabolisants sont utilisés de façon quasi systématique. Certains sont prohibés et les autres très réglementés. Pourtant dans les faits, les contrôles en cours de production sont assez rares. Et pour tromper les contrôles de fin de chaîne, il suffit d'arrêter la médication quelque temps avant l'envoi à l'abattoir pour ne pas laisser de traces. Malgré tout, certaines viandes contrôlées révèlent parfois des produits interdits comme du DES – œstrogène artificiel dangereux – ou du Cloramfénicol – qui bloque la fabrication cellule sanguine chez l'Homme.

La forte concentration de ces usines à viandes engendre de gros problèmes sanitaires. Ces usines ont été construites près des zones d'arrivages du fourrage, toujours pour réduire aux maximums les coûts. La Bretagne compte de nombreux élevages porcins sur caillebotis, dans des bâtiments où l'air doit être renouvelé pour éviter que les bêtes ne s'asphyxient par les émanations de leurs propres déjections. Si la loi de Murphy frappe, une coupure d'électricité et une panne des générateurs de secours, toute l'exploitation est perdue.

---

[68] http://www.bastamag.net/Soins-des-animaux-par-les-plantes

[69] http://www.bioalaune.com/fr/actualite-bio/10514/eleveuse-bio-poursuivie-avoir-soigne-ses-brebis-plantes

Entre ces murs, l'animal est devenu un objet. La notion de maltraitance animale est comparable au traité de Genève, aussi relative que l'espace-temps pour Einstein. On pourrait parler du porcelet qui, messier tenez-vous bien, se fait arracher les testicules à la pince, et sans anesthésie, pour que sa viande ne prenne pas un mauvais goût. Mais concentrons-nous plutôt sur le cas de la poule pondeuse. Après un sexage à la naissance, les femelles d'un côté et les mâles aux broyeurs – des millions de jeunes mâles sont massacrés chaque semaine, une bonne partie des massacrés finissent en rouge à lèvres. Ensuite on leur coupe le bec pour éviter qu'elles n'aillent becter ses copines puisqu'elles seront entassées à plusieurs dans une cage de quelques centimètres cube – pratique bientôt interdite. Elles vont y « vivre » dans le noir, dans un bruit infernal, parfois malades, nourries aux antibiotiques et une fois qu'elles seront moins productives, environ un an après, elles auront le droit d'aller se faire égorger puis métamorphoser en charcuterie.

Que ce soit des porcs, des poules, des bovins, la moindre caméra qui entre dans les coulisses de nos usines à bouffe ne prendrait pas longtemps avant d'immortaliser des abominations qui ferraient tourner de l'œil de bon nombre de ménagères de moins de cinquante ans. De temps à autre une vidéo circule, on crie au scandale et deux jours après c'est oublié. Ceux qui côtoient ce milieu sont au fait, mais personne n'ose en parler. Il arrive aussi qu'elles soient devenues totalement insensibles – être payé pour exorbiter des yeux de bœufs à main nue toute la journée peut produire cet effet par exemple. Le lobby tient le marché et les langues, parfois de façon choquante comme aux États-Unis.

Là-bas, dans l'État du Colorado plus précisément, il existe une loi qui interdit de critiquer publiquement – même si c'est parfois légitime – l'industrie de la viande au motif que cela nuirait aux ventes du secteur.[70] Encore un bel exemple de la plus grande démocratie du monde ! Toujours chez l'Oncle Sam, le poulet a été retiré des espèces incluses dans la protection animale, pour le plus grand bénéfice de l'industrie.

---

[70] *Les alimenteurs*, Stéphane Horel, Brigitte Rossigneux, Éditions Montparnasse, 2013.

Dans le monde, au moins cinquante milliards d'animaux sont abattus chaque année, sans compter les poissons. Pour les nourrir, il faut des tonnes et des tonnes d'aliments. La demande en viande augmente un peu plus chaque année, alors chaque année on coupe toujours plus d'arbres pour agrandir les surfaces cultivables. 91% de la déforestation amazonienne l'a été pour produire des plantes fourragères. Ceux qui essaient de lutter contre cette déforestation sont menacés ou même tués. Plus de 1100 personnes sont mortes au Brésil en défendant la forêt.

Une fois ces tonnes d'aliments digérés, une montagne d'excrément s'amoncelle sur l'exploitation. Pour vous donner une petite idée, l'élevage produit 52 000kg de déjections par seconde rien qu'aux États-Unis. Un kilogramme de viande de bœuf c'est quarante kilogrammes de bouses. Ces grosses quantités pourraient servir de fumier et remplaceraient l'utilisation d'engrais chimique, mais pourquoi faire simple quand on peut faire compliqué – et se faire taxer ! Du fait de la sectorisation géographique et l'énormité des volumes, le transport du fumier vers les champs serait trop coûteux pour être intéressant. Aujourd'hui, on peut les retraiter avec des bactéries pour récupérer du méthane et aussi pour chauffer de l'eau. Cependant, pour cause de réglementations sur la taille des exploitations en France, les volumes ne sont pas suffisants pour qu'un méthaniseur soit rentable. En revanche, nos voisins Allemands, qui jouissent d'une réglementation plus souple – qui autorise un plus grand nombre de bêtes sur un espace donné – et une main-d'œuvre très bon marché, ont quelques exploitations qui arrivent à conjuguer activité agricole et production d'énergie, agriculture et industrie.[71]

Pour finir, une petite parenthèse. Si l'animal souffre, il semble que les plantes elles aussi soient douées d'une forme de conscience. Les expériences de Cleve Bakster, inventeur du détecteur de mensonges, montrent que les plantes perçoivent ce qui se passe autour d'elle et qu'elles ont même une forme de mémoire à long terme. Il prit conscience de ceci quand il voulut brûler une plante. Il s'aperçut qu'elle réagissait quand il avait la volonté de lui nuire, mais ne réagissait pas quand il faisait semblant. Imaginez ce que les méthodes de l'agriculture industrielle doivent leur infliger. Ayant réussi à interpréter les réactions

---

[71] Agriculture : l'Allemagne sème la France ! France 24,
https://www.youtube.com/watch?v=eilajIfGebg

électriques de la plante il va en utiliser une comme témoin dans un cas de meurtre. Présente sur les lieux du crime, la plante présentait de subtils changements électriques quand le coupable entrait dans la pièce aidant ainsi le travail des enquêteurs. Les plantes peuvent aussi ressentir toutes les formes de vie présente autour d'elle – comme ressentir la mort d'un congénère – et peuvent même créer un lien avec celui qui s'occupe d'elle. Quand ce lien est établi, des modifications du potentiel électrique de la plante s'observent quand son propriétaire ressent une douleur par exemple, et ce jusqu'à un rayon de 400 kilomètres. Vous vous doutez que les scientifiques se sont empressés de nier ce qu'il était en mal d'expliquer.

Pour l'heure, des scientifiques ont pu confirmer que les plantes ont une forme de mémoire et d'intelligence. Elles peuvent communiquer entre elles par différents moyens – odeurs, vibrations, signaux électriques. Selon eux le cerveau des plantes fonctionnerait comme internet grâce au réseau racinaire. Cela rapproche Avatar un peu plus de la science et un peu moins de la fiction. Si vous voulez aller plus loin, il faut aller voir du côté des Italiens. Stephano Mansuco, un neurobiologiste, a coécrit un petit ouvrage sur le sujet, *Verde brillante*, hélas pas encore traduit.

Mieux vaut flotter sans grâce que couler en beauté

L'élevage intensif va polluer l'eau aux alentours comme en Bretagne où le nitrate contamine l'eau du robinet et génère des algues vertes sur les plages. Les bactéries nocives en profitent pour se disséminer un peu partout. L'agriculture aliénée ne fait pas mieux. Accro aux pesticides elle ne tue pas que sur terre. Les pesticides se retrouvent dans les cours d'eau. Comme ce sont des perturbateurs endocriniens, ils vont féminiser une partie de la faune qu'ils rencontreront. Ainsi, on trouve des poissons avec des ovocytes dans leurs testicules. Les cours d'eau recueillent aussi des résidus de la pilule contraceptive, des détergents et un peu toutes les pollutions liées à l'activité humaine. Poissons, oiseaux, animaux sont touchés. Pénis anormalement petit, taux faible de testostérone chez les mâles, taux très élevé d'œstrogène chez les femelles, malformation des ovaires[72] sont les principaux signes de cette pollution. Parfois il arrive que tous les

---

[72] *Alerte aux perturbateurs endocriniens*, Yacine BEN JANNETTE, Arte.

poissons de la rivière meurent après une forte exposition aux pesticides.[73]

Avec une féminisation et une mortalité en hausse toujours à cause de ces mêmes pesticides, leur population ne peut que décroître.

Or, la demande en poisson ne cesse d'augmenter. Pour y répondre, l'aquaculture s'est industrialisée. Cette activité a doublé en 10 ans et fourni près d'un tiers des poissons et crustacés consommés en France. Ici aussi le profit est le maître mot. On densifie au maximum la quantité de poisson au mètre cube. Cette promiscuité crée un vivier à maladie.

Le saumon, si apprécié, est le pire exemple. Produit principalement dans les fjords Norvégiens, il est victime de la prolifération de poux de mer qui viennent ronger sa chair jusqu'à le tuer. La solution adoptée fut de leur donner une nourriture enrichie en pesticide…[74] Des poissons déformés par des mutations génétiques et une chaire quasi invendable et contaminée se retrouvent dans vos supermarchés dans un joli emballage à un prix alléchant. Saumon qui est aussi le premier animal OGM au monde à être autorisé à la vente aux États-Unis et chez les Canadiens. La forte concentration crée aussi un problème de pollution. Une énorme quantité d'aliments non mangés et de déjections modifient profondément l'écosystème aux alentours.

Les océans tout entiers souffrent de la cupidité capitaliste – pléonasme. Elle est devenue une poubelle géante. Nos déchets radioactifs y sont coulés,[75] comme si nous mettions de la poussière sous un tapis. Ils sont si nombreux que le taux de radioactivité dans l'eau de la Manche n'avait rien à envier à celui des côtes de Fukushima[76] – à l'époque de l'article en 2012. Le plastique, si utile pour conditionner et transporter notre nourriture, quasi inaltérable pour certains composés,

---

[73] http://www.bastamag.net/En-Bretagne-un-pesticide-eradique

[74] Envoyé spécial : poissons d'élevage, un business en eaux troubles, France 2.

[75] http://www.lemonde.fr/planete/article/2012/07/11/des-dechets-radioactifs-francais-ont-aussi-ete-immerges-dans-l-atlantique_1732418_3244.html

[76] http://france3-regions.francetvinfo.fr/basse-normandie/2013/03/27/les-eaux-de-la-manche-plus-radioactives-que-celles-de-fukushima-selon-l-acro-224293.html

attend sagement d'être mangé par des poissons, oiseaux – qui meurent par millions –, tortues et autres pour élire domicile dans leur système digestif ou les étouffer. Ces particules sont des éponges à polluants qui peuvent finir dans leur chair et nous intoxiquer à notre tour, comme le DDT et le PCB. Du fait des courants, une zone de l'océan pacifique est envahie par le plastique. Il y en a tellement qu'on parle d'un « continent plastique », grand comme six fois la France. Il s'agit en fait, d'une concentration très élevée de petites particules de plastique dans l'eau formant une soupe indigeste. Vous y trouverez en moyenne 3kg de déchets pour 500g de plancton.[77] La seule solution à ce problème fut proposée par Boyan Slat, âgé de vingt ans à peine, qui eut l'idée de mettre des filets en des points stratégiques où le courant charrie ce plastique. Son projet devrait être testé en grandeur nature dans le courant de l'année 2018.[78]

Nonobstant ses efforts, il se pourrait bien qu'il ne reste que du plastique dans les océans.[79] Si l'exploitation les ressources halieutiques continue de la sorte, en 2050 il n'y aura peut-être plus de poissons à intoxiquer.[80] Les zones de pêche autorisées sont déjà surexploitées ou à pleines capacités. Le poisson se raréfie et il arrive souvent que le poisson vendu n'est pas celui marqué sur l'étiquette. Le client, qui est toujours une bonne poire, n'y voit que du feu. Même la cantine de la Commission Européenne n'est pas épargnée.[81] À cela il faut ajouter des pratiques pour le moins discutables qui méritent d'être développées.

Dans la catégorie des halieucides, le *Shark fining* est souvent nominé. Activité qui tue de 70 à 100 millions de requins par an. Le

---

[77] *Comment les riches détruisent la planète*, Hervé Kempf, Seuil, 2007, p : 13.

[78] https://www.futura-sciences.com/planete/actualites/oceanographie-ocean-cleanup-projet-boyan-slat-nettoyer-ocean-commencera-2018-54459/

[79] http://www.liberation.fr/planete/2016/01/22/en-2050-plus-de-plastique-que-de-poisson-dans-les-oceans_1428020

[80] http://www.20minutes.fr/planete/405130-20100518-2050-oceans-poissons

[81] http://www.rfi.fr/hebdo/20151113-belgique-oceana-ong-alerte-blanchiment-poisson-alimentation-etiquetage ?ns_campaign=reseaux_sociaux&ns_source=twitter&ns_mchannel=social&ns_linkname=editorial&aef_campaign_ref=partage_aef&aef_campai gn_date=2015-11

requin, qui existe depuis 400 millions d'années, l'une des plus anciennes espèces vivant parmi nous, qui a survécu à cinq extinctions planétaires de masse, a vu sa population décroître parfois de 90% depuis que l'Homme s'est épris de ses aillerons. En effet, ces appendices donnent de la texture à la soupe... Ainsi le pêcheur capture des requins, il leur coupe les ailerons alors qu'ils sont vivants. Une fois le prélèvement effectué, le reste du requin sanguinolent, qui n'a pas de valeur marchande, est jeté par-dessus bord. Ne pouvant plus nager, le mutilé finit par se vider de son sang au fond de l'eau, s'il ne meurt pas asphyxié avant.[82]

Dans une approche un peu plus « sportive », nous trouvons le massacre des dauphins. Au Japon[83] pour sa chaire et au Danemark[84] pour *perpétuer* la tradition, dans une sorte de corrida des mers au pays de la petite sirène. Ces amateurs de pêche sportive ameutent des dauphins – avec des ultrasons – dans une baie et ils les abattent à l'arme blanche. Mais n'ayez crainte, rien de plus choquant que ce qui se passe dans nos abattoirs. Ici au moins, ceux qui ont la fibre artistique pourront prendre la pose et faire une ou deux *selfies* devant la marée de sang avec le coucher de soleil en arrière-plan. Ça fera son petit effet sur les réseaux sociaux. Le fils de Trump qui s'est fait tirer le portrait avec une queue d'éléphant dans la main aurait adoré, dommage que le symbole du parti de papa ne soit pas un dauphin.

2.5 Les grands arbres donnent plus d'ombre que de fruits

Aux États-Unis, l'agriculture la plus subventionnée au monde, la plus industrialisée, avec des super OGM pour sauver le monde de la faim, où le niveau de vie est l'un des plus élevés sur Terre, où les fruits et légumes sont vendus par les agriculteurs pour quelques centimes du kilo... Et bien dans ce pays, un américain sur sept ne mange pas à sa faim.[85] Et c'est ce pays qui se présente comme autorité légitime, comme donneur de leçon. L'incarnation du modèle à suivre devrait balayer

---

[82] Les Seigneurs de la mer (Sharkwater), Rob Stewart, 2006

[83] *La Baie de la honte (*The Cove), réalisé par Louie Psihoyos, 2009.

[84] http://www.blog-les-dauphins.com/massacres-dauphins-iles-feroe/

[85] http://www.feedingamerica.org/

devant sa porte. Il se vante d'être le grenier du monde alors qu'il peine à nourrir les siens. L'UE ne fait pas mieux. Quarante millions d'Européens sont dans une « précarité alimentaire » – en hausse suite à des écarts de salaire et augmentation de la pauvreté. Ce n'est donc pas le peuple qui profite de ces aides gargantuesques puisqu'il crie famine malgré la surproduction pantagruélique. La politique de Bruxelles et Washington n'a servi qu'aux grandes firmes et à la spéculation. Oui, les Rockefeller et leurs amis en sont les principaux bénéficiaires. Ils ont tout organisé, il est logique qu'ils profitent de leur poule aux œufs d'or.

Veillez au grain

Le premier pilier qui soutient le pouvoir de l'*Empire* sur le secteur agricole se fait sur les semences. C'est un marché estimé à 42 milliards de dollars et qui a connu une explosion du chiffre d'affaires depuis les années quatre-vingt. 75% du marché des semences appartient à dix compagnies. Monsanto, Syngenta, Bayer, DuPont, et Dow Chemicals, font la majorité du marché. Ce sont les mêmes qui fabriquent les engrais et les pesticides. Pour obtenir et garder leur monopole, elles décident des règles. Une entreprise comme Monsanto à de nombreux hommes de paille infiltrés au sein du gouvernement Américain. En Europe, la pression se fait au travers des lobbies agissant sur la Commission Européenne, seule décideur. Pour qu'une semence soit produite et commercialisée, elle doit être inscrite au catalogue officiel des espèces et variétés, qui, en France, est décidé par le Gnis. Seuls les agriculteurs estampillés COV (certificat d'obtention végétale) peuvent produire les semences destinées aux agriculteurs. Le label COV est conçu en 1958 par l'OCDE[86] de l'époque. Elle est destinée aux semences hybrides pour éviter les fraudes. Mais elle a surtout permis de revendiquer une propriété privée sur le vivant et prendre la main sur le marché.

Pour obtenir ce label, la plante est soumise à l'examen. Elle doit être nouvelle, distincte, homogène et stable (DHS). Le goût et la valeur nutritive sont totalement exclus des critères. Depuis 1991, les semences dites paysannes – traditionnelles, gratuites – sont exclues du droit au COV du fait de « l'expression des caractères issus de combinaisons

---

[86] Organisation de coopération et de développement économiques, composé de 34 membres

variables de plusieurs génotypes ».[87] Ce qui laisse le champ libre pour les semences de laboratoire comme les hybrides F1. L'industrialisation de l'agriculture est facilitée et la prise de pouvoir des semenciers aussi. Après modification le COV est devenu actuellement un quasi-brevet, l'agriculteur à de moins en moins de droits sur ses semences. Il doit même payer des royalties pour utiliser ses semences paysannes.

Bientôt les agriculteurs Européens auront aussi droit, si ce n'est déjà fait, à une police des semences comme celle de Monsanto aux États-Unis, qui pistera ceux qui échangent ou sèment illégalement des graines,[88] même si c'est le vent qui les a rapportées.

La Nature reprend toujours ses droits, l'hybridation ou même les OGM ne font pas le poids face à elle. Alors pourquoi on ne la laisse pas façonner les semences ? Pourquoi ne pas produire une variété 100% naturelle, qui ne nécessite pas d'arrosage ou d'intervention de l'homme, plus robuste – donc moins de gaspillage –, goûteux et surtout mieux adapté au milieu ? C'est ce que fait Pascal Poot avec ses tomates. Depuis plus de vingt ans, il les fait pousser sur un sol caillouteux, sans eau et les ressèment d'année en année. Au début, les résultats étaient bien maigres, mais maintenant, il arrive à obtenir jusqu'à 25kg de tomates par plant, je répète sans eau et sur un sol pauvre.[89] L'industrie n'y trouve pas d'intérêt. La nature n'est pas assez standardisée, les fruits n'auront pas la même taille, goût, etc. Pourtant les consommateurs et l'écologie auraient tout à y gagner. Une étude a montré que la diversité génétique des cultures, à l'exact opposé de ce que le *Progrès* impose depuis l'aliénation verte, donnait de meilleurs rendements et plus particulièrement en cas de sécheresse.[90]

[87] Droits de propriété industrielle et droits des agriculteurs dans le cadre de l'UPOV et des réglementations européennes et française sur le COV, le brevet et la commercialisation des semences. Confédération paysanne.

[88] *Le monde selon Monsanto*, Marie Monique Robin, 2008.

[89] http://rue89.nouvelobs.com/2015/03/09/tomates-sans-eau-ni-pesticide-cette-methode-fascine-les-biologistes-257958

[90] http://www.sciencesetavenir.fr/nature-environnement/agriculture/20150616.OBS0886/60-ans-que-l-agriculture-a-tout-faux.html ?xtor=RSS-25

En tout juste un siècle, 75% des graines cultivées ont disparu à cause de cette industrialisation de l'agriculture. Pour arrêter l'hémorragie, la seule solution qu'ils aient trouvée c'est de donner les variétés qui restaient aux Renards, Rockefeller et leurs amis, pour les mettre sous clé dans un « poulailler » frigorifié en Islande. On peut parier que les graines perdront leur pouvoir germinatif d'ici peu et seules les multinationales pourront décoder leur génome pour leur redonner vie, en posant un brevet au passage.

L'agriculteur tributaire de la PAC ne peut que travailler pour les grands semenciers. Pour parfaire leur domination, les semenciers s'intéressent aussi à la semence animale. Monsanto a par exemple breveté du sperme de porc et de sanglier génétiquement modifié. Une seule et unique race pour chaque type de viande animale, hyperproductive et brevetée, pour un secteur de marché bien spécifique. Les Chinois font « mieux » ils clonent directement leurs vaches à viande. Tout cela se passe en ce moment.

Les transporteurs et transformateurs

Le second pilier de l'Empire agricole se fait par la logistique. Les convoyeurs de matières premières agricoles sont plus puissants que n'importe quel gouvernement. Faisant la liaison entre différents continents, ce sont les premiers à avoir spéculé massivement sur les matières premières, achetant dans les régions les moins chères pour les revendre au meilleur prix. Déjà dans les années 50/60, alors que le marché n'était pas encore complètement monopolisé, ils firent plier l'État Américain qui s'était allié à la plus grosse coopérative agricole du moment.

À cette époque, et comme aujourd'hui, l'agriculture nord-américaine croule sous une surproduction. Les autorités affrètent des navires et décident d'outre passer le monopôle des CAFiste[91] et de vendre eux-mêmes leur surproduction. Les CAFiste vont utiliser cette surproduction comme moyen de pression. Ils baissèrent leurs marges sur le blé Argentin de façon à ce qu'il soit vendu moins cher que le blé Américain. L'écoulement de la surproduction Américaine sur les

---

[91] CAFiste : transporteur qui assurait le voyage de la marchandise a un prix CAF : cargaison, assurance, fret.

marchés est alors impossible ce qui entraîne une baisse des prix sur le marché intérieur causant la ruine des producteurs et mettant en grande difficulté l'État Américain. Jouissant d'une surproduction mondiale, les transporteurs tiennent en joue tout pays qui menacerait leur pouvoir. Ils peuvent ruiner n'importe quelle puissance agricole soit en stoppant les relations commerciales soit en fixant des prix arbitraires. Ce sont les CAFiste qui régulent le marché international.

Aujourd'hui ils ne sont plus que quatre et ils règnent sans partage sur le monde, ce sont les ABCD : ADM, Bunge, Cargill et Dreyfus. Ils ont fait 350 milliards de dollars de chiffre d'affaires en 2013. Ils ont de très gros moyens, à lui tout seul Cargill affrète 500 navires pour assurer les transports. Tout ce que vous mangez ou presque a circulé dans leurs réseaux.

Après le transport, la matière première est transformée. Les leaders du marché sont : Nestlé, Mondelez International (ancien Kraft food group) et Unilever. Les autres concurrents se tiennent à carreau. Eux, ils nous revendent un produit dont ils ont retiré autant de bénéfices que de nutriments. Tout est fait à échelle industrielle. Les matières premières en provenance du diable Vauvert et martyrisées par la méthode aliénante intensive, sont de qualités médiocres. Sel, sucre, additif en tout genre sont utilisés pour donner un goût et un aspect à un produit qui n'en a plus vraiment. On peut utiliser des protéines de soja texturées, qu'on ajoute à la viande pour « augmenter » son poids, injecter de l'air dans les glaces pour gagner en volume, saturer les aliments de sel pour capturer l'eau et gagner du poids sur la balance. Tout est pensé pour faire des économies et donc du profit. Dans ce domaine ils font preuve de beaucoup d'ingéniosité et de malhonnêteté. Ils organisent ensuite de grandes campagnes de communication pour vous vendre leurs horreurs, visant même vos enfants sans vergogne.

Pour aller plus loin dans la logique monopolistique des entreprises s'organisent pour contrôler l'entièreté de la chaîne. C'est souvent le cas dans le secteur de la viande où tout est pensé dès la plantation du soja qui nourrira l'animal, jusqu'au transport du steak vers le supermarché. Exemple avec la production de poule où deux sociétés contrôlent les œufs et deux autres la viande. Ils fournissent les éleveurs en poussins, en antibiotiques et autres produits pharmaceutiques, puis gèrent l'abattage, le conditionnement et le transport vers le supermarché. Tous les risques reposent sur l'éleveur endetté, qui se met en quatre pour satisfaire aux directives de son geôlier. Il peut perdre sa production sur un incident technique ou sanitaire.

La grande distribution

Ce dernier pilier permet de présenter la débauche de nourriture. Les distributeurs ont soutenu la course au prix bas de la production agricole. Eux aussi ont pris du volume, fini les petits commerces traditionnels maintenant règne l'hypermarché, fournisseur d'emplois sous- qualifiés, sous-payés, dans un grand bâtiment au bilan carbone énorme. En moins de 50 ans tout a changé, aujourd'hui trois quarts de la distribution alimentaire en France est monopolisée par Carrefour, Leclerc, Intermarché, Auchan, Casino et Système U. Ce sont eux qui mènent à la baguette les fournisseurs, excepté pour quelques marques comme Coca-Cola ou Nutella. Ils vous proposent des produits bon marché en écrasant de tout leur poids la marge du producteur. La marge des supermarchés varie entre 30 et 50% du prix de vente. Le jambon par exemple, environ 50% de son prix va directement dans la poche du supermarché. Pour la brique de lait, le beurre ou l'emmental, la marge brute de la grande distribution a doublé en dix ans.[92]

Ils font même payer les fournisseurs avec le système douteux des marges arrière, pour faire simple on fait payer tout et n'importe quoi : un retard de livraison coûte bonbon, un fruit pourri dans une palette et c'est retour à l'envoyeur aux frais du fournisseur évidemment. Il y en a pour tous les goûts et il n'est pas rare de voir ces enseignes se faire rattraper par la patrouille pour « clauses abusives ».

Dans ces grandes enseignes, les employés sont traités comme des moins que rien. Harcèlement et manipulation sont monnaie courante. Il n'est pas rare d'y trouver une pauvre caissière qui souffre du syndrome du canal carpien lié au stress et aux tonnes de marchandise qu'elle soulève sur les tapis roulants toute la journée. Son supérieur n'hésite pas à l'apostropher pour 20 centimes qui manque dans la caisse ou encore victime de coups montés pour pouvoir les licencier.[93] Je vous

---

[92] http://lexpansion.lexpress.fr/actualite-economique/la-marge-de-la-grande-distribution-entre-30-et-50_1006868.html

[93] http://www.lexpress.fr/emploi/affaire-cora-le-licenciement-pour-vol-un-

invite vigoureusement à visionner *La mise à mort du travail :
Destruction*[94] pour entendre les témoignages de victimes et juger par
vous-même du degré de perversion de certain manager qui sont prêts à
briser la vie de ses employés pour trois fois rien.

Ces grandes surfaces sont devenues le temple de la manipulation,
utilisant les dernières découvertes scientifiques pour vous faire acheter
tout et n'importe quoi. Musique, odeur, disposition des étals, éclairage
de certain produit, absolument rien n'est laissé au hasard. Ils vont même
jusqu'à tricher. Le classique format familial, présenté comme plus
économique, est souvent plus cher du kilo que le format normal et
évidemment, ils écrivent le prix du kilo en tout petit pour que personne
ne se rendent compte de la supercherie. Autre spéciale, des formats qui
changent avec moins de contenu, mais avec un prix qui lui ne bouge
pas. Ou encore des légumes vendus en lot d'un kilo, mais qui pèsent
parfois 700 grammes, mais ne dépasse jamais le kilo…

Ils vous attirent avec un produit à prix bas qu'ils compensent par
d'autres produits de la vie courante qui sont beaucoup moins
intéressants pour le client, mais qu'il prendra quand même pour ne pas
faire 150 magasins. Au final si vous arrêtiez de faire vos courses en
supermarché, qui se vante en plus d'être les moins chers, vous feriez
des économies.[95]

En 2014 le leader mondial de la distribution était Walmart, avec
un chiffre d'affaires de 476 milliards de dollars. Il est présent dans 28
pays. Pour continuer à exister face aux mastodontes, les « un peu moins
gros » unissent parfois leurs forces comme Auchan et U ou Casino et
Intermarché. Le marché va comme dans tout bon système capitaliste,
vers une situation de monopole avec des profits toujours plus gros.

---

classique-dans-la-grande-distribution_1045043.html

[94] Documentaire de Jean-Robert Viallet, France 3.

[95] http://lesmoutonsenrages.fr/2016/04/17/cela-coute-vraiment-moins-cher-de-ne-pas-faire-ses-courses-dans-les-supermarches/

Les banques

Le supermarché est à l'image des isoloirs. On choisit un candidat en fonction de l'emballage, des échos qu'on a entendu à la télé et, pour les plus investis, du contenu nutritif. On le glisse dans notre caddy, on le dépose à la caisse et on le paye cher. Or, la majorité des produits achetés appartiennent à quatre groupes, qui appartiennent eux-mêmes aux banquiers ou à leurs amis, comme les candidats aux élections.

Les banques contrôlent les entreprises de la distribution comme tous les autres intervenants de la chaîne alimentaire. Eux aussi ont un pouvoir sans égal. Depuis 2005, le prix des matières premières est soumis à la spéculation boursière massive avec Goldman Sachs en chef de file. Le corollaire est une volatilité des prix qui fragilise la sécurité alimentaire et le revenu des agriculteurs. Entre le moment où le blé est semé et la livraison du boisseau de blé, il est l'objet de 2000 transactions. Quand vous achetez votre pain, vous participez à entretenir cette grande mascarade.

L'agriculture industrielle fait 25% du marché, mais c'est elle qui impose les prix. Dans le monde, 70% de la nourriture est produite par de petites exploitations. Aujourd'hui en France, sur un euro versé par les consommateurs, 21 centimes finissent dans la poche de l'agriculteur, contre 62 centimes en 1950. Le reste est partagé : 18 % pour le transport et la conservation, 36 % pour le transformateur, 40 % pour le distributeur.[96] Les prix agricoles n'ont jamais cessé de diminuer. L'agriculteur est le seul à en *souffrir alors que le reste de la chaîne en profite. Si auparavant le consommateur achetait sa nourriture de qualité dans chez un agriculteur du coin en faisant travailler beaucoup de main-d'œuvre, maintenant il en dépense autant pour des aliments pitoyables et l'argent finit chez les multinationales qui ne paient quasiment pas d'impôts. En prime cette agriculture pollue, gaspille des ressources naturelles, fabrique des produits peu nutritifs et beaucoup de chômeurs. La libéralisation du marché agricole a créé des monopoles qui ont fait grimper les prix. Notre petite élite qui gouverne réellement, profite de ce système dont ils ont eux-mêmes façonné les règles. C'est le citoyen consommateur qui paie triplement puisqu'il n'a de plus le choix

---

[96] http://www.lutte-ouvriere-mensuel.org/documents/archives/la-revue-lutte-de-classe/serie-actuelle-1993/article/la-grande-distribution-des-profits

puisqu'il achète ce qu'il trouve. Une première fois avec ses impôts qui finance la PAC et le *Farm Bill*, qui a tout fait pour favoriser l'industrialisation de l'agriculture et permet aux ogres d'acheter à bas prix. Une deuxième fois lors de l'achat d'un produit en magasin, vendu très cher par le parasitage des intermédiaires. Une troisième fois pour dépolluer, réparer les dégâts liés à l'érosion et se soigner des suites d'exposition à des polluants engendrés par les d'engrais, pesticides, antibiotiques, aliments carencés en nutriments, etc.

En ce moment les grands groupes s'accaparent nos terres pour s'assurer définitivement de notre servitude. Alors que nous réservent-ils, de pire, pour demain ?

2.6 Pas besoin de boule de cristal

D'ici à 2030, une grosse vague d'urbanisation devrait toucher le monde. Si elle suit le schéma habituel, elle déclenchera une réaction en chaîne : une réduction du nombre de paysans, donc un recours à la mécanisation et une augmentation de la taille des exploitations, donc une baisse de qualité des aliments. L'urbanisation ne sera possible que si les emplois sont présents pour inciter les ruraux à travailler dans de meilleures conditions dans les villes. Donc une hausse du niveau de vie qui devrait s'accompagner d'un mimétisme culturel. Le modèle incontesté est occidental. Le mode de consommation devrait s'uniformiser sur le leader avec l'ouverture de leur marché intérieur si ce n'est déjà fait. Ces nouveaux occidentalisés vont donc manger un peu plus de viande, qui nécessitera plus de surface à cultiver pour répondre à la demande, utilisant encore plus de ressources. Pour y faire face les promoteurs du *Progrès* nous diront que l'agriculture familiale, pas assez productive à leurs yeux, doit être remplacée par l'agriculture de firme. Un capital conséquent pour des profits optimisés. Alors le Capital traque la moindre parcelle potentiellement rentable sans distinction géographique. Ce remplacement donnera le coup de grâce à nos écosystèmes qui ont déjà du plomb dans l'aile.

Cette agriculture de firme a une vision à très court terme, alors que l'agriculture familiale vise la pérennité. On retrouve la même méthode destructrice bien connue : on investit le moins possible, on prend le plus de profit pour tout vendre quand les profits ne collent plus aux attentes.

En France, la disparition des agriculteurs n'est pas près de se terminer. À ce jour, c'est environ 2% de la population qui est agriculteur. Une baisse de 2,3% par an sur dix ans du nombre d'agriculteurs est prévue. Principalement à cause des départs en retraite non compensés et les difficultés d'installation. Avec l'avènement de la robotique et de la puissance de calcul des ordinateurs ont pourra aisément remplacer l'homme par la machine. Le chauffeur du tracteur est déjà remplacé sur certaines exploitations. Dans un futur proche, l'agriculteur sera un homme en costard, qui confiera à un technicien sous-payé le soin de paramétrer ses *Big Bud 747* aux quatre coins du monde, personne ne travaillera plus la terre de ses mains. Au Japon, la réalité dépasse déjà la fiction, la première « usine » à salade totalement autonome fut inaugurée en 2017.[97] Si après-guerre exploiter une parcelle nécessitait quinze personnes, aujourd'hui la même parcelle en mobilise une et demain zéro ! Les conséquences sociales devraient être extrêmes, particulièrement dans les pays pauvres.

Pour le consommateur les choses vont elles aussi s'aggraver. L'UE et les entreprises à la solde de l'*Empire* négocient de nouveaux traités de libre-échange dans le plus grand secret. Malgré son abandon grâce à l'intervention de Donald Trump, l'exemple du traité transatlantique reste édifiant.

Arrête-moi si tu peux ?

> *Quelque chose doit remplacer les gouvernements, et le pouvoir privé me semble l'entité adéquate pour le faire.*
> David Rockefeller, Newsweek International,
> 1er février 1999.

Dans *La marche irrésistible du nouvel ordre mondial*, Pierre Hillard nous montre que pratiquement tout ce qui se passe sur l'échiquier national, Européen et international est voulu par nos maîtres depuis belle lurette. La vague d'ouverture des marchés est le meilleur moyen pour l'*Empire* de prendre le contrôle de nombreux pays sans tirer un coup de feu. Il y eut l'OMC qui débroussailla le terrain, mais l'échec du cycle de Doha en 2010, causé par la forte résistance des pays

---

[97] http://www.lemonde.fr/international/article/2016/02/01/une-entreprise-japonaise-annonce-la-creation-de-la- premiere-ferme-robotisee_4857181_3210.html

émergents sur la question des subventions agricoles pratiquées par l'UE et les États- Unis, fit passer le plan à une autre phase. Une flopée d'accords de libre-échange, dont le TAFTA que copie le CETA –, ont été mis sur la table. Ils doivent réussir là où l'OMC a échoué.

Le TAFTA

Le traité transatlantique est désigné sous différents acronymes : TAFTA pour *Trans Atlantic Free Trade agreement*. TTIP : *Transatlantic Trade and Investment Partnership*. PTCI : Partenariat transatlantique sur le commerce et l'investissement. Le traité transatlantique, ou grand marché transatlantique est un accord de libre-échange qui devait libéraliser encore un peu plus les échanges commerciaux entre les États unis et l'Union Européenne. Pour ce faire, l'accord prévoyait de détruire les barrières tarifaires (les droits de douane) et les barrières non tarifaires (les normes et réglementations).

Même si officiellement les négociations ont été lancées en juin 2013, ce traité était au programme de l'*Empire* depuis des décennies. L'idée remonte à la *Déclaration pour une unité atlantique* en octobre 1954. Les objectifs étaient les mêmes : élimination des obstacles au commerce, baisse des tarifs douaniers et mise en place d'une économie propre à la communauté atlantique.[98] Pour nous faire avaler la pilule, ce TAFTA fut évidemment présenté comme une oasis économique en pleine traversée du désert, un vrai mirage.

Le TAFTA se négociait entre Washington et Bruxelles dans le plus grand secret. Du côté de l'UE, nos politiques n'étaient pas habilités à négocier quoi que ce soit, ils n'avaient pratiquement pas le droit de regarder ce qui s'y passait. Pour lire les documents, nos parlementaires devaient délaisser tout objet électronique, signer une décharge avant d'entrer dans la salle pour compulser les documents. Il leur était interdit de divulguer dans le détail le contenu des textes. Ils devaient consulter les documents dans un temps imparti avant qu'une alarme ne se

---

[98] http://www.bvoltaire.fr/pierrehillard/le-marche-transatlantique-cimetiere-des-nations-28182

déclenche et fasse intervenir la sécurité.[99] En revanche le tapis rouge était déroulé aux grandes entreprises.

« Elles y sont présentes par l'intermédiaire de différents groupes ou lobbies, comme Le Transatlantic Business Council (TBC), organisme issu en 1995 du « Dialogue économique transatlantique », ou encore le Transatlantic Policy Network (TPN), fondé en 1992, qui regroupe une centaine de parlementaires européens et américains en même temps que des firmes transnationales comme Boeing, Siemens, IBM, Microsoft, etc. Sans oublier l'association européenne des patrons Business Europe (dont fait partie Le Medef), l'European Business Summit, les représentants des banques, de la chimie, etc. »[100]

Les négociations furent officiellement entreprises par une vingtaine de groupes d'« experts » sous la supervision de la Commission Européenne. Cecilia Malmström, la commissaire chargée du TAFTA, a déclaré : « Je ne tiens pas mon mandat des peuples européens ».[101] Mais quelle surprise ! Quand on sait que la machine Européiste est conçue par et pour le marché sans aucune volonté démocratique et politique, et qu'aujourd'hui elle est sous l'influence de 20 à 30 000 lobbyistes dont 70% sont des représentants de cartels et de la banque. En face il y a 751 députés dont certains aiment se faire graisser la patte…[102] Qui croirait encore que le peuple décide de quoi que ce soit ?

Les violons étaient de sortie. On nous rejouait le même refrain qu'à la création de l'Union Européenne ou de l'OMC. Supprimer les barrières c'est ouvrir l'horizon des entreprises qui pourront ainsi vendre encore plus, ce qui créera de l'emploi. La libre concurrence fera baisser les prix faisant grimper notre pouvoir d'achat. Seules les entreprises les moins compétitives pourraient y perdre si elles n'arrivent pas à suivre

---

[99] https://www.youtube.com/watch ?v=Ozj0qwnMGZ0

[100] Alain de Benoist http://www.breizh-info.com/2014/06/13/13318/geopolitique-union-transatlantique-grande-menace-tribune-libre

[101] http://www.independent.co.uk/voices/i-didn-t-think-ttip-could-get-any-scarier-but-then-i-spoke-to-the-eu-official-in-charge-of-it-a6690591.html

[102] http://www.lemonde.fr/europe/article/2011/03/28/nouvelle-accusation-de-corruption-au-parlement-europeen_1499824_3214.html

la concurrence... Si c'était si vertueux, pourquoi aucun bénéficiaire, les consommateurs, n'en fut informé ? Pourquoi aucun débat n'eut lieu en place publique ? Effectivement il était plus sain de poursuivre les négociations en douce, dans le dos de tous, sauf des industriels.

En outre, qui a dit que la libéralisation du marché créerait de la concurrence et une baisse des prix ? En Angleterre, la privatisation de l'électricité a mis six entreprises à la tête du marché qui se sont ensuite mises au diapason et fait augmenter les prix. Paris et la privatisation de l'eau est aussi synonyme de hausse des prix. Ou encore la téléphonie mobile avec SFR, Orange et Bouygues condamnés pour entente en 2009.[103]

Le traité transatlantique avançait des chiffres extravagants surtout en ces temps de crise. Il promettait deux millions d'emplois créés au sein de l'OCDE. Un gain de 86 à 119 milliards par an à l'UE et entre 65 et 90 milliards aux États-Unis. Il promettait une augmentation de 545 euros sur quinze ans du revenu moyen par ménage Européen. Comment ? En créant de la croissance par des exportations. Qui dit exportation dit transport, donc énergie fossile, donc pollution. Elle s'était pourtant engagée à la réduire au travers du projet de transition énergétique, grâce aux biocarburants et à la taxe carbone. Donc elle allait toute seule se mettre des bâtons dans les roues si elle voulait tenir ses belles paroles.

En revanche, les multinationales étaient garanties d'y gagner. Rien qu'en 2012, on comptabilisait 670 milliards de dollars d'échanges entre UE et EU dont la moitié fut entre des filiales du même groupe. Escamoter les taxes douanières leur aurait conféré un grand bol d'air, air volé aux États qui auraient été privés de ces rentrées fiscales. Autant d'argent qui n'allait pas rembourser la dette qui nous étouffe.

L'Empire nous raconte des salades

Ce n'est pas la première fois qu'on entend de belles promesses. Ces charlatans nous ont fait le même coup avec l'Union Européenne

---

[103] http://www.lefigaro.fr/societes/2009/03/11/04015-20090311ARTFIG00486-sfr-bouygues-et-orange-condamnes-pour-entente-.php

pour la mise en place du marché commun en 1992. L'UE promettait la création de cinq millions d'emplois et du pouvoir d'achat en plus. Résultat ? Austérité, travail précaire, euro qui a fait augmenter les prix et chômage dont les effets se sont démultipliés avec la crise.

Cette construction Européenne a été voulue par les Américains, pour les Américains – pour contrer la « menace » Russe – notamment à travers le financement par les Rockefeller – pour changer – et Ford *l'American Committee on United Europe*, l'ACUE.[104] Ils choisissent pour nous leur vision du libre-échange et rien d'autre. Zbigniew Brzezinski – ancien chaperon d'Obama et de bien autres présidents Américains – déclara : « une Europe politiquement forte, qui ne serait plus militairement dépendante des États-Unis, mettraient nécessairement en cause la domination américaine et limiterait la suprématie des États-Unis à la région du pacifique ».[105] On remarquera que le prix Charlemagne, décerné aux plus fervents artisans de l'unification Européenne, a honoré le général Marshall au plan célèbre, Bill Clinton et un certain Henry Kissinger – le même qui est à la botte des Rockefeller. Ce sont les seuls non Européens récompensés et, comme par hasard, ils sont tous Américains. Résultat, l'UE s'aligne toujours sur la position Américaine si elle ne veut pas se faire taper sur les doigts. On en a eu un bel exemple avec leur petite guéguerre psychologique autour de l'Ukraine et de la Syrie. Les positions Américaines ont fini par nous mettre dans l'embarras. Les petits Européens serviles que nous sommes se sont mis la Russie à dos. Leur embargo sur nos produits agricoles est un coup dur. Mais pour l'Oncle Sam, c'est tout bénef. Il maintient la pression au niveau international, nous utilise comme bouclier en cas d'affrontement direct et il fragilise son principal concurrent sur le secteur agricole, l'UE. Résultat, les Européens perdent des milliards.

Et la soumission de la France dans tout ça ? Le dernier exemple honteux fut le mistral que Washington nous a interdit de vendre aux

---

[104] Les origines cachées de la "construction européenne", François Asselineau. https://www.youtube.com/watch?v=Qj5utZJm1dA

[105] Cité dans *Traité transatlantique et autres menaces*, Alain De Benoist, p : 178

« méchants » Russes, qui sont pourtant officiellement nos alliés pour combattre DAESH depuis les attentats du 13 novembre à Paris.

Une copie de l'ALENA

Le TAFTA a un petit frère outre Atlantique. En 1994, c'est l'Accord de Libre-Échange Nord-Américain, ALENA, qui voit le jour. En plus de la panoplie habituelle, libéralisation, ouverture de frontières et négociations secrètes menées par les grandes entreprises, il s'accompagne aussi et surtout d'un tribunal qui permet aux entreprises de poursuivre les États. Le TAFTA lui ressemble étrangement. Le président Américain de l'époque, resté célèbre pour son histoire de cigare, disait même que cet accord allait stopper l'immigration clandestine dans son pays. Pourtant, c'est Kissinger qui lâchera le morceau en déclarant : « L'ALENA sera l'avancée la plus constructive vers un nouvel ordre mondial faite par un groupe de pays depuis la fin de la guerre froide, et le premier pas vers une vision encore plus large de la zone de libre- échange pour l'hémisphère ouest... L'ALENA n'est pas un accord commercial traditionnel, mais l'architecture d'un nouveau système international ».[106]

L'ALENA détruit près d'un million d'emplois entre 1993 et 1999 aux États-Unis. Il provoque une vague de délocalisation qui contraint les ex-salariés à chercher du travail plus précaire, moins bien payé et parfois en compétition avec la forte immigration venant du Mexique. Tout cela a contribué à tirer l'ensemble des salaires vers le bas.

Ceux qui ont signé l'ALENA devaient avoir des tendances sadiques ou masochistes – à vous de trancherez. Les États-Unis, un tout petit producteur agricole comme tout le monde le sait, arrivent à subventionner son agriculture et à conserver certaines barrières douanières comme sur le riz et le sucre par exemple. Et c'est au Mexique qu'on demande d'ouvrir les barrières douanières et éliminer les aides aux petits paysans. Cette ouverture du marché Mexicain fera beaucoup de dégâts. Les produits agricoles Américains, subventionnés grassement, inondent le marché. L'agriculture locale ne peut pas concurrencer. Le pays perd un million d'emplois dans la culture du

---

[106] *Los Angeles Times*, 18 juillet 1993, p. *M2*

maïs, un comble dans le pays qui l'a vu naître et qui produisait des épis de qualité bien supérieure à celui de son voisin.

Jouissant d'un climat plus chaud, le Mexique a pu réorienter une partie de sa production sur des fruits et légumes que leur voisin ne produit qu'en Californie et Floride. Et c'est justement sur ce secteur concurrentiel que les Américains ont protégé leur économie en imposant des embargos et fixant des critères sanitaires plus exigeants. On voit bien la « liberté » du marché en action. Les Mexicains ont dû baisser les salaires et faire de gros investissements pour pouvoir survivre.

Au total, c'est trois millions de paysans qui se retrouvent sur la paille, contraints d'abandonner leurs terres. Si le Mexique était autosuffisant et jouissait d'une croissance qui l'aurait mené à un niveau de vie équivalent aux pays Européens, quelques années suffiront pour stopper sa croissance et l'obliger à importer 40% de ses aliments directement des États-Unis.[107] La main-d'œuvre laissée sur le carreau franchit la frontière pour travailler illégalement dans des conditions misérables. 4,8 millions de clandestins mexicains vivaient aux USA en 1993. On estime qu'ils étaient 11,7 millions en 2012.[108] La déchéance continue, le prix de la tortilla, le plat national, flambe de 279% entre 1994 et 2004. Les produits de première nécessité montent beaucoup plus vite que les salaires. Les conditions de vie se dégradent tellement, qu'une émeute de la faim éclate en 2007. Ceux qui restent sont obligés de travailler dans les entreprises Américaines venues chercher une main-d'œuvre docile, sous-payée et travaillant dans des conditions dantesques ou pour des réseaux mafieux dans des trafics en tout genre. Les normes écologiques, le droit et la sécurité au travail passent à la trappe.

Près de 50% des Mexicains vivent aujourd'hui sous le seuil de pauvreté. 32.8% de la population adulte est obèse[109] à cause de la *junk*

---

[107] http://www.jacques-lacaze.com/article-l-alba-contre-l-alena-97922456.html

[108] http://www.monde-diplomatique.fr/2015/06/WALLACH/53062

[109] http://sante.lefigaro.fr/actualite/2013/07/10/20943-mexique-devient-plus-obese-que-etats-unis

food Américaine qu'ils sont obligés de consommer faute de mieux, c'est plus qu'aux États-Unis ! La malnutrition concerne 19 millions de personnes, dont 60% vivent à la campagne. Les écarts entre les salaires ne cessent de croître.

Le nouveau tribunal mis en place avec l'ALENA, qui autorise les entreprises à poursuivre les pays membres est aussi un succès. Le Canada est attaqué 30 fois en 19 ans par des entreprises Américaines. Pour beaucoup, les entreprises contestent des mesures prises par l'autorité locale pour prévenir des risques de santé publique ou environnementaux. Le Canada, tout comme le Mexique, a perdu à chaque fois qu'ils étaient opposés à une firme Américaine. Il a notamment perdu face à Cargill, condamné à payer 90 millions pour avoir augmenté les taxes sur les sodas... À l'inverse sur les 22 plaintes déposées à l'encontre des États-Unis par les autres pays membres, aucune n'a abouti, comme par hasard.[110]

L'ALENA se moque éperdument des peuples. Les négociations portaient uniquement sur ce qui intéressait les entreprises, mais rien n'était arrêté en matière écologique ou sur le droit du travail, pour que les entreprises puissent les écraser avec le tribunal de l'ALENA.

Plus globalement, le lancement d'un nouvel accord de libre-échange mine les standards écologiques et salariaux. Les seuls bénéficiaires sont les multinationales. Elle renforce les inégalités entre les pays, mais aussi à l'intérieur des pays. Plus le marché s'ouvre, plus la richesse se concentre dans les mains de quelques-uns, ceux-là mêmes qui encourage cette mondialisation. Si nous revenons 200 ans en arrière, les pays riches avaient trois fois plus de richesses que les pays pauvres. Dans les années 60, trente-cinq fois plus, aujourd'hui quatre- vingt fois plus ![111] Dans les pays qui se sont enrichis, la majorité de la population s'est appauvrie, seul les 1% s'en est vraiment mis plein les poches.

---

[110] http://lesmoutonsenrages.fr/2014/05/06/le-traite-transatlantique-nuit-gravement-a-lagriculture-a-lalimentation-et-a-la-sante/

[111] Global Wealth Inequality - What you never knew you never knew https://www.youtube.com/watch?v=uWSxzjyMNpU

Un puzzle qui s'assemble

Il n'est pas difficile d'imaginer que ce traité transatlantique fut taillé sur mesure pour les Américains et l'*Empire* à sa tête. D'autant plus qu'au même moment les États-Unis négociaient d'autres traités de libre-échange. Le traité Transpacifique (TPP), lancé en 2011 qui regroupait douze pays dont la Nouvelle-Zélande, l'Australie, le Pérou, le Chili, le Japon et qui fut signé en février 2016.[112] Ils devaient ensuite être ratifiés par les parlements de chaque pays pour être adoptés définitivement – nous verrons que Trump a changé la donne. Depuis 2003[113] les États-Unis exhortaient aussi l'ALENA, le MERCOSUR et l'ALÉAC[114] à fusionner pour fonder la ZLEA (ou FTAA en anglais) : la zone de libre-échange des Amériques. Projet qu'un certain Hugo Chavez décrivait comme « un plan d'annexion ».

L'équation est simple TPP + ALENA + TAFTA = 90% du PIB mondial et 75% des échanges commerciaux mondiaux. Le dénominateur commun, les États unis, est aussi le gros poisson de la marre. Ce sont eux qui auraient établi les règles de ces zones de libre-échange. La finalité étant d'asseoir les États-Unis sur un monde économiquement occidentalisé tout en isolant la Chine et la Russie. Avec la création d'un organisme politique pour faire marcher main dans la main ces grands marchés nous serions arrivés à une Oceania Orwellienne améliorée décrite par Pierre Hillard, et qui aurait ravi les partisans de la gouvernance mondiale.

---

[112] http://www.egaliteetreconciliation.fr/L-accord-de-partenariat-transpacifique-est-signe-37585.html

[113] http://www.ftaa-alca.org/Ministerials/Miami/Miami_e.asp

[114] ALENA : Accord de libre-échange nord-américain.

MERCOSUR : Marché commun du Sud, en espagnol *Mercado Común del Sur*.

ALEAC : Accord de libre-échange d'Amérique centrale.

Les effets du TAFTA sur notre agriculture et nos produits

> *La France ne le sait pas, mais nous sommes en guerre contre les États-Unis. Une guerre permanente, économique, une guerre sans morts. [...] Oui, ils sont très durs les Américains, ils sont voraces, ils veulent un pouvoir sans partage sur le monde. Une guerre inconnue, une guerre permanente, sans morts apparemment, et pourtant une guerre à mort.*
>
> François Mitterrand, cité dans le Courrier International du 13 Avril 2000.

Les douaniers

Le traité transatlantique visait donc à supprimer les barrières tarifaires (douanières) et non tarifaires (les normes et réglementations). Les barrières douanières entre USA et UE sont quasiment nulles sauf en ce qui concerne l'agriculture. Le désaccord de l'Uruguay Round reposait sur le refus des Européens d'ouvrir leurs frontières aux produits agricoles. Le bras de fer se solda par les accords de Blair House qui vit les Européens ouvrir leurs frontières uniquement pour l'alimentation destinée aux animaux. Le TAFTA aurait enfin donné ce que les Américains réclament depuis si longtemps : une concurrence directe et totale.

La France a peut-être une agriculture plus compétitive que les Mexicains, mais elle se fait déjà distancer par les Allemands pour des questions de réglementation et de charge salariale – en cause notamment le monopole de la sécurité sociale, alors qu'en Allemagne le secteur est ouvert à la concurrence.[115] Alors, n'imaginons même pas la situation face au Goliath américain. De surcroît, nous occupons le même secteur de marché. Celui qui tirera son épingle du jeu sera celui qui produira le moins cher, c'est-à-dire qui aura la plus grande exploitation, polluera le plus, paiera le moins cher ses employés et usera du *Progrès* pour augmenter ses rendements (OGM, hormones de

---

[115] http://mouvement-des-liberes.com/2015/07/agriculture-letat-est-le-probleme-pas-la-solution/

croissance...), donc industrialiser à outrance son agriculture. Et le champion toutes catégories dans ces domaines c'est l'Oncle Sam.

Qu'allait devenir le petit coq Français, où les surfaces moyennes cultivées tournent dans les 55 hectares alors que l'ogre Américain en est à 170 ? Si dans l'hexagone les citoyens se plaignent d'une ferme avec à peine mille vaches laitières, aux États-Unis ils en sont à 40 000 ![116] Si en France la main-d'œuvre est payée au SMIC, les Allemands ont des travailleurs déplacés des pays de l'Est ou immigrés, payés par exemple 2,5€ de l'heure dans les abattoirs. Aux États- Unis on fait pire, 80% des ouvriers agricoles sont des sans-papiers sous-payés.[117] Peut-être que l'agriculture de firme aurait généralisé et officialisé une nouvelle forme d'esclavage – c'est à peine exagéré – pour faire face à la concurrence. Ensuite le salaire des agriculteurs aurait lui aussi été revu à la baisse avec le TAFTA puisque dans l'Histoire, tous les pays qui ont tenté une libéralisation de l'agriculture dans ont vu le revenu de ses agriculteurs fortement diminuer.

« La protection de l'agriculture et des agriculteurs n'est pas une affaire idéologique elle est indispensable parce que le « libre » marché conduit à des déséquilibres économiques flagrants.»[118] Enfin, la réglementation Américaine en matière sanitaire autorise à peu près tout ce que l'industrie agroalimentaire réclame, alors qu'en Europe, heureusement, il reste quelques garde-fous, mais qui nous pénalise dans la course au rendement.

Le coq se serait fait plumer. Les chiffres parlent d'eux même, on estimait que 200 000 tonnes de viande bovine importées d'Amérique,

---

[116] http://www.entreprises.ouest-france.fr/article/space-2014-etats-unis-visitez-ferme-40-000-vaches-16-09-2014-159508

[117] Conséquences de l'ALENA sur l'emploi agricole et les migrations au Mexique, Sara María Lara Flores, http://archives.cerium.ca/Consequences-de-l-ALENA-sur-l

[118] *Souveraineté alimentaire Que fait l'Europe ?,* Gérard Chaplin, A. strickner, A. Trouvé, p 29.

vendues 5€ de moins du kilo, détruiraient 50 000 emplois dans l'UE.[119] Nous aurions été confrontés à un dilemme.

La première solution est l'économie d'échelle. Agrandir les exploitations, plus concentrées, plus productives encore et toujours plus. Investir encore et toujours plus en espérant baisser les coûts de production et augmenter les rendements. Par ailleurs, ce choix induira mécaniquement une baisse du nombre d'agriculteurs. De plus, pour mobiliser les capitaux nécessaires ils seront obligés de se tourner vers le milieu de la finance et l'agriculture de firme. Les agriculteurs seront dépossédés de leur patrimoine. Bien entendu cette course se paie au prix fort pour l'ouvrier agricole. Prisonnier de l'Euro, toute la violence du système se répercutera sur les salaires qui fondront comme peau de chagrin et les acquis sociaux seront balayés. Les conditions de travail, l'écologie et la qualité des produits en prendront aussi pour leur grade.

L'autre solution est un retour vers une agriculture de qualité, respectueuse de l'environnement et locale. Mais l'offre est déjà très loin de répondre à la demande puisque les terrains pour ces exploitations se font rare et chers.

Un rapport américain sur l'impact du TAFTA fut publié, et vu par tout le monde, nos politiques inclus. Il montrait que dans tous les cas de figure notre agriculture en sortirait perdante.[120] En France avez-vous entendu un politique réagir ?

Réglementation

C'est dans ce domaine que le TAFTA devenait le plus vicieux. La modification de la réglementation et des normes sanitaires aurait été possible grâce au second volet du TAFTA, la suppression des barrières non tarifaires. Les normes Américaines auraient dû s'imposer comme nos nouveaux standards. Si avec le système de l'OMC nous pouvions

---

[119] http://www.franceinfo.fr/fil-info/article/traite-transatlantique-200-000-tonnes-importees-de-viande-bovine-americaine-c-est-50-000-emplois-en-767077

[120] Téléchargeable ici : http://www.tarabella.eu/usr//Rapport-USDA-TTIP.PDF

éviter l'importation du bœuf aux hormones américain en acceptant de nous faire surtaxer à 100% une soixantaine de produits européens vendus aux USA, cela serait devenu impossible en signant le TAFTA. Les Européens auraient dû découvrir l'immense plaisir de goûter aux bœufs aux hormones, aux poulets chlorés, aux porcs à la ractopamine... Ces nouvelles normes devaient s'accompagner d'une augmentation des intoxications alimentaires et autres merveilleuses horreurs. Et, pourquoi pas, finir avec 80% des aliments contenant des OGM sans aucune indication sur l'étiquetage comme chez les Américains.[121]

Les vieux briscards de l'agro-industrie auraient pu aussi sceller une alliance pour refaire la réglementation à leur avantage et arnaquer légalement le consommateur comme ce fut le cas dans notre entrée dans l'UE avec le chocolat dont la teneur minimum légale en cacao fut réduite tout en maintenant la même appellation.[122]

Tribunal arbitraire arbitral

Si un pays refuse d'ouvrir leurs barrières non tarifaires – continuer d'interdire les OGM par exemple –, il aurait eu à faire au tribunal arbitral. Toute entrave à la libre concurrence de la part d'un État, avec des mesures jugées protectionnistes, était punissable. Une entreprise aurait eu autant de poids qu'un État et même plus. Comme pour l'ALENA, il est fort probable que ce genre de tribunal donnerait raison systématiquement aux Américains puisque les « arbitres » du TAFTA pouvaient être des lobbyistes. Nous aurions pu avoir par exemple Daniel Price comme arbitre, un proche de Bush et de Monsanto.[123] De plus l'entreprise qui attaque un pays ne risque RIEN dans ces procès. Le tribunal protège l'entreprise qui ne peut jamais être en tort, seul l'État paie quand il est considéré comme fautif, mais l'État ne peut jamais percevoir de compensation.

---

[121] http://lesmoutonsenrages.fr/2015/11/26/etats-unis-80-des-aliments-sont-ogm-et-rien-ne-lindique-sur-les-etiquettes/

[122] Quelques exemples de lobbying
http://www.cvce.eu/content/publication/1999/1/1/789d2984-8786-4573-a4d5-3b8f9f8a0660/publishable_fr.pdf

[123] *Bientôt dans vos assiettes*, Paul Moreira, Canal +

Au-delà des OGM, un pays comme les États-Unis n'ont pas signé le traité de Kyoto, ils ne veulent pas d'une convention sur le travail, de convention sur la biodiversité, sur la diversité culturelle. L'UE aurait dû au minimum revoir ses règles en la matière ou même les supprimer si les entreprises l'emportent devant le tribunal arbitral. Toujours sur ordre du tribunal nous aurions pu être amenés à tout privatiser, énergie, transport, service d'urgence, éducation, la sécurité sociale... toujours au nom de la libre concurrence. Dans ces conditions pourquoi ne pas interdire l'augmentation du SMIC – on l'a vu en Égypte[124]– ou même le détruire peut aussi être envisagée.

Pourquoi les entreprises ne feraient pas payer les citoyens. Aux États-Unis il existe une loi sur la diffamation alimentaire (*food disporagement law*). Des critiques sur l'industrie du bœuf par exemple est un motif valable pour des poursuites judiciaires. Oprah Winfrey en a fait les frais. Elle déboursa un million de dollars pour son procès avant d'être finalement acquittée. Sa « victoire » repose avant tout sur son porte-monnaie. Vous imaginez bien que le petit salarié de base se fera écraser faute d'argent avant même que le procès ne commence. Si ces règles s'exportent en France, Brigitte Bardot ou un nouveau José Bové – celui qui démontait des Mc Do jadis – auraient des problèmes avec la justice ?

Mais, l'*Empire* a plus d'un tour dans son sac. Si jamais le marché ne se libéralise pas suffisamment au goût de ceux qui se croient nés de la cuisse de Jupiter, le Pacte de Stabilité Européen, équivalent de l'aide structurelle de l'OMC, fera le boulot. Nous le voyons lentement mais sûrement avec la situation de la Grèce, entrée dans la zone euro grâce à des irrégularités cachées dans les comptes rendus possibles par le travail de Goldman Sachs.[125] Par le maquillage des comptes, la Grèce montre patte blanche et accède à la monnaie Européenne et ses contraintes. Rien d'étonnant donc qu'Athènes ne puisse pas suivre le rythme, puisqu'il est imposé par le modèle économique Allemand. Les Grecques s'endettent et se voient obliger de demander de l'aide à la Troïka. Ensuite vous connaissez la chanson. Ils se font prêter de l'argent en échange de la libéralisation de leur marché et d'une baisse des

---

[124] https://www.monde-diplomatique.fr/2014/06/BREVILLE/50487

[125] http://lexpansion.lexpress.fr/entreprises/goldman-sachs-bienvenue-dans-l-empire-du-mal_1341767.html

salaires. Avec nos 2000 milliards de dettes, notre tour aussi viendra. Nous nous retrouverons comme les Argentins et les OGM, obligés d'accepter n'importe quoi pour quelques pièces.

Un fiasco évité

Peu importe le secteur considéré, le TAFTA ne nous apportait rien.[126] Les Américains tout particulièrement ses multinationales – eux, auraient pu envahir de nouveaux marchés tout en détruisant les normes, qui font la force, de son concurrent direct. Il aurait pu alors être le seul maître à bord. Ce traité était donc une étape déterminante dans la logique impérialiste des États-Unis. La fusion des deux plus grands marchés du monde aurait donné naissance aux standards sur lesquels les autres pays sur Terre auraient été obligés de respecter, qu'ils le veuillent ou non. Même les vaillants pays émergents qui défièrent l'OMC n'auraient pas pu tourner le dos à ce marché.

Comme le dit Etienne Chouard, tous les pays riches et prospères étaient protectionnistes et interventionniste. Si on en croit Alain de Benoist, c'est la croissance – lié à l'investissement qui engendre des échanges commerciaux pas l'inverse. Moins il y a d'ouverture au commerce international plus il y a de croissance. Ce serait le haut niveau de protection sociale qui favorise l'expansion économique et pas l'austérité. Ainsi, une ouverture incessante des frontières nous affaiblit et nos fondamentaux cèdent un à un. Le Capital s'est emparé de l'économie, des médias, des politiques et avec le TAFTA ils voulaient s'en prendre au droit et la justice.

Le CETA

Face au TAFTA nous aurions pu dire que les carottes étaient cuites pour le peuple Européen. Devant tant de préparation et de travail d'usure – faut-il rappeler que la nomination de Herman Van Rumpuy à la tête du Conseil Européen fut décidée par le groupe Bilderberg[127], un

---

[126] http://www.rtl.be/info/monde/international/un-rapport-americain-sur-le-ttip-est-sans-appel-les-europeens-n-ont-pas-grand-chose-a-gagner--781196.aspx

[127] https://euobserver.com/institutional/28993

groupe fondé en 1954 par Rockefeller et sa bande – les pays membres de l'UE n'avaient plus la force politique pour faire valoir leur point de vue. Heureusement un *atout* fit son apparition.

L'élection surprise de Donald Trump – signifiant atout en anglais – vient légèrement modifier l'agenda de l'*Empire*. Selon Pierre Hillard rien ne changera vraiment. Trump fait lui aussi partie de la grande famille des mondialistes. La seule différence est qu'il représente une faction différente qui souhaite accéder à la gouvernance mondiale d'une autre manière.[128]

Conscient que ces traités vont fragiliser les travailleurs au sein de ses frontières, le 45éme président des États-Unis s'est empressé dès sa prise de pouvoir d'abroger les traités de libre- échange engagés aux quatre coins du monde. L'accord transpacifique aura bien lieu, mais sans l'Oncle Sam. Le TAFTA passe à la trappe et, au moment où j'écris ces lignes, il renégocie l'ALENA. Ses mesures protectionnistes alliées à une réindustrialisation montrent leurs résultats : exportation en hausse, croissance en hausse, chômage en baisse – très marqué chez les Afro-Américains, les Latinos et les femmes –, augmentation des salaires des « cols bleus », un Dow Jones qui s'envole, etc.[129]

Devant ce parjure, le CETA apparaît comme par magie. L'Accord économique et commercial global (AEGC) ou *Comprehensive Economic and Trade Agreement* (CETA) en anglais est un traité de libre-échange conclu entre l'UE et le Canada le 30 octobre 2016. Il était quasiment inconnu du grand public avant son adoption par le parlement Européen et ce malgré les 3,5 millions d'Européens signataires d'une pétition pour le stopper.[130] Pourtant, officiellement, les négociations ont débuté depuis 2009. N'ayez crainte, Cécila Malmström s'est chargé de tout pour nous. Le parlement Européen n'a d'ailleurs pas hésité une seule seconde pour le valider. Pour le moment une partie de l'accord –

---

[128] *L'Heure la plus sombre* n°91, le mondialisme, invité Pierre Hillard, mars 2018.

[129] Chroniques de la paix universelle, épisode 4, ERFM, Février 2018.

[130] http://www.lefigaro.fr/economie/le-scan-eco/explicateur/2017/01/21/29004-20170121ARTFIG00140-ceta-ce-qu-il-faut-savoir-sur-ce-traite-de-libre-echange-negocie-entre-l-ue-et-le-canada.php

sans le tribunal arbitral par exemple – est provisoirement appliqué avant que les gouvernements des pays membres de l'UE ne l'entérinent, ce qui devrait arriver avant la fin de l'année 2018.

Le CETA est en tout point similaire au TAFTA ou l'ALENA, seul la zone d'influence et notre adversaire change. Bien moins imposant que les USA, le Canada suit le même régime que son voisin Américain. Les mêmes méthodes sont utilisées, mais leur capacité de production ne permettra pas une invasion massive du marché Européen. Cependant nous pouvons espérer les mêmes effets sur le long terme sur l'agriculture ou encore la qualité des produits proposés aux consommateurs. Cela prendra peut-être un peu plus de temps.

Si jamais le CETA échoue à faire tomber les dernières défenses de l'UE, un autre traité de libre- échange verra le jour comme une alliance entre l'UE et le MERCOSUR, Madame Malmström en a plein ses tiroirs. De nouveaux noms pour de nouveaux traités menant à un projet ancien : le nouvel ordre mondial.

La révolte attend Godot ?

Alors qu'attendent encore les agriculteurs de l'UE ? Se laiseront-ils se mettre la corde autour du cou sans broncher ? Cette Union Européenne construite main dans la main avec les lobbyistes des grands groupes qui les exploitent, qui les a conduit à la maladie, au suicide, l'endettement pour les mener comme du bétail vers le *Progrès*. Sommes-nous condamnés à nous aligner sur le marché « libre » mondial – constamment objet de spéculation et régenté par la *World Compagny* – baisser les salaires, briser la réglementation et ouvrir des fermes à 40 000 vaches laitières, avec des pertes d'emplois et la destruction des écosystèmes. Une logique de très court terme pour rembourser les crédits en produisant de la « merde », comme dirait Jean- Pierre Coffe, qui rendra malade le consommateur tout en lui demandant de payer pour réparer les problèmes liés à la pollution, l'érosion, la destruction des écosystèmes...

Autre option, l'UE remet des frontières économiques pour casser, en partie, la loi du marché, ou mieux la France quitte l'Union Européenne pour redevenir un État souverain, par l'article 50 du traité de l'Union Européenne – mais attention aux représailles des marchés ! Sortir de l'Euro tel qu'il est actuellement construit n'est pas non plus stupide, car il concentre la compétitivité violente du marché uniquement sur les salariés. Nous pourrions supprimer les aides de la PAC pour une aide au consommateur les plus pauvres, l'agriculteur pourra vivre de son travail et redevenir autonome. Les citoyens les moins riches auront aussi le choix et pourront se payer des produits de qualité ce qui réduira ses dépenses de santé. L'État pourra changer sa politique agricole et fixer des quotas, garantir des prix, exiger de la qualité aussi bien nutritionnelle qu'environnementale et revenir à une indépendance alimentaire, voire peut être, aller plus loin en plafonnant les marges des intermédiaires comme la grande distribution.

C'est un minimum dans un pays qui historiquement a toujours eu de grandes ressources agricoles qui a donné une Cuisine respectée mondialement, une infinité de produits du terroir et qui, tout simplement, a permis à la France d'être une grande puissance, riche et prospère. Ce sont là des solutions plus logiques que de débloquer de petites aides d'urgence ou de créer une dépendance aux subventions qui ruine les petits et engraisse les grands. Mais d'après vous, l'État voudra-t-il protéger nos agriculteurs, leur travail, notre santé et celle de la nature ou prendra-t-il le parti d'une minorité qui ne veut que notre asservissement ? Et pensez-vous que nos maîtres nous laisseront accomplir notre émancipation sans nous tordre économiquement, ou faire de notre président un nouveau JFK par exemple ?

Au niveau mondial nous nous devons de mettre des mesures contre la spéculation agricole, qui passe par la refonte du système financier et bancaire. Il faut arrêter le libre-échange, interdire les subventions directes et indirectes à l'exportation, pour redonner du travail aux habitants du Tiers Monde. Des semences libres, une promotion de l'agriculture biologique *et* locale, la permaculture ou l'agroforesterie : tout sauf l'aliénation verte. Des mesures simples sur le papier…

La nature en bout de course

Notre maison brûle et nous regardons ailleurs. La nature, mutilée, surexploitée, ne parvient plus à se reconstituer et nous refusons de l'admettre. L'humanité souffre (…) de mal-développement, au Nord comme au Sud, et nous sommes indifférents. La Terre et l'humanité sont en péril et nous en sommes tous responsables. Il est temps, je crois, d'ouvrir les yeux. Sur tous les continents, les signaux

> *d'alerte s'allument. (...). Nous ne pourrons pas*
> *dire que nous ne savions pas !*
>
> Jacques Chirac, Johannesburg, 2002

La population mondiale ne cesse de croître. En 2050, la Terre comptera entre neuf et dix milliards d'individus. La demande alimentaire devrait doubler. Pour les nourrir, les lobbies nous font croire qu'une seule voie serait possible, celle du *Progrès*. De l'agriculture de firme agrémentée d'OGM et de procédés *high tech* pour produire toujours plus. J'espère que vous êtes convaincu que cela ne marche et ne marchera toujours pas pour résoudre le problème de la faim dans le monde, mais elle a le mérite d'enrichir de façon abjecte les multinationales du secteur. Comme elles ont pignon sur rue, le petit manège très coûteux en ressources naturelles continues : énergie fossile, NPK, eau, sols et océans vont à vau-l'eau. Personne ne s'alarme, la foi dans le progrès nous rend aveugles.

Leur trinité

L'azote, le phosphore et le potassium sont indispensables à la supercherie. Le NPK est fort pour faire gonfler le fruit, le légume ou même la viande en replissant les chaires d'eau et c'est d'ailleurs pour cela que les rendements sont si extraordinaires. L'aliment en contient tellement qu'on peut dire, sans trop exagérer, qu'en achetant une tomate forcée au NPK que vous payez de l'eau au prix du kilo de tomate. Pour espérer avoir un aliment convenable il faut au moins l'apport d'au minimum 16 espèces chimiques différentes en grande quantité, sans compter les doses infinitésimales d'autres éléments. Les variations de leur proportion dans le sol, le pH, le climat, l'ensoleillement vont jouer sur le goût de l'aliment.

Les engrais azotés produits en Europe sont conçus à base de gaz Russe, le phosphate est importé du Maroc, la potasse extraite des mines du Canada. Or, ces composés se raréfient, dans 60 ans il n'y aura plus de gaz et sûrement plus de phosphate. Les prévisions laissent présager que le pic de phosphore sera atteint en 2030. Remercions la sélection génétique hystérique qui donne des semences qui sont incapables de pousser sans eux. Plus ils seront rares, plus leurs prix mûriront, puisque seule l'agriculture industrielle fixe les prix. La note sera salée pour le consommateur.

Plutôt que de redonner vie à nos sols pour pallier la raréfaction de ces ressources, nous utilisions des méthodes toujours plus agressives. Il sera de plus en plus difficile de les reconvertir en une terre fertile.

Les surfaces cultivables

La demande en viande incite à la production du soja et maïs OGM. L'élevage intensif accapare actuellement, directement ou indirectement, 70 à 78% des terres agricoles.[131] Il faut en moyenne 122m² pour produire 1kg de bœuf, 21m² pour 1kg de volaille. Pour répondre à la hausse de 70% de la demande en viande d'ici à 2050,[132] il va falloir trouver des surfaces agricoles nouvelles en transformant des prés en terrain cultivé ou en empiétant toujours plus sur la forêt, entraînant encore la disparition d'espèces. Le taux actuel de disparition des espèces est 1000 fois plus important que les taux historiques. L'augmentation de la demande en viande va encore gonfler ce chiffre. Et la déforestation va libérer du CO_2 qui justifiera l'utilisation de la géo-ingénierie.

Des chercheurs essaient de trouver des méthodes alternatives pour produire cette viande, comme les cellules souches. Ils sont financés par Google, PayPal et d'autres géants qui n'ont aucun lien avec l'agriculture. Toujours du *Progrès* pour répondre à une perte de bon sens. Il est fort probable que cette méthode est très coûteuse en énergie, mais elle aussi se raréfie.

Pétrole

> *Le pétrole est une ressource inépuisable qui va se faire de plus en plus rare.*
>
> Dominique de Villepin

Produire et surtout transporter les aliments représente 60% de la consommation d'énergie totale aux États-Unis. 85% de ces besoins sont

---

[131] https://fr.wikipedia.org/wiki/Impact_environnemental_de_la_production_de_viande

[132] http://www.planetoscope.com/elevage-viande/1235-consommation-mondiale-de-viande.html

couverts par l'énergie fossile. En 1940, il fallait 1 calorie fossile pour produire 2,3 calories de nourriture. En 2000, il fallait 10 à 12 calories d'énergie fossile pour 1 calorie de nourriture produite. La productivité du secteur agricole par poste de travail est passée de 1 à 14 en Europe et 1 à 80 aux États-Unis. Cet avantage repose sur la consommation pharaonique d'énergie fossile aux émanations nocives. La vingtaine d'ouvriers nécessaires pour récolter un champ naguère est remplacée par deux moissonneuses batteuses. Une ferme moyenne en France consomme 660 litres de fioul par hectare. Elle rejette 4,6 tonnes de CO_2 par hectare. Pour produire de quoi remplir votre brique de lait, il faut 1,8 centilitre de fioul. Nous mangerons de plus en plus de fioul puisque l'industrialisation de notre agriculture demandera toujours plus de machines consommatrices d'énergie. Le pétrole se raréfie et nous verrons que nous ne pourrons pas le remplacer malgré la propagande des énergies renouvelables. L'énergie sera de plus en plus chère et les aliments aussi si nous ne changeons pas nos modes de production. Le modèle agroécologique, malgré sa dépendance au pétrole, consomme moitié moins de carburant par rapport au modèle industriel.

Par la loi des rendements décroissants, pour compenser la baisse ou augmenter les rendements il faudra injecter des quantités astronomiques d'énergie que nous n'avons pas.

Biomasse

La biomasse contient du carbone, des glucides végétaux qui permettaient autrefois de manufacturer les produits. Puis, le pétrole plus riche en carbone et plus rentable le remplaça. La volatilité du cours du pétrole, le développement de nouvelles technologies qui permettent de mieux les exploiter et le marché du carbone d'Al Gore l'ont remise au goût du jour. Des grosses entreprises investissent dans le secteur : Cargill, ADM, Monsanto, Microsoft, Dupont, BASF, Unilever, Cocacola, Proctor & Gamble...

La marchandisation de la biomasse a créé la « bioéconomie », l'économie des produits issus de la photosynthèse. En plus de l'agriculture, la bioéconomie englobe le secteur de la biotechnologie (OGM végétal et animal) ; les biomatériaux issus des bioressources destinés à remplacer la chimie du pétrole par de la chimie végétale (produits chimiques comme la peinture, l'encre, le plastique, les adhésifs, *et cetera*) ; ou encore la production d'énergie (biogaz, biocarburant). Pour vendre leur bioéconomie, comme étant une solution partielle, mais durable à l'emploi d'énergie fossile émettrice de gaz à effet de serre (GES), les promoteurs ont une kyrielle de petites tromperies.

Ils disent que cette énergie serait renouvelable donc écologique. *Faux !* Vous savez maintenant que le sol est quelque chose de vivant, qui ne doit pas être trop malmené sous peine de devenir stérile. La logique court-termisme et la recherche de profit donne par exemple naissance à du biocarburant issu de l'agriculture industrielle utilisant du NPK, non renouvelable ou encore à une surexploitation des réserves de bois, bois qui contient de la cellulose utile pour régénérer les sols. Dans les deux cas, le sol va se dénaturer. Comme le sol n'est pas une source perpétuelle, la biomasse ne l'est pas non plus.

Ils disent que c'est pour lutter contre le réchauffement climatique, car les plantes absorbent le CO_2 – GES officiellement présenté comme le responsable du réchauffement climatique –. *Nul !* Pour obtenir la même énergie, brûler de la biomasse génère plus de CO_2 que du pétrole. Ensuite, il faut beaucoup de temps avant que ce gaz soit recapté par une plante. L'agriculture intensive modifie profondément le sol qui va libérer d'énorme quantité de dioxyde de carbone, c'est d'ailleurs la principale cause d'émission de CO_2 anthropique juste après le secteur de l'énergie. La déforestation relâche 8 milliards de tonnes de dioxyde de carbone par an. En l'absence de végétation dense, la formation des nuages et la réflexion des rayons du soleil n'est plus assurée et la température augmente de 2 à 3°C localement. Un sol en mauvaise santé fixe moins bien le carbone et diminue les rendements – l'humus stocke du CO_2. Les États-Unis ont perdu entre 30 et 50% du carbone que renfermaient ses sols depuis l'introduction de l'agriculture industrielle.

Ils disent que la biomasse, les agrocarburants, permettra une indépendance énergétique et par conséquent ne plus être dépendant des pays exportateurs de pétrole. *Zéro !* Les agrocarburants de première génération ont un bilan énergétique négatif.

Les économistes énergétiques ont calculé que lorsque les coûts énergétiques des intrants agricoles sont pris en compte, l'éthanol-maïs consomme 29% plus d'énergie qu'il n'en produit. Le biodiésel obtenu à partir du soya consomme 27% plus d'énergie (souvent obtenue à partir de sources fossiles) qu'il n'en produit, et le biodiésel obtenu à partir du tournesol, 118% plus d'énergie qu'il n'en produit.[133]

Non seulement l'opération est inutile, mais en plus elle consomme énormément d'eau. Pour obtenir 1L d'éthanol de maïs, il faut entre 1200 et 3600L d'eau.

Ils disent que les pays du Sud pourront l'utiliser pour se développer. *Redoublement demandé !* Les pays du Nord en sont avides, mais la majorité de cette biomasse se trouve dans les pays du Sud. Pas de chance pour eux, ce qui faisait partie du bien commun est devenu chasse gardée des riches. Toute la technologie liée à la biomasse est brevetée. Les entreprises du Nord viennent exploiter les terres du Sud et détruisent les petites exploitations locales sous prétexte de remplacer l'inefficacité des méthodes locales. On emploiera de la main-d'œuvre jetable, les autres finiront dans des bidonvilles, il suffit de voir les coupeurs de canne à sucre au Brésil. De plus, la concurrence des biocarburants avec la nourriture fait monter les prix des denrées de base de bon nombre de populations au pouvoir d'achat limité. Elle accapare aussi des terres. En 2010, onze pays d'Afrique cumulaient 5 millions d'hectares – surface équivalente au Danemark pour les biocarburants. On estime qu'elles couvriront de 18 à 44 millions en 2030. En 2009, 104 millions de tonnes de céréales dans le monde furent transformées en carburant. Avec nous aurions pu nourrir 700 millions d'Indiens ou d'Africains. Une cinquantaine d'entreprises ont lancé plus d'une centaine de projets dans vingt pays d'Afrique. Ces entreprises peuvent dire merci à la politique de l'OMC qui empêche ces pays pauvres de subventionner leur agriculture.

Ils disent que les produits plastiques issus de la biomasse sont biodégradables. C'est partiellement vrai. Oui, il existe des emballages biodégradables, qui disparaissent totalement. Mais d'autres sont présentés comme biodégradables alors qu'ils ne font que se fragmenter en tout petit bout sans jamais disparaître. Et même si ces bioplastiques sont recyclables, le manque de tri rend le procédé quasi impossible.

En 2020 on estime que l'électricité issue la biomasse représentera un marché de 53 à 65 milliards de dollars US. Le marché des carburants

---

[133] *Biomassacre*, p :44.

représentait 76 milliards en 2010 et probablement 247 milliards en 2020. Celui des produits chimiques représentait 7% des ventes en 2005, 170 milliards de dollars en 2008 et possiblement 22% des ventes en 2025.

Les agrocarburants de première génération, présentés comme écologiques, donnèrent des idées à l'UE qui voulait copier le modèle Américain. Aux États-Unis le gouvernement impose depuis 2005 une quantité de bioéthanol minimum dans l'essence servie à la pompe. 40% du maïs produit aux États-Unis finissent dans le réservoir de leur voiture. L'UE de son côté s'est mise à offrir des exonérations et crédits fiscaux pour faire de l'agrocarburant. Une directive sur les énergies renouvelables de décembre 2008 prévoyait qu'en 2020, 20% de l'énergie serait de l'énergie renouvelable avec une mise en avant des agrocarburants qui devait représenter 10% de notre carburant et une baisse de 20% des émissions de gaz à effet de serre. La situation est ubuesque ! Deux tiers de ces biocarburants sont issus d'huiles végétales, d'oléagineux, alors qu'en même temps l'UE importe onze millions de tonnes de ces mêmes végétaux pour nourrir notre bétail. Une importation qui est possible grâce au carburant – soulignons que les moteurs, alimentés au fioul lourd, des très gros bateaux ne s'éteignent jamais et qu'ils polluent énormément. Si Bruxelles voulait vraiment faire des économies d'énergie, la logique voudrait qu'elle commence par réduire ses importations d'oléagineux ainsi que sa production d'agrocarburant. Non, la fine fleur de l'Europe voulait 70 000 km² d'oléagineux pour faire de l'agrocarburant au bilan énergétique dramatique ! On va donc épuiser nos ressources pour rien et on nous dira que les OGM sont la seule solution, c'est gros comme une maison.

Heureusement, une étude publiée en 2016 parvient à calmer la folie écologiste Européenne. L'UE qui a signé les accords de Paris renforce sa lutte contre le CO_2. Or, la fameuse étude montre que le « biodiesel » relâche plus de CO_2 dans l'atmosphère que du diesel obtenu avec un bon vieux baril de pétrole.[134] C'est la douche froide, les agrocarburants de première génération ne sont plus si écologiques que cela et après avoir beaucoup investi, l'UE retourne sa veste et décide de

---

[134] http://www.lemonde.fr/energies/article/2016/04/28/les-biocarburants-emettent-plus-de-co2-que-l-essence-et- le-diesel_4910371_1653054.html

réduire la part des agrocarburants dans les transports de 7% à 3,5% pour 2030. Elle voudrait retomber sur ses pattes en se tournant vers les agrocarburants de seconde génération. Au moment où j'écris, les tractations continuent.

En plus de créer un nouveau marché, cette mode verte n'est qu'un moyen de plus pour affaiblir les pays du Sud, protéger les intérêts de l'*Empire* leader de l'agro-industrie et de la biotechnologie. Et toute cette mascarade vouée à l'échec devrait légitimer l'utilisation de la géo-ingénierie pour réparer les dégâts. La bonne vieille méthode de manipulation : problème- réaction-solution. Déjà, les premiers grands délires émergent. Les chercheurs font des arbres génétiquement modifiés pour qu'ils grandissent plus vite ou encore du maïs qui produit du plastique. Des entreprises utilisent aussi des dépouilles d'animaux pour créer de l'énergie.[135] Si la logique de privatisation du vivant si cher à Attali se poursuit, après la location d'utérus, l'utilisation de fœtus avortés comme matière première, les crématoriums pourraient se transformer en usines à biodiesel. Si dans *La cartographie des nuages*,[136] les employées de *Papa Song* finissent comme dans *Soleil Vert* (en nourriture), demain nous pourrons utiliser papi pour faire avancer la voiture. À la manière des biocarburants, il est possible d'extraire des graisses animales de quoi faire du carburant. Papi et Mamie après avoir fait leur temps dans une maison de retraite, souvent dans la plus grande indifférence, pourront enfin se rendre utiles en motorisant le monospace du fiston lorsqu'il ira gaiement sur la route des vacances avec sa petite famille. Et pour une fois le troisième âge sera aussi du voyage, si on peut dire. Et en plus c'est écologique, ça réduit l'émission des gaz à effet de serre on vous dit. Ah le *Progrès*...

Pourtant, des méthodes plus simples et plus utiles sont possibles. Pour produire du bois, il suffit d'en planter sur sa parcelle ! Vous prenez une parcelle qui pratique de la monoculture de façon intensive, vous y plantez des rangers d'arbres avec suffisamment d'espace pour que le

---

[135] http://www.bastamag.net/Cosmetiques-engrais-biodiesel-le-juteux-business-des-cadavres-d-animaux

[136] Livre de David Mitchell paru en 2004 adapté au cinéma en 2012 par Tom Tykwer, Andy et Larry Wachowski (Larry qui, après plusieurs opération et un traitement hormonale, devient officiellement Lana au moment de la sortie du film. Andy finira par en faire de même en 2016 et se transforme en Lilly).

tracteur puisse circuler. Les arbres vont permettre de faire des économies en intrants, donc des économies en temps de travail et en plus ils vont revigorer le sol qui sera plus fertile. Vous pouvez récupérer les branchages pour en faire du bois raméal fragmenté (BRF) et nourrir le sol et ses habitants. Sans oublier le bois de chauffage que vous récupérez et qui procure une autre source de revenus à l'agriculteur.[137]

Pour les zones plus montagneuses et/ou à la pluviométrie généreuse, comme à l'île de la Réunion, une culture de type Quesungual[138] développée au Honduras est un bon début pour produire de la biomasse et préserver le sol. Utilisé sur des terrains pentus, l'agriculteur laisse des arbres sur sa parcelle pour qu'ils neutralisent l'érosion, retiennent l'eau dans les sols et créent un microclimat propice aux plantations. Les arbres sont régulièrement élagués pour que les cultures aient suffisamment de lumière. L'implantation d'arbres sur la parcelle fait augmenter les rendements, favorise la biodiversité, etc.

Enfin, le meilleur moyen pour faire de la biomasse c'est la permaculture. Diversité complémentarité, optimisation des surfaces, rien n'est laissé au hasard. Les rendements au mètre carré ont de quoi laisser pantois les agronomes habitués à la méthode « intensive » chimique, polluante, aliénante.

L'or bleu

> *In the abundance of water the fool is thirsty.*
>
> Rat race, Bob Marley

L'eau douce se fait de plus en plus rare. Elle est mal répartie sur la surface de la Terre et plus de 5% de celle-ci est privatisée, assurant de gros bénéfices à ceux qui en jouissent. Nestlé le leader du marché de l'eau en bouteille, proposant près de 30 marques et réalise un chiffre

---

[137] Présentation de l'agroforesterie,
https://www.youtube.com/watch?v=NkjS6AaJaI4

[138] http://www.humanosphere.info/2015/09/agriculture-erosion-secheresse-connaissez-vous-le-systeme-
quesungual/?utm_source=feedburner&utm_medium=feed&utm_campaign=Feed%3A%20humanosphere%20%28L%27Humanosph%C3%A8re%29

d'affaires de 80 milliards de dollars. La méthode est bête comme chou. Les entreprises prennent une source d'eau gratuite, ils disent que c'est à eux, ils mettent cette eau en bouteille et ils la vendent 100 fois plus cher. C'est magique ! Coca-Cola fait encore mieux au Mexique. Il installe une usine, épuise l'eau d'une ville pour fabriquer son décapant de toilette[139] ou pesticide,[140] que d'autres appellent soda, qu'elle vend ensuite à l'étranger. Elle oblige en plus les habitants pauvres des environs à consommer sa boisson qui coûte moins cher que l'eau, alors qu'il faut 3 litres d'eau pour produire 1 litre de coca ![141] (Au passage une bouteille en plastique d'un litre utilise 50 litres d'eau pour être fabriquée).

L'agriculture est la plus avide de cette eau, elle engloutit 70% de la consommation chaque année. En Inde, les nappes phréatiques ont perdu un cinquième de leurs réserves entre 2008 et 2009, 90% des réserves étaient destinées à la production agricole. En France l'agriculture utilise deux tiers de l'eau utilisée. Les projections montrent que nous courrons à la catastrophe, la consommation toujours plus importante de viande est la cause principale. Si en moyenne produire 1kg de maïs demande 1020 litres d'eau, 1kg de bœuf demande 16 776 litres.[142] Et la production de cette viande se fera sur le modèle industriel qui polluera l'eau. Si vous ajoutez à cela la politique des agrocarburants, les réserves en eau potable seront suffisamment fragiles pour créer des conflits majeurs entre les pays. Sans compter les risques sanitaires qui seront eux aussi de la partie. En 2050 la demande en eau devrait augmenter de 55%.[143]

Nombre de pays fortunés sont dépendants de pays tiers pour acheter leur pain quotidien. Plutôt que d'attendre une flambée des prix ou risquer des problèmes d'approvisionnement, beaucoup vont directement s'octroyer des terres chez des pays démunis pour produire

---

[139] http://fr.wikihow.com/nettoyer-les-toilettes-avec-du-Coca

[140] http://www.europe1.fr/france/du-coca-a-la-place-des-pesticides-964887

[141] Coca cola la formule secrète, Romain Icard, France 2, 2013.

[142] https://fr.wikipedia.org/wiki/Impact_environnemental_de_la_production_de _viande

[143] http://www.lemonde.fr/ressources-naturelles/article/2015/03/20/la-crise-de-l-eau-illustree-en-5-graphiques_4597592_1652731.html

de la nourriture qu'ils rapatrient ensuite. L'Afrique devient petit à petit le garde mangé de la Chine ou du Qatar. On arrive dans une sorte de subvention par pays interposé. L'OMC interdit de subventionner directement son agriculture, mais on peut dépenser des millions pour produire sa nourriture chez un pays voisin sans problème, les riches peuvent tout se permettre.

On a eu chaud

Parlons à présent de la *théorie* officielle du réchauffement climatique. Pour le Groupe d'experts intergouvernemental sur l'évolution du climat (GIEC ou IPCC en anglais pour *Intergovernmental Panel on Climate Change*) de l'ONU, seul et unique qui ait autorité en la matière auprès de nos politiques, ce phénomène est causé par le dioxyde de carbone produit par l'activité humaine.

Le GIEC a pour mission d'évaluer, sans parti pris et de façon méthodique, claire et objective, les informations d'ordre scientifique, technique et socio-économique qui nous sont nécessaires pour mieux comprendre les fondements scientifiques des risques liés au changement climatique d'origine humaine, cerner plus précisément les conséquences possibles de ce changement et envisager d'éventuelles stratégies d'adaptation et d'atténuation. Il n'a pas pour mandat d'entreprendre des travaux de recherche ni de suivre l'évolution des variables climatologiques ou d'autres paramètres pertinents. Ses évaluations sont principalement fondées sur les publications scientifiques et techniques dont la valeur scientifique est largement reconnue.

Cet organisme ne s'intéresse qu'aux conséquences liées à l'activité humaine et minore les phénomènes liés à la nature. De plus, il est chargé « non pas de déterminer réellement s'il y a ou non changement climatique, mais d'en étudier les effets, *le postulat de départ étant qu'il existe.* »[144] Précisons que le GIEC est un organisme politique déguisé en scientifique. Ils touchent beaucoup d'argent des

---

[144] Petit guide du réchauffement climatique ou comment gaspiller l'argent du contribuable pour résoudre un problème qui n'existe pas !, Jacky Ruste, p :8

gouvernements pour faire leurs recherches et seul un cercle restreint de scientifiques a de l'influence sur les conclusions de cette institution.

Leur théorie s'est répandu grâce au travail de sape du vice-président Américain de l'époque Al Gore et du documentaire *Une vérité qui dérange*. Après avoir alerté le monde entier d'un « bug de l'an 2000 » chaotique – créant même l'*International Y2K Cooperation Center*, un GIEC de l'informatique, pour démontrer ses dires [145] – le vice-président se recycle dans le climat et s'auto-proclame grand protecteur de la planète. Son film de propagande est diffusé partout ou presque. Des députés de l'Assemblée Nationale aux écoliers de Grande-Bretagne, tout le monde y a droit. Malgré la débauche de moyen, des esprits critiques s'élèvent au sein du bon peuple. Un sujet de Sa Majesté, un principal de lycée, doutant de la véracité des faits exposés saisit la justice britannique. La « High Court » passa au crible ce film et y découvrit neuf erreurs faites, selon le juge, « dans un contexte d'alarmisme et d'exagération ».[146] Mais, le docu-fiction pouvait être visionné par les enfants s'il s'accompagnait d'une notice proposant une contre argumentation. Malgré les erreurs observées, qu'Al Gore ne rectifiera jamais, le chef-d'œuvre obtiendra deux Oscars en 2007. Un prix Nobel de la Paix sera même décerné à Al Gore et le GIEC pour leur combat écologique, et le combat devait être rude.

Le documentaire annonçait un futur catastrophique où le niveau des océans augmenterait de six mètres. Al Gore, devenu grand gourou mondial du climat, payé jusqu'à 175 000$ la conférence de 75 minutes, remet de l'huile sur le feu en 2009 et déclare qu'il n'y aura plus de glace au Pôle Nord durant l'été d'ici cinq à sept ans...

Toujours en 2009, la vision cauchemardesque connaît son premier impair. Le *climategate* vient semer le doute. 1073 courriels de chercheurs du Climate Research Unit (CRU) sont piratés et dévoilé au grand public. On apprendra que des « astuces » sont utilisées pour bidouiller les données et « masquer le déclin des températures ». Ce qui semble crédible vu le fameux modèle de « crosse de Hockey » qui

---

[145] http://www.voltairenet.org/article163325.html

[146] https://www.telegraph.co.uk/news/earth/earthnews/3310137/Al-Gores-nine-Inconvenient-Untruths.html

reposait sur un biais statistique et qui arrangeait la thèse catastrophiste officielle. En 2012, le Dr Rajendra Pachauri, président du GIEC – un ingénieur ferroviaire qui démissionnera en 2015 suite à une affaire d'harcèlement sexuel – fut contraint d'admettre qu'il n'y a pas eu de réchauffement global depuis 17 ans malgré un accroissement continuel du CO_2 dans l'atmosphère. Sur cette période nous avons émis 34% du CO_2 total produit par l'Homme depuis la révolution industrielle.

En creusant le dossier, plusieurs anomalies viennent contredire la position du GIEC.

« Selon les experts du Giec, pour contenir la hausse des températures « bien en deçà de 2°C » par rapport à l'ère préindustrielle, il faut réduire les émissions de GES soient diminuées [on en perd son latin au Figaro] de 40 à 70% d'ici à 2050.»[147] Or, du temps des dinosaures il y avait 10 à 15 fois plus de CO_2 dans l'atmosphère pour une température qui était supérieure de seulement 2°C à celle de notre époque.[148] À l'inverse, il y a environ 450 millions d'années il y avait 10 fois plus de CO_2 qu'aujourd'hui dans l'atmosphère, mais il faisait beaucoup plus froid.[149] Entre 1940 et 1975, la Terre se refroidit alors que la quantité de CO_2 augmente. Et aujourd'hui les températures stagnent malgré l'apport de CO_2. D'un côté le CO_2 refroidit, de l'autre il réchauffe, parfois rien ne change… Il faudrait peut-être conclure que le niveau de CO_2 dans l'atmosphère n'a pas de lien avec la température ?

En fait le seul lien démontré est que la quantité de CO_2 dans l'atmosphère ne fait que suivre en décalé – de quelques centaines d'années – l'évolution des températures.[150] Selon toute logique, le CO_2 ne peut pas être à l'origine du réchauffement puisqu'il ne fait que le

---

[147] http://www.lefigaro.fr/economie/le-scan-eco/explicateur/2017/06/01/29004-20170601ARTFIG00256-accord-de-paris-les-enjeux-economiques-lies-au-defi-climatique.php

[148] Rencontre avec François Gervais, mai 2017, https://www.youtube.com/watch?v=DBOC8lC6KBU

[149] Le secret des nuages, Lars Oxfeldt Mortensen, 2008.

[150] *Le réchauffement climatique, une escroquerie ? (The Great Global Warming Swindle)*, Martin Durkin, Planète, 2013.

subir lui-même. Une eau froide emprisonne plus de CO_2 qu'une eau chaude. Le lent réchauffement des océans libère du CO_2, il est donc normal que sa quantité dans l'atmosphère augmente.

Ensuite, 90% de l'effet de serre est produit par la vapeur d'eau – qui ne dépend pas de l'activité humaine. Le CO_2 occuperait 2 à 5% du phénomène. Et seuls 5% de ces 2 à 5% seraient issus de l'activité humaine. Ce qui fait dire à certains chercheurs que le rôle du CO_2 anthropique a une action négligeable sur le réchauffement climatique.

Enfin, le dioxyde de carbone n'est absolument pas le polluant qu'on essaie de nous faire croire. Plus de CO_2 dans l'atmosphère provoquera un verdissement de la Terre puisque ce gaz est indispensable à la photosynthèse. Une teneur plus élevée en dioxyde de carbone augmentera les rendements agricoles, les plantes consomment moins d'eau et sont plus résistantes.[151] La période des dinosaures, avec son fort taux de CO_2 dans l'atmosphère, était aussi le théâtre d'une végétation particulièrement foisonnante. Si luxuriante qu'une partie de celle-ci fut transformée dans les entrailles de la Terre pour nous donner les immenses réserves de pétroles que nous connaissons aujourd'hui.

Le climat n'est jamais statique, le réchauffement que nous connaissons n'a rien d'extraordinaire et succède tout naturellement à la période du petit âge glaciaire qui commença au milieu du XIIIe siècle pour se terminer vers la fin du XIXe siècle. Ce retour de la chaleur n'est pas inédit, au Moyen Âge, il faisait plus chaud qu'actuellement – 3°C de plus il paraît. À ce moment, le Groenland était partiellement habité par les Vikings. Du temps de l'empire Romain aussi, il faisait plus chaud.

Malgré ce qui prétendent le GIEC, les océans ne montent à un niveau normal et ses effets sont variables à différent point du globe, la fonte des glaces elle aussi n'a rien d'extraordinaire. Il n'y aurait pas non

---

[151] COP21 : une fraude scientifique au service d'une idéologie, Istvan E. Marko, décembre 2015, Istvan Marko : pourquoi la théorie du réchauffement climatique doit nous faire rire : https://www.youtube.com/watch ?v=ozmQeNDyV5g.

plus de phénomène météorologique d'amplitude ou de fréquence anormal.[152]

Bien que la réalité contredise leur prédiction, ce « groupe d'experts » du GIEC n'est jamais revenu sur sa position. Il est même de plus en plus certain de son hypothèse, passant de 66% de certitude en 2001 à 90% en 2007 et 95% aujourd'hui. Si, une seule chose a changé dans leur présentation, le nom du phénomène. Le « réchauffement planétaire » (*global warming*) est devenu « changement climatique » (*climate change*), pour mieux noyer le poisson puisque les températures ne bougent plus depuis plus de 17ans.

Aucun modèle alternatif n'est soutenu par les médias – qui profite de la peur générée pour faire de l'audience ou vendre du papier avec des titres accrocheurs –, pourtant rien qu'aux États-Unis plus de 30 000 scientifiques affirment « qu'il n'y avait pas d'évidence scientifique convaincante que les émissions de gaz à effet de serre d'origine humaine aient causée ou causeront dans un avenir prévisible un réchauffement catastrophique de la planète et bouleverseront le climat. »[153] Pour leur rébellion à la pensée unique, ces scientifiques sont l'objet de nombreuses attaques, perdent leur crédit de recherche et parfois se font menacer de mort ou traité de négationniste, comme Judith Curry. Tout est mis en œuvre pour mettre dans le rang les scientifiques qui ne veulent pas accepter le consensus scientifique imaginaire voulu par le GIEC.

Une des seules pistes pouvant expliquer les origines des réchauffements et refroidissements de la Terre est celle du rayonnement cosmique modulé par l'activité solaire. Selon cette hypothèse, chaque nouvelle éruption de notre étoile éjecte une quantité de matière coronale et de rayonnement en tout genre. Ces rayonnements, s'ils sont orientés vers la Terre, vont empêcher le rayonnement cosmique d'atteindre le globe. Or, les ions apportés par ce rayonnement cosmique participent à la formation des nuages. Il y a donc moins de nuages et ils n'assurent plus leur rôle de « parasol », la Terre se réchauffe. Plus l'activité solaire

---

[152] Why scientists disagree about global warming, The NIPCC report on scientific consensus, 2nd Édition, Craig D. Idso, M Carter, F. Singer, The Heartland Institute, 2016.

[153] Jacky Ruste, p : 9.

est forte, moins il y aura de rayonnement cosmique atteignant la Terre, moins il y aura de nuages et donc plus il fera chaud. Quand nous passons au travers d'un des quatre bras spiraux de la galaxie, la densité du rayonnement cosmique étant plus important à cet endroit, la Terre connaît une période plus froide. Quand nous nous en éloignons, il fait plus chaud. Tout ceci est modulé par les cycles solaires qui repoussent ou non une partie du rayonnement cosmique.

Malheureusement, les études essayant de montrer les effets du rayonnement cosmique sur la formation de nuages étaient peu encourageantes. Le phénomène était décrit comme mineur et ne pouvait donc pas influencer de façon significative la formation de nuage, ce qui venait fausser le lien entre rayonnement cosmique, activité solaire et réchauffement climatique. Or, une étude de décembre 2017[154] montre que la formation des nuages provoqués par le rayonnement cosmique est beaucoup plus forte qu'on ne le pensait jusqu'à présent. Et pour une fois, le modèle théorique coïncide avec les données expérimentales. Il est notamment capable d'expliquer le petit âge glaciaire que nous avons connu. Nous verrons si d'autres études confirmeront cette découverte ou non.

En résumé les mécanismes qui sous-tendent le climat sont très complexes, dépendent de très nombreux paramètres qui en plus interagissent entre eux. Il faudrait être expert dans de multiples disciplines pour approcher cette complexité, mais très peu de chercheurs ont plus de deux cordes à leur arc. Aussi le sujet est âprement débattu au sein de la communauté scientifique, et à mille lieues de ce que prétend le GIEC. Pour ceux qui veulent aller plus loin dans le débat et approfondir le sujet en évitant la soupe aseptisée des médias, je vous invite à une première entrée en matière en allant faire un tour sur le site internet des climato-réalistes et d'assister à une des conférences qu'ils proposent régulièrement. Les plus motivés peuvent s'attaquer au rapport du NIPCC comme : why scientists disagree about global warming de 2016, ou d'autres rapport antérieur traduits en Français.

---

[154] Increased ionization supports growth of aerosols into cloud condensation nuclei, H. Svensmark, M.B. Enghoff, N.J. Shaviv, J. Svensmark, Nature Communications, 19 décembre 2017.

En définitive, réduire ces phénomènes, comme Al Gore, à la simple libération de CO_2 liée à l'activité humaine et en être *probablement* certain à 95% est totalement grotesque, mais arrange toujours les mêmes.

Al Gore se met au vert

> *Aucun objectif n'est plus crucial pour réparer l'environnement que celui de stabiliser la démographie.*
>
> Earth in balance,
> Al Gore (père de quatre enfants)

Alors, pourquoi la thèse d'Al Gore s'est imposée ? La réponse est assez simple. Il suffit de s'intéresser à ses bienfaiteurs. Il est bon de rappeler qu'Al Gore a suivi ses études à l'université de Vanderbilt, grâce à l'argent de la fondation Rockefeller... Quand Al Gore parle dans son livre de vouloir « stabiliser la démographie » pour « réparer l'environnement » il s'inscrit dans la même lignée malthusianisme qu'un NSSM 200 voulu par les Rockefeller : une réduction de la population pour mieux la contrôler.

Le prétexte écologique était un outil déjà utilisé par David Rockefeller pour obtenir pouvoir et argent. Les ressources de la Terre ne permettent pas à tous de vivre sur le rythme des riches Américains, alors, pour préserver la planète, certains ont décidé d'empêcher les pauvres de rejoindre le même niveau de développement économique. Plutôt que de changer un système injuste, égoïste et sans avenir, on va juste l'interdire aux pauvres qui sont maintenant coupables de se reproduire trop vite et de consommer trop de ressources pour vivre décemment. Tout cela va de pair avec les programmes alimentaires pour contrôler les populations pauvres, le développement des moyens de contraception, la promotion de l'avortement, etc. En 1961, le WWF fut créé. Son président, le prince Bernhard, est aussi le dirigeant du Bilderberg – un club mondialiste crée par David Rockefeller. Les mouvements écologistes prennent de plus en plus de place dans la sphère politique.

À l'ONU, la santé de la Terre est confiée à un des protégés de Rockefeller, Maurice Strong. Il fut nommé à la tête du Programme des

Nations unies pour l'Environnement (PNUE).[155] Il initiera le troisième sommet de la Terre à Rio en 1992 où l'idée de taxer le carbone fut émise et qui débouchera sur les accords de Kyoto. Al Gore n'est rien d'autre qu'un pion de plus au service de la cause. Et évidemment pour gérer le climat de la planète il faut créer des organismes supranationaux… tous les arguments sont bons pour imposer le mondialisme.

Avec de tels parrains et leur sphère d'influence pour appuyer la théorie d'Al Gore, vous comprenez pourquoi elle a pu s'imposer dans l'opinion publique grâce notamment au travail acharné des médias à sens unique et alarmistes. La menace du carbone se transformera peu à peu en « droit à polluer » qui ouvre un nouveau marché d'envergure.

L'idée de « réparer l'environnement » en réduisant la production de CO_2 déboucha sur la création du marché carbone, très juteux et estimé à 90 000 milliards de dollars par la banque mondiale.[156] Il rendit son co-créateur, Al Gore, immensément riche, on le surnomme « le milliardaire du carbone » aujourd'hui. Par la même occasion, l'*Empire* va augmenter sa zone d'influence en tenant en laisse la politique énergétique – et donc économique – des pays qui signent les accords sur l'environnement.

Quand des pays se flagellent volontairement par des restrictions de gaz à effet de serre, les États-Unis – pays d'Al Gore ! – prennent leurs jambes à leur cou. Faites ce que je dis, mais pas ce que je fais. Ils ne ratifient pas le protocole de Kyoto qu'ils ont pourtant *« façonné et imposé une grande partie »*[157] et quittent les accords de Paris, ce qui leur assure un avantage économique de poids. Les Tartuffes signataires, souvent très industrialisés, piégés par leur propre vanité, en paient le prix.

Tout d'abord, des entreprises se voient dans l'obligation de délocaliser leur industrie pour faire bonne figure et respecter leurs engagements dans l'espoir de sauver la planète de la catastrophe. En

---

[155] http://www.voltairenet.org/article163379.html

[156] Rencontre avec François Gervais, mai 2017,
https://www.youtube.com/watch ?v=DBOC8lC6KBU

[157] https://www.monde-diplomatique.fr/2008/12/BOVET/16729

France, les émissions locales de CO_2 ont baissé de 20% de 1995 à 2015, mais notre consommation locale de CO_2 a augmenté de 11% sur la même période,[158] nous avons simplement délocalisé une partie de nos usines en Europe de l'Est par exemple, ce qui nous coûte des emplois. Nous cachons notre CO_2 sous le tapis.

Ensuite ces accords signés en grande pompe nous incitent à nous priver d'énergie fossile très bon marché pour investir dans de l'énergie « verte » beaucoup plus onéreuse – et qui n'est pas vraiment verte – ou obliger à un retour à de la main-d'œuvre. Cela impacte notre compétitivité. Dans des pays où la croissance se fait rare, prendre des mesures pour limiter la production de CO_2 crée une violence économico-sociale et comme toujours ce sont les plus pauvres qui souffrent le plus. La taxe carbone comprise dans le prix de notre énergie fait gonfler la note et les plus pauvres seront toujours les plus exposés. Les riches eux auront droit à un bonus écologique de 6000€ pour s'acheter une *Tesla*.

Les énormes sommes investies pour respecter les engagements pourraient être orientées vers d'autres missions. Le protocole de Kyoto qui visait à réduire les émissions des gaz à effet de serre coûtait environ 150 milliards de dollars par an. Avec la moitié de cet argent, l'Unicef aurait pu scolariser, soigner et donner un accès à l'eau potable au pays du Tiers Monde.[159]

À l'inverse, Trump a le champ libre pour relancer l'économie de son pays. Il profite au maximum des ressources de son pays qui regorge de pétrole, de gaz et de charbon. Il peut ainsi augmenter son indépendance énergétique, baisser le coût de l'énergie et donc favoriser l'industrialisation – projet phare de son programme – et la création d'emploi. Et c'est exactement ce que les chiffres montrent.

Le débat autour du réchauffement climatique, et surtout les mesures prises pour endiguer le phénomène sont totalement risibles. Si

---

[158] http://leseconoclastes.fr/2017/12/la-folie-cest-de-faire-toujours-la-meme-chose-et-de-sattendre-a-un-resultat-different/

[159] Istvan Marko : pourquoi la théorie du réchauffement climatique doit nous faire rire, https://www.youtube.com/watch?v=ozmQeNDyV5g

le CO_2 était réellement la cause des problèmes climatiques, il faudrait fermer le robinet à la source et prendre de réelles sanctions pour les entreprises ou pays qui permettent ou aident par exemple : la déforestation – environs 20% des émissions de CO_2 d'origine humaine–, l'agriculture intensive mondialisée et notre surconsommation de viande, les manœuvres de l'armée comme celles des USA qui produisent 48 millions de tonnes de CO_2 par an, la mondialisation incitée par les traités de libre-échange comme le CETA ou le prochain accord UE/MERCOSUR qui « facilitera » les échanges entre des territoires avec, à peine, un tout petit océan pour les séparer. Des milliers de kilomètres qu'il faut franchir en bateau ou en avion, donc des énergies fossiles et du CO_2. Les émissions de CO_2 liées au commerce international devraient augmenter de 290% d'ici à 2050 selon l'OCDE.[160] Quel intérêt d'encourager cela si de l'autre côté on se met soi-même des bâtons dans les roues pour protéger l'environnement ? Quelle est la priorité des politiques : l'urgence écologique ou les intérêts des multinationales ?

Le désastre prophétisé du changement climatique devrait faire baisser la productivité agricole de 20 à 50% partout dans le monde – pourtant une hausse du taux de CO_2 provoquera un verdissement de la planète et l'augmentation des températures allongera la saison... Aussi, pour assurer la pérennité alimentaire de l'humanité, des solutions sont proposées notamment l'idée de contrôler purement et simplement le climat. Plutôt que de s'orienter sur une biodiversité qui a fait ses preuves, nos élites profitent de l'ouverture pour tester la méthode lourde.

Géo-ingénierie

Face aux caprices du climat, les scientifiques ont répondu présents, les militaires aussi. À l'origine, les chercheurs ont copié une méthode observée dans le règne végétal. Sous l'effet de la chaleur, certains arbres sont capables de sécréter des molécules qui vont fixer la vapeur d'eau présente dans l'air et créer des précipitations.[161] Une

---

[160] http://www.lequotidien.re/opinion/le-courrier-des-lecteurs/314051-le-traite-transatlantique-est-ennemi-du- climat.html ?platform=hootsuite

[161] http://www.dailymotion.com/video/x17d8hd_le-langage-des-arbres_news

version militaire de ce procédé est lancée à grande échelle lors de la guerre du Vietnam. Les États-Unis vont provoquer artificiellement des pluies diluviennes pour ralentir l'avancée tactique des Viêt-Cong, c'est l'opération Popeye.[162] Aujourd'hui le Japon, la Russie, la Chine, l'Allemagne, nos grands camarades Américains et d'autres peuvent faire littéralement la pluie ou le beau temps. La mégalomanie conduit ces chercheurs à vouloir contrôler totalement le climat. L'épouvantail du réchauffement climatique arrive à point nommé pour légitimer ce genre de recherches qui ont pourtant cours officieusement depuis longtemps. Zbigniew Brzezinski dans son fameux livre *Between two ages* rêvait du climat comme d'une arme économique ou militaire, mais aussi comme un moyen de contrôle de la population en l'exterminant ou en contrôlant sa reproduction. Mais relativisons la chose. À moins de déployer des moyens pharaoniques, il est très peu probable que l'usage de la géo-ingénierie ne sorte du cadre exclusif de l'application militaire de faible porté. Par cette méthode, ils ne pourront jamais intoxiquer la Terre entière et encore moins contrôler son climat.[163]

Conclusion

> *L'élimination progressive de la race humaine réglera tous les problèmes sur terre ; sociaux et environnementaux.*
>
> Dave Foreman, fondateur
> du mouvement *Earth First !*

La croyance dans le progrès, nous incite à toujours chercher une solution qui ne fera qu'engendrer un nouveau problème auquel nous n'aurons pas pensé. Nous n'avons plus rien à attendre de ce monde décadent totalement déconnecté de la réalité et qui va droit dans le mur. Alors, comme l'a dit Hugo Chavez à la conférence de Copenhague « Ne changez pas le climat, changez le système ! ». Le système capitaliste toujours en recherche de croissance voit la préservation de la nature comme un nouveau marché où la quête de profit est la règle. Aujourd'hui nous parlons de développement durable – devons-nous encore nous développer, croître et s'inscrire encore dans le mode de

---

[162] *Les apprentis sorciers du climat*, Pierre Oscar Lévy, Arte, 2015.

[163] *Mythes et réalités de la science*, Jérôme Halzan, Kontre Kulture.

pensé capitaliste, pour toujours enrichir les mêmes ?–, d'économie circulaire ou d'énergie verte, un arbre qui cache la forêt coupée à blanc.

Les énergies renouvelables par exemple, apporteraient le salut de la Terre en remplaçant les énergies fossiles émettrices de GES. Le vent, les rayons solaires, la gravité et autres sont en effet « renouvelable », mais produire l'outil qui permet de les exploiter nécessite des matériaux qu'on a de plus en plus de mal à extraire. En plus de ne pas être renouvelables, ils sont aussi difficilement recyclables, moins de 1% pour les terres rares, sauf à utiliser des quantités colossales d'énergie que nous n'aurons pas dans l'avenir. Philippe Bihouix, un expert Français de la finitude des ressources minières, est sans appel :

Bref que l'on se le dise : éolien, solaire, biogaz, biomasse, biocarburants, algues ou bactéries modifiées […], hydrogène, méthanisation, quels que soit les technologies, les générations ou les vecteurs, nous serons rattrapés par un des facteurs physiques : impossible recyclage des matériaux (on installe d'ailleurs aujourd'hui des éoliennes et des panneaux solaires à base de matériaux que l'on ne sait pas recycler),disponibilité des métaux, consommation de surfaces, ou intermittence et rendements trop faibles.[164]

Nous ne pourrons donc jamais remplacer les énergies fossiles. Une généralisation des énergies « vertes » ou autre progrès technologique, ne fera que reculer l'effondrement de notre société en déplaçant le problème, en exploitant et détruisant la Terre différemment, polluant différemment, mais toujours nous conduire dans une impasse.

En absence d'énergie disponible, notre niveau de vie actuel est intenable. Selon Mr Bihouix, pour qu'une société soit réellement durable, elle devrait consommer 20 à 25% de notre consommation actuelle d'énergie et s'appuyer sur des sources hydroélectriques, éoliennes, du bois de chauffe, du solaire thermique et à l'occasion du biogaz. Il pense que nous avons moins d'une génération pour opérer des changements radicaux sur notre modèle sociétal et surtout économique.

---

[164] *L'âge des low tech*, Philippe Bihouix, Seuil, p : 78.

Voyez comment les mesures prises à Paris pour sauver le climat sont ridicules et totalement déconnectées des vraies priorités.

Comment fera le Cheikh Khalifa ben Zayed Al Nahyane pour faire le plein de carburant – presque 1 million de litres ! – de son yacht de 94 000 chevaux ?[165] Que feront les oligarques de la terre entière face à la pénurie à venir ? La dynastie Rockefeller qui trime depuis une centaine d'années pour arriver à leur fin ? Ils montreront les crocs pour jouir sur le dos des autres – pour ne pas changer – quitte à intensifier les conflits armés entre pays, sombrer dans un régime sécuritaire, voire autoritaire, pour maintenir l'ordre dans les pays « civilisés ». Pour faciliter les choses, Lloyd Blankfein, le patron de la toute puissante Goldman Sachs qui se prend pour dieu, pourra s'allier avec ses amis des hautes sphères pour asséner les Dix plaies d'Égypte sur le petit peuple un peu trop gênant, en déclenchant par exemple une crise économique mondiale... D'ailleurs le petit peuple ne sera peut-être plus utile à l'avenir. Le transhumanisme et la robotique, pourront assurer la suite de leur histoire. Il n'est pas exclu que nous – les pauvres – soyons écartés petit à petit de l'équation pour que d'autres puissent jouir pour l'éternité.

À bien y regarder, une des Dix plaies contemporaines pourrait être l'alimentation.

---

[165] https://www.bateaux.com/article/18547/Quels-sont-les-cinq-plus-grands-yachts-au-monde

3. Effet sur notre santé

La santé de l'homme est le reflet de la santé de la terre.

Héraclite

Malgré les grands progrès accomplis en chirurgie, l'hygiène et le diagnostic des maladies, l'espérance de vie *en bonne santé* stagne et pourrait même baisser.[166] Les Japonais ont une espérance de vie *en bonne santé* bien plus grande que la nôtre pour une espérance de vie quasiment identique. La première piste pour expliquer cette différence, c'est la nutrition. Des experts estiment que 40 à 50% des maladies sont dues à des désordres alimentaires,[167] d'autres qu'un décès sur cinq est lié à une mauvaise alimentation.[168]

La composition et la production de nos aliments ont radicalement changé en quelques décennies, mais les lobbys essaient de nous faire croire que la consommation de leurs produits n'a non seulement aucune incidence sur notre santé, mais qu'elle est aussi bénéfique pour nous. Une récente enquête a pourtant montré qu'au cours de ses repas, un Français moyen ingurgite 120 résidus chimiques chaque jour.[169]Les autorités n'ont pas l'air de s'en soucier alors que PERSONNE ne sait vraiment ce que ce cocktail de molécules peut déclencher chez nous.

3.1 Une expérience grandeur nature

Notre intoxication se fait peu à peu sur plusieurs niveaux. La production de nos aliments fait intervenir de très nombreuses molécules

---

[166] Science & Vie n°1149, juin 2013.

[167] *Nous reviendrons paysan*, Philippe Desbrosses, Dangles, p : 168

[168] http://sante.lefigaro.fr/article/l-esperance-de-vie-mondiale-s-allonge-mais-un-deces-sur-5-est-du-a-une- mauvaise-alimentation/

[169] *Manger sain info ou intox*, Eric Wastiaux, France 5

chimiques dont les effets sont peu connus. Peu d'études sortent et en plus beaucoup d'entre elles sont commanditées ou même réalisées par les entreprises qui fabriquent ces produits chimiques. Vous verrez que l'éthique et surtout notre santé passe bien après leurs profits.

L'eau du robinet

L'eau, goutte à goutte, creuse le roc.

Théocrite

L'eau qui sort de nos robinets est contaminée par notre agriculture, mais pas seulement. Nos stations d'épurations veillent à la rendre *potable* sur des critères fixés par l'Union Européenne. Mais elle n'est pas pour autant bonne pour notre santé. Les eaux usées sont décantées, dégradées avec des bactéries pour éliminer les matières fécales – ou organiques – qu'elles contiennent et ça s'arrête là. Une dépollution totale coûterait trop cher. Quid des résidus de pesticides, de médicaments – soumis à aucune réglementation ! –, des bactéries potentiellement nocives, des teneurs excessives d'engrais ?

Rappelons que notre corps est constitué, en moyenne, de 70% d'eau. Plus nous vieillissons, plus nous nous déshydratons. Si vous voulez vous amusez à compter les composants de vos cellules vous constaterez que 99 fois sur 100 vous compterez une molécule d'eau et une fois seulement des protéines et autres constituants. Autant dire que la qualité de l'eau que vous consommez aura des effets très importants sur votre corps.

Les critères de potabilité de l'eau du robinet sont choisis non pas en raison de critères de santé, mais par simple limite des outils de mesure et sur la base des connaissances « acceptées » par les scientifiques. L'effet cocktail est totalement ignoré.

Le danger réel des pesticides est bien plus grand que ne l'indique l'UFC-Que Choisir. Pour beaucoup de pesticides présents dans l'environnement, seuls 10% du produit se trouvent sous leur forme moléculaire d'origine. 90% du produit ont plus ou moins été dégradés par les UV et les bactéries de l'environnement. Ces molécules dégradées ne sont plus détectables simplement par les méthodes physico-chimiques conventionnelles. Ces résidus possèdent pourtant très fréquemment une toxicité similaire aux molécules d'origine. C'est pourquoi l'effet biologique réel des pesticides est très mal évalué par les méthodes physicochimiques conventionnelles. Seuls des tests biologiques (test d'inhibition de la synthèse d'ARN, test d'ancrage cellulaire…) permettent d'en mesurer directement la toxicité. Ces tests biologiques, normalisés depuis 10 ans, ne sont hélas pas pris en compte par les normes réglementaires mesurant la qualité de l'eau.[170]

Prenons l'exemple de la pollution au nitrate. L'excès d'engrais azoté, utilisé pour fertiliser les champs, finit dans notre eau. Pour un kilo d'engrais azoté de trop, lessivé par la pluie, il faut effectuer une opération qui coûte de 72 à 106 euros pour décontaminer cette eau souillée. Plus de 800 000 tonnes d'engrais finissent ainsi chaque année dont 715 000 directement liés à notre agriculture industrielle. Le coût de cette dépollution est évalué à 50 millions d'euros par an. Pour dépolluer l'eau, les stations d'épurations vont utiliser des bactéries dénitrifiantes, bactéries qui sont présentes naturellement dans un sol, lorsqu'il est en bonne santé. Malgré cette débauche d'argent et d'énergie, la pollution au nitrate concerne un peu plus de 60% des communes de France et 70% des surfaces agricoles et ce n'est pas sans conséquence. La concentration légale est de 50 milligrammes par litre, seuil à partir duquel l'UE considère que le nitrate a un effet sur le corps de l'adulte. Mais une expérience menée sur deux villes, considérées comme identiques par les chercheurs, montre que ce seuil est discutable. La première ville avait une eau avec une concentration en nitrate de 40 mg/L et l'autre de 20 mg/L. Ils constatèrent cinq fois plus de cancer dans la ville avec la plus forte concentration. D'autres expériences ont dévoilé un lien avec l'hypothyroïdie ou des cancers de la thyroïde et du tube digestif.

Chez le nourrisson, le nitrate a des effets délétères dès 15 mg/L. Il va se transformer dans leurs petits organismes pour devenir de la nitroso-hémoglobuline, qui asphyxie l'enfant le rendant bleu. Une carotte ayant reçu trop d'azote peut avoir les mêmes effets, c'est d'ailleurs pour cela que les légumes qui composent les petits pots doivent avoir un taux en nitrate très contrôlé.[171]

---

[170] http://www.ouvertures.net/criieau-la-qualite-de-leau-distribuee-est-plus-inquietante-quon-ne-le-dit/

[171] http://www.journaldesfemmes.com/maman/bebe/petit-pot-focus-sur-l-alimentation-de-bebe/reglementation- petits-pots.shtml

Pour éviter cette eau potable servie au robinet, trois quarts des Français optent pour de l'eau en bouteille. Toutefois, rajouter une étiquette sur une bouteille en plastique n'est pas le gage d'une boisson de meilleure qualité. Une étude de 2013 a testé 47 échantillons d'eau en bouteille. Le test a décelé 85 molécules qui polluaient l'eau. Dix échantillons contenaient des résidus de pesticides et de médicaments – dont une hormone pour traiter le cancer. À cela il faut aussi ajouter le risque lié au plastique utilisé pour concevoir la bouteille. Certains types de plastiques contiennent des perturbateurs endocriniens comme des phtalates et des formaldéhydes qui peuvent contaminer l'eau quand la bouteille est chauffée par exemple. Elles nécessitent en plus d'énormes quantités de plastiques, d'énergie fossile et d'eau pour être fabriquées. Moins de 50% des bouteilles plastiques sont recyclés, le reste est incinéré ou éparpillé dans la nature, polluant lentement mais sûrement. Plus globalement en Europe, 42% des déchets plastiques finissent à la décharge, 34% sont incinérés et seuls 24% recyclés.

Nonobstant le matraquage publicitaire, ces eaux embouteillées, stagnantes n'ont plus les mêmes propriétés que la même eau prise au griffon – directement à la source. Au griffon, l'eau est vivante, elle a des propriétés physico-chimiques et énergétiques spécifiques. Ses minéraux sont chélatés grâce aux colloïdes présents dans l'eau. Lorsque vous buvez cette eau, les minéraux peuvent passer la double couche phospholipidique qui constitue la frontière de vos cellules et aidera l'organisme dans son fonctionnement. En revanche l'eau stagnante finit par détruire les colloïdes. Les minéraux ne sont plus chélatés et ne peuvent plus passer la barrière cellulaire. Les minéraux vont donc encrasser votre corps avant d'être sortis par le système rénal. Plus votre eau en bouteille est chargée de ces substances plus vos reins travailleront. Quand ils n'arriveront plus à évacuer les déchets, des calculs rénaux vont apparaître. À moins de boire l'eau au griffon, il est conseillé de consommer une eau avec un « résidu sec » inférieur à 100 mg/L et idéalement autour de 30 mg/L. Si vous voulez combler un manque de minéraux, cherchez-les plutôt dans les végétaux que vous mangez. Eux pourront efficacement vous fournir en minéraux assimilables par votre corps.

Les perturbateurs endocriniens (PE)

La vérité attend. Seul le mensonge est pressé.

Alexandru Vlahuta

Sur 7000 substances exogènes – extérieur à l'activité du vivant – commercialisées à grande échelle, une infime quantité est testée sur leur toxicité potentielle. Le principe de précaution est le plus souvent écarté. Montrer un lien entre une substance et un effet prend trop de temps et empêcherait, soi-disant, l'innovation. Par conséquent, absolument aucun scientifique ne peut dire quels sont les effets sur la santé de chacune des 200 substances étrangères qui se trouvent déjà dans nos corps. Ils savent encore moins quelles interactions ont ces substances entre elles, ni quels seront les effets à long terme. Nous sommes tellement envahis que les nouveau-nés en ingèrent quand ils tètent le sein de leur mère.

Notre société, toujours prête à valoriser le *Progrès*, dit que rien n'est dangereux tant qu'on n'aura pas démontré le contraire. Nos belles compagnies philanthropes en profitent et nous inventent de belles molécules qui nous facilitent la vie. Malheureusement, il se pourrait que ces petites substances mettent un terme à notre race. En effet, certaines de ces molécules peuvent perturber notre système endocrinien et risquent de tous nous rendre stériles. Elles s'attaquent aussi aux écosystèmes et provoquent la disparition de très nombreuses espèces. Alors, que font les autorités ?

L'UE, qui décide tout pour nous, en est encore au stade de la définition. Avec la Commission Européenne elle devait statuer sur le sort des PE avant la fin 2013. Elle repoussa l'échéance pour lancer des tests suite à une controverse « scientifique ». L'origine de cette controverse provient d'un petit rapport – fourni par l'industrie – dont les auteurs ont eux-mêmes reconnu le grotesque après avoir obtenu ce qu'ils voulaient, à savoir le report de la décision sur les perturbateurs endocriniens.[172] Les lobbies ont encore une fois fait du très bon travail pour conserver leurs précieux bénéfices au détriment de notre santé. Avec trois de retard, le 28 février 2017, la Commission Européenne a

---

[172] Voir *Endoc(t)rinement* de Stéphane Horel pour plus de détails.

repoussé pour une troisième fois son vote pour définir les critères d'identification. En attendant, rien n'est arrêté sur le PE.

Pour prendre une décision, la Commission s'appuie sur l'état des connaissances scientifiques. Toutefois, les études fournies par l'industrie semblent être les seules qui ont du poids dans la balance. Les études faites par des groupes indépendants sont considérées comme de la *junk science*. L'industrie a fini par se créer sa propre littérature avec l'aide de sociétés de lobbying scientifique qui n'existent que pour défendre les intérêts de celui qui les paie. Les « scientifiques » qui y travaillent ne sont pas forcément spécialistes du domaine à expertiser, mais ils ont des liens forts avec les grosses entreprises. Leur cheval de bataille s'appelle bisphénol A, tabac ou encore glyphosate. L'UE va donc se contenter d'études parfois douteuses, payées et évaluées par l'industrie pour prendre sa décision.

La polémique sur les PE porte sur la notion de seuil. L'industrie dit qu'il faut une certaine dose pour engendrer des effets sur la cible, un seuil à atteindre pour voir les effets. Elle n'hésite pas à faire pression ou salir la réputation de ceux qui disent le contraire. Pourtant bon nombre d'études ont déjà démontré, et depuis longtemps, que ce n'était pas le cas. Voyons ce que les scientifiques qui ne sont pas en conflit d'intérêts en disent.

D'abord une définition. Un perturbateur endocrinien est une substance chimique non reconnue par le corps (un exogène), qui est liposoluble et qui perturbe les hormones du corps à long terme et ce même à des niveaux d'exposition très faible. Comment ? Une hormone est un messager chimique sécrété par les glandes endocrines du corps – testicule, ovaire, pancréas, thymus, glandes surrénales, hypophyse, hypothalamus. Elle va transmettre de l'information entre les cellules du corps. Pour transmettre ce message, une petite quantité d'hormone suffit. La substance exogène pourra quant à elle perturber la transmission de cette information. Même si cette substance peut être éliminée de notre corps, son passage laissera une profonde trace.

Les hormones jouent un rôle déterminant dans notre développement. Les PE peuvent donc altérer ces mécanismes très précis tout particulièrement durant la période de la grossesse. Par exemple, l'embryon pour développer les attributs masculins a besoin d'une certaine quantité de testostérone à un moment bien précis. S'il n'y en a pas suffisamment ou qu'elle est envoyée au mauvais moment, l'embryon restera féminin.

Les PE ont des effets à plusieurs niveaux. D'abord sur le système reproducteur. Une exposition de la femme enceinte au phtalate – présent dans les films alimentaires, vêtements imperméables, parfum, cosmétiques, insecticides, *sex-toy*, etc. – peut provoquer chez l'enfant qu'elle porte des anomalies du système reproducteur – pénis anormalement petit, testicules qui ne descendent pas complément, etc.

Ensuite, les PE peuvent agir sur le système nerveux, ce sont les PBDE – retardateur de feu – qui s'en occupent. Ils sont présents dans le réfrigérateur, micro-onde, ordinateur entre autres et l'exposition se fait par la poussière. Ces PE vont provoquer des troubles de l'apprentissage ou encore de l'hyperactivité. Le Bisphénol A va lui imiter l'œstrogène, engendrer de l'hyperactivité et des troubles du comportement durant la jeunesse des rats. Puis de l'obésité à l'âge adulte, accompagnée majoritairement de tumeurs des glandes mammaires et de la prostate.

Enfin, d'autres PE vont perturber notre système immunitaire. Ils sont impliqués dans des cas de diabète et liés à la recrudescence des problèmes immunitaires.

Une chose est sûre, les PE s'accumulent dans les organismes vivants, dans leurs graisses. Ce sont des composés insolubles qui ont une durée de vie qui varie de plusieurs années à plusieurs siècles. Le PCB par exemple, interdit en 1987, se retrouve dans les poissons, particulièrement ceux qui sont gras, carnivores et en bout de chaîne alimentaire.

Même à très faible dose, ils vont influencer nos hormones et favoriseront des maladies longtemps après l'exposition et parfois même sur plusieurs générations. En 50 ans, le nombre de spermatozoïdes des messieurs a déjà baissé de moitié et la baisse se poursuit à raison de 1% chaque année. Les anomalies génitales ont doublé. Le cancer des testicules est maintenant le premier cancer chez l'homme jeune, le cancer de la prostate a quadruplé.

Chez la femme l'exposition aux PE favorise le cancer du sein. Elle entraîne des problèmes de fertilité : syndrome des ovaires polykystiques, endométrioses et fausses couches. Les fillettes américaines montrent les premiers signes de puberté entre 8 et 9 ans.

N'ayez crainte bonnes gens, pour combattre ces problèmes de fécondité un nouveau marché est en train de se créer : utérus artificiel, spermatozoïde[173] et ovule de synthèse, bébé OGM... Tout est possible, du moment que vous avez de quoi payer. Le capitalisme aux marchés sans limites détruira l'essence même de la famille. L'Homme sera totalement déraciné ce qui le déstructurera encore plus. La seule valeur qui lui restera, ce sera l'argent. Bienvenue dans *Le meilleur des Mondes*.[174]

Malgré toutes ces données, la Commission Européenne tergiverse encore pour choisir quelle molécule est fautive ou non. Une première décision a été prise en retirant le bisphénol A, mais qu'attend-elle pour réglementer les plastiques, les cosmétiques, l'équipement automobile et la nourriture qui contiennent ces PE ? Tout cela va coûter énormément d'argent à remplacer, si c'est possible, et fera par exemple perdre des milliards à l'industrie pharmaceutique qui nous soigne. Alors en attendant ils font payer le citoyen. Le coût des PE est estimé à 157 milliards par an pour la zone UE.[175] Si, par miracle, Bruxelles arrive à faire plier l'industrie, le CETA pourra peut-être détruire la réglementation puisque les entreprises seront en position pour imposer leurs normes avec le tribunal *arbitraire*.

Pour le moment ce que vous pouvez faire c'est de ne prendre que des jouets en bois pour vos enfants, évitez de manger le contenu des boîtes de conserve, ne chauffez plus les plastiques au micro-ondes par exemple – d'ailleurs, si vous en avez encore débarrassez-vous-en au plus vite ! Et surtout, arrêtez de manger des produits transformés et les aliments obtenus avec la méthode industrielle. En effet les pesticides **de synthèse**, à base de glyphosate notamment[176] tiennent une place de

---

[173] http://sante.lefigaro.fr/actualite/2015/01/02/23221-premiers-pas-vers-spermatozoides-artificiels-humains

[174] Livre d'Aldous Huxley, un compère à George Orwell, tous deux membres de la *Fabian Society*.

[175] http://www.euractiv.fr/section/agriculture-alimentation/news/les-perturbateurs-endocriniens-couteraient-157-milliards-d-euros-a-l-ue/

[176] Glyphosate-based herbicides are toxic and endocrine disruptors in human cell lines, C. Gasnier, C. Dumont, N. Benachour, E. Clair, M-C. Chagnon, Gilles-Eric Séralini, Toxicology 262 (2009) 184-191

choix dans la catégorie de PE. En revanche les pesticides naturels sont quasi inoffensifs.

Les « cides »

Élément essentiel à l'agriculture industrielle, les produits phytosanitaires sont là pour tuer, rien d'autre. Les grands fabricants assurent que leurs produits ne sont pas dangereux. C'est un peu le même principe que les médicaments. Le produit est lancé sur le marché – on se demande parfois comment –, l'argent coule à flots et quand le nombre de morts et les plaintes deviennent nuisibles à leurs affaires, ils retirent le produit du marché et font leur *mea culpa*.

Une exposition régulière aux pesticides, même à dose infinitésimale, augmente entre autres les risques de développer un cancer, de malformations congénitales, de problèmes d'infertilité, d'affaiblir le système immunitaire, endommager l'ADN, provoquer des défauts de naissances et des dysfonctions du foie. Si la France stoppait l'utilisation des pesticides chimiques, ce serait 26 000 cancers en moins sur l'année et une économie de 26 milliards par an.

Des problèmes neurologiques sont aussi signalés. De petites quantités de pesticides peuvent franchir la barrière hématoencéphalique (BHE)[177] provoquant la destruction des neurones, en bloquant les canaux de potassium. Sur le long terme apparaissent des maladies neurodégénératives. Depuis peu le Dr Klinghardt a démontré que cette BHE s'ouvre sous l'action des ondes émises par le téléphone portable au cours d'une communication. Ces pesticides, comme d'autres toxiques peuvent alors aisément venir nous griller les neurones un à un.[178] Les maladies dégénératives ont de beaux jours devant elles.

---

[177] BHE : est une membrane qui sépare la circulation sanguine et le liquide céphalo-rachidien, le fluide dans lequel baigne le cerveau et la moelle épinière. Cette membrane permet d'éviter le passage d'un certain nombre de toxiques au niveau du système nerveux central (bactéries, toxines, etc.). Elle peut aussi gêner le passage de médicaments. http://dictionnaire.doctissimo.fr/definition-Barriere-hemato-encephalique.htm

[178] http://www.champs-electro-magnetiques.com/ondes/la-barriere-hemato-encephalique-31.html

Face à la résistance des plantes, plutôt que de prendre un pesticide et dépasser la fameuse dose journalière admissible (DJA), les agriculteurs rusent et pulvérisent plusieurs formules de pesticides pour répondre aux critères de l'UE. La multiplication des substances crée des effets cocktails. Combiné avec d'autres petits camarades chimiques, l'effet nocif d'un pesticide peut être multiplié par 15. Si vous mélangez plusieurs pesticides, dans 40% des cas vous aurez un effet additif, c'est-à-dire qu'il aura un impact supérieur que s'ils étaient testés individuellement.

Une étude menée sur un mélange de trois fongicides montre que le cocktail provoquait un stress oxydant sur les cellules gliales – cellules qui protègent le système nerveux central – ce qui pouvait provoquer des maladies neurodégénératives comme Alzheimer ou Parkinson. Les concentrations utilisées pour l'expérience étaient proches de celles que nous pouvons retrouver dans nos aliments.

Aujourd'hui, 75% des eaux de surfaces et 57% des eaux souterraines dans le monde contiennent des traces de pesticides. Des résidus de pesticides sont présents dans plus de 97% des aliments qu'un Français moyen consomme.[179] Nous pouvons les absorber par la peau, les voies respiratoires et par ingestion. 75% des Allemands sont contaminés au glyphosate[180] et c'est probablement pire en France, car nous utilisons plus de pesticides qu'eux. La majorité de vos enfants sont exposés chaque jour à au moins un pesticide potentiellement cancérigène – comme le Folpel de Bayer. Le Chlopyriphos est quant à lui un neurotoxique mis en cause dans les cas d'autisme.[181] Le risque d'avoir un enfant autiste augmente de 66% quand la femme enceinte vit près d'une ferme où l'on utilise des pesticides.[182]

---

[179]Cash investigation, produits chimiques nos enfants en danger, France 2

[180] http://www.euractiv.fr/section/agriculture-alimentation/news/overwhelming-majority-of-germans-contaminated-by-glyphosate/

[181] *Manger sain info ou intox*, Eric Wastiaux, France 5.

[182]http://www.7sur7.be/7s7/fr/1518/Sante/article/detail/1926427/2014/06/23/L-autisme-lie-a-l-exposition-aux-pesticides.dhtml

Comment ces produits toxiques, dès les plus faibles doses, ont pu être mis à disposition de tout à chacun ?

Prenons le cas du désherbant le plus vendu au monde, le Roundup de Monsanto. Le Roundup est issu de l'Agent Orange un désherbant utilisé pour la guerre du Vietnam. Déjà à cette époque Monsanto savait la dangerosité de l'Agent Orange – qui provoque encore aujourd'hui des malformations congénitales dans ce pays – et elle fit pression sur ses employés pour qu'ils n'ébruitent pas l'affaire. La société de Saint Louis a masqué les preuves et fourni de fausses données et échantillons à l'agence de protection de l'environnement. Elle a aussi menti sur la dioxine en produisant des études « prouvant » qu'elle n'est pas à l'origine de cancers chez humains. Cette culture d'entreprise se poursuit avec le Roundup.

Selon l'ONG Right to Know (Droit de savoir), deux professeurs des universités de Floride et d'Illinois ont été cités comme experts « indépendants » dans une trentaine d'articles de presse, sans mentionner qu'ils avaient reçu de l'argent de Monsanto. D'après une étude de Corporate Europe Observatory, 52% des experts travaillant pour l'Autorité alimentaire européenne (Efsa) sur les pesticides ont aussi des liens avec l'industrie qu'ils sont chargés d'évaluer. Hasard ou pas, l'Efsa vient de juger « improbable » le risque cancérigène du glyphosate, le principe actif du Roundup. […]

L'Efsa va pourtant à l'encontre de l'Organisation mondiale de la santé qui, en mars, avait classé le Roundup comme cancérigène « probable » ou « possible ». [183]

Les conflits d'intérêts sont monnaie courante. Ceux qui évaluent travaillaient, travaillent ou travailleront pour de grands groupes industriels. Quand ils sont pris la main dans le sac aucunes sanctions ne sont prises. Dans cette mascarade vous ne serez pas étonnés d'apprendre que les tests pour autoriser la mise en vente du Roundup ont été effectués uniquement sur le principe « actif » de la solution, le glyphosate – substance présente dans de nombreuses marques de désherbant. Celui-ci ne peut pas pénétrer la cellule du « nuisible » sans

---

[183] http://www.liberation.fr/planete/2015/12/02/un-geant-bien-enracine_1417831

ses adjuvants, ce qui rend impossible d'effectuer sa mission : tuer. Ce serait comme évaluer la puissance destructrice du C4 sans son détonateur ou de mesurer les performances d'une voiture sans allumer le moteur... En plus, personne ne se souciait de savoir si un effet cocktail pouvait exister entre le glyphosate et le reste de la formule du Roundup. Et personne n'ont plus n'a jugé utile de faire des tests qui duraient plus de trois moins sur l'animal, qui justement permettent d'identifier la présence ou l'absence d'effet chronique.

Évidemment les résultats officiels indiquèrent que le Roundup n'était pas vraiment dangereux. Monsanto va même le présenter comme « biodégradable ». Ce mensonge éhonté fut contredit très longtemps après et Monsanto fut condamné pour publicité mensongère.

Il fallut attendre 2002, pour qu'un chercheur du CNRS, Robert Bellé, teste la formule complète du Roundup, presque 30ans après sa mise sur le marché. Et là surprise, il constate que : Le Roundup « induit » les premières étapes qui conduisent au cancer. Nous faisons attention à ne pas dire « induisent des cancers », parce que les cancers, on les verra dans trente ou quarante ans. Nous nous sommes tout de suite rendu compte des conséquences que cela pouvait avoir au niveau des utilisateurs puisque les doses étudiées sont très en deçà de celles qu'utilisent les gens. Nous nous sommes dit que nous devions rapidement alerter l'opinion publique. Je me suis dit que le meilleur système c'est de m'adresser à mes tutelles et j'ai été un peu surpris, même très, très, très surpris parce qu'on m'a suggéré, même très fortement incité à ne pas communiquer parce qu'il y a la question des OGM derrière ! [184]

En 2014, le Roundup dans sa formule complète testée sur des lapins provoquait des arrêts cardiaques. Le glyphosate seul ne créait aucun problème.[185]

---

[184] *Le monde selon Monsanto*, Marie Monique Robin, 2008

[185] Cardiotoxic electrophysiological effects of the herbicide Roundup® in rat and rabbit ventricular myocardium in vitro. Gress, S. et al (2014). Cardiovascular Toxicology, Epub 2 Dec 2014.

Pour juger de la dangerosité du glyphosate, l'Organisation Mondiale de la Santé (OMS) s'est appuyée sur des tests indépendants et des tests de grandes firmes *si*, et seulement si, ces dernières laissaient libre accès à leurs données. Monsanto critiqua l'OMS pour ne pas avoir utilisé les études de l'agrochimie – qui relève du domaine privé et donc non vérifiable par des chercheurs indépendants. En clair, ce géant reproche à l'OMS de ne pas croire sur parole les multinationales…

L'OMS estime à 1 million le nombre de cas d'empoisonnements graves aux pesticides chaque année dans le monde et plus de 200 000 décès[186] et les agriculteurs sont en première ligne. 50 milliards d'euros de pesticides sont utilisés chaque année dans le monde. L'hexagone est le troisième consommateur mondial de pesticide, 90% sont consacrés à l'agriculture – les vignes en consomment beaucoup. Depuis 2015, le lymphome malin non hodgkinien, un cancer, a rejoint la maladie de Parkinson dans la liste des maladies professionnelles – si une exposition aux produits chimiques supérieurs à 10ans est prouvée. En France à chaque fois qu'un agriculteur portait plainte contre le fabricant pour intoxication, à chaque fois il perdait, à une exception près. En 2015, où Monsanto a été reconnu responsable de l'intoxication de Paul François.[187]

Les agriculteurs n'ont plus le choix. Comme pour la vaccination, l'État n'hésite pas à menacer de poursuite ceux qui ne suivent pas les règles. Celui qui désobéit risque gros par exemple six mois de prison et 30 000 euros d'amende pour un viticulteur qui ne traite pas ses vignes, pour *prévenir* la propagation d'une maladie. Obligation même si vous faites de l'agriculture biologique ![188] Un traitement imposé dont les résultats ne sont pourtant pas garantis. D'après vous, d'où viennent ses maladies virulentes qui obligent à ces mesures de précaution si ce n'est des champs de monocultures d'hybrides traités à tort et à travers ?

---

[186] http://www.danger-sante.org/effets-des-pesticides/

[187] http://www.lemonde.fr/planete/article/2015/09/10/monsanto-condamne-en-appel-pour-la-toxicite-de-son- hebrbicide-lasso_4751628_3244.html

[188] http://vins.blog.lemonde.fr/2013/11/29/condamnation-dun-vigneron-pour-refus-de-pesticides/

L'agriculture chimique fait proliférer ces maladies et c'est l'agriculture biologique qui paie les pots cassés.

Les preuves s'amoncellent, mais rien ne bouge. Le Parlement Européen a même renouvelé l'autorisation du glyphosate pour 5ans ! Pour faire bonne figure, l'UE s'était engagée à réduire sa consommation de pesticide de 25% en 2020 avec son plan Eco-phyto lancé en 2008 et, bizarrement, la consommation a augmenté de 9% l'année 2012-2013 et encore de 9% en 2013- 2014.[189] Combattre les pesticides c'est un peu comme combattre le chômage apparemment. Imaginez ce qui pourrait se passer si la PAC n'avait pas un second pilier consacré à l'écologie ! Notre brave assemblé national a quant à elle décidé d'interdire les pesticides néonicotinoïdes dès le 1er septembre 2018, mais, avec des dérogations jusqu'en 2020.

Notre ministre de l'agriculture de l'époque était retissant à cette idée de diminution, car selon lui cela aurait provoqué davantage de distorsion entre les agriculteurs Français et les agriculteurs Européens. Enlever un des piliers de notre agriculture industrielle affectera notre compétitivité. C'est toujours la même histoire, si nous jouons le jeu de l'agriculture du *Progrès*, c'est forcément argent contre écologie.

OGM

> *Si le Peuple avait la moindre idée de ce que nous avons fait, il nous traînerait dans la rue et nous lyncheraient.*
>
> George H. W. Bush.

Les organismes génétiquement modifiés (OGM), par intervention humaine et directement au niveau de l'ADN, n'ont rien à voir avec la sélection des semences que pratiquaient les paysans d'autrefois. Au cours de leurs recherches, les scientifiques purent produire le pire comme des animaux fluorescents – juste pour le fun – et le meilleur comme la production d'insuline en modifiant les gènes de bactéries pour qu'elles sécrètent cette hormone. Dans ce cas précis, soulignons que l'être humain ne s'injecte pas l'OGM directement dans le corps.

---

[189] https://francais.rt.com/france/16842-pesticide-agriculture-chiffres

L'insuline est le produit d'un OGM et non l'OGM lui-même. Ce point est essentiel pour comprendre pourquoi les OGM sont tant décriés.

Les premières recherches sur les plantes OGM, lancées en 1985, furent très largement financées par nos joyeux larrons, les Rockefeller, ils misent le paquet. La recherche sur les plantes devait ensuite s'étendre à l'humain au nom de l'eugénisme. Des ahuris ont par exemple conçu un OGM contraceptif pour homme, du maïs spermicide ![190] La société Epicyte, basée à San Diego s'en est chargée grâce au généreux financement du gouvernement Américain. Gouvernement qui a tout fait pour répondre aux exigences des Rockefeller et leur *fine équipe* en modifiant à tout va la réglementation sur la sécurité et les risques biologiques pour transférer le pouvoir de décision des agences gouvernementales vers les entreprises privées avec d'énormes sommes d'argent à la clé.

Le tout premier OGM diffusé à grande échelle dans le milieu agricole fut l'hormone de croissance bovine recombinante (rBGH). Elle promettait 30% de lait en plus pour chaque vache traitée. Mais ce que Monsanto, le fabricant, oubliait de mentionner c'est que cette hormone réduisait de deux ans la durée d'exploitation de la vache. Elle augmentait également la consommation d'antibiotiques, utilisés pour lutter contre les infections du pis ou du sabot que les vaches développaient sous l'effet de l'hormone. Miraculeusement, la directrice adjointe à la Sécurité alimentaire locale, la Found and Drug Administration (FDA), redéfinie la dose d'antibiotique admissible dans le lait. Margaret Miller fixe un taux 100 fois supérieur à l'ancienne norme sans aucune justification, exactement ce qu'il faillait pour rendre légale le lait forcé à l'hormone de croissance. Comme par hasard, Madame était la directrice scientifique de Monsanto et a travaillé sur le rBGH – mais ça ne gêne personne... La FDA a aussi décrété que ce lait forcé était sans danger, en se concentrant sur les études fournies par Monsanto et en rejetant les études indépendantes. Le Canada, qui effectua ses propres recherches, refusa d'utiliser cette hormone, la jugeant dangereuse. L'UE aussi l'a refusé pour les mêmes raisons.

---

[190] *Thrive, mais que faut-il pour prospérer ?*, Foster Gamble, 2011 ou *OGM semences de destruction*, William Endghal, p : 220.

Peu après le monde a vu les premiers végétaux résistant aux herbicides *ou* produisant son herbicide, ce sont les OGM de première génération. La deuxième génération fut capable de produire un herbicide *et* de résister à un autre type herbicide. Aujourd'hui le *must* des OGM, ceux de quatrième génération, peut produire jusqu'à six herbicides différents et tolérer deux types herbicides. Toute cette débauche d'ingéniosité pour lutter contre la résistance que la Nature offre, et offrira toujours alors pourquoi s'entêter dans cette sottise ?

Trois OGM sont autorisés à la culture au sein de l'UE : le maïs MON810, le MIR162 et la pomme de terre Amflora. 17 autres sont autorisés à l'importation et à la commercialisation. Ils sont majoritairement destinés à nos élevages, mais sont aussi utilisés pour la consommation humaine tant que la concentration n'atteint pas 1% de l'ingrédient. Nous sommes donc directement exposés à l'OGM même si tout le monde pense le contraire. Les lobbys ont essayé d'endormir la population en disant que ces aliments étaient sans danger. Sans danger, car aucune étude sérieuse n'avait été entreprise ! Une absence de financement pour les études indépendantes, des accès aux données de recherche refusés pour une question de protection de la propriété intellectuelle. Ces tours de passe-passe additionnés d'un réseau d'arracheur de dents professionnel ont fait un excellent travail après de nos politiques pour qu'ils commercialisent les OGM les yeux fermés. Revoyons comment tout cela s'est produit.

Le bal masqué et marionnettes

Ce n'est pas à Monsanto de garantir la sécurité des aliments transgéniques. Notre intérêt, c'est d'en vendre le plus possible. Assurer leur sécurité, c'est le job de la FDA.

Phil Angell, le directeur de la communication de Monsanto, *The New York Times*, 25 octobre 1998.

Puisque l'OGM produit et/ou stock des pesticides, n'importe qui aurait l'idée de le tester comme un pesticide non ? Dans l'UE, pour juger de la toxicité d'un pesticide, il faut non seulement tester la substance durant trois mois sur des souris, des rats, ainsi qu'une autre espèce animale, mais aussi effectuer un test sur la vie entière de rats, deux ans en moyenne. Mais une légende dit que les OGM sont plus aliment que pesticide et qu'il faut donc les traiter uniquement comme des aliments. Cette légende nous vient des États-Unis.

En 1992, Bush père signe un décret qui rend les plantes OGM et les plantes non OGM « équivalents en substance ». Une décision qui arrive comme une fleur, sans aucun fondement scientifique mise à part une étude plus que douteuse fournie par les lobbys. Ils font mine d'oublier qu'à 2% de gènes près nous serions tous des bonobos, ou qu'un tout petit gène bien particulier, de rien du tout, qui mute et c'est la malformation ou la maladie génétique assurée. Alors modifier les gènes d'une plante et penser que cela ne changera rien, alors que ces plantes sont créées spécifiquement pour avoir de nouvelles propriétés, c'est tout simplement brillant. Et ne pas faire de test par simple principe de précaution puisque personne ne l'a jamais fait avant, c'est du pur génie ! Monsanto nous dit que 2 + 2 = 5, alors circulez, y a rien à voir.

Magie de la science, les autres pays n'avaient plus la nécessité de tester les aliments OGM comme des pesticides puisque le gouvernement Américain vous garantit que c'est strictement la même chose qu'un aliment naturel. Oui enfin, c'est la même chose, mais pas tout à fait. Le maïs OGM donne droit à un brevet – titre qui protège une *invention*. C'est nouveau et vous payez cher si vous voulez l'avoir, mais c'est quand même strictement la même chose on vous dit. Mais ce n'est pas fini. Aucun test sur les OGM de seconde ou de troisième génération n'est requis. Selon les « experts », chaque sous-partie a été vérifié séparément et c'est suffisant pour garantir que le produit final soit sans risques. Quid de l'effet cocktail ? Aristote (384-322 av. J.-C.) disait que « Le tout est plus que la somme de ses parties », mais les « experts » ne se gênent pas pour désavouer une vérité vieille de plus de 2000 ans en échange de quelques billets verts.

Aux États-Unis, les OGM pouvaient être produits et vendus sans réelles entraves grâce au travail d'une gentille marionnette, Michael R. Taylor. En 1991, la FDA crée un poste de commissaire adjoint chargé de superviser la politique sur les aliments OGM. Michael R. Taylor fut nommé à ce poste. Pourtant, ce juriste a roulé pour les grandes firmes de biotechnologie, Monsanto inclus. Il décida de ne pas faire inscrire sur les étiquettes la présence ou non d'OGM dans les produits vendus au grand public et que les informations concernant les possibles symptômes développés par l'Homme après consommation d'OGM, ne seraient pas accessibles au public pour cause d'information commerciale confidentielle. Une fois sa tâche terminée à la FDA, Taylor fut nommé vice-président pour les politiques publiques chez Monsanto.

En 1997, trois ans après la commercialisation des OGM, le Docteur Arpad Pusztai, un anglais qui fait de la recherche depuis 35 ans dans les biotechnologies, remarque que des rats nourris durant 110 jours – aujourd'hui ils sont testés sur 90 jours pour être homologués – avec de la pomme de terre OGM ont un poids et une taille anormalement faible, ainsi que des problèmes de cœur, de foie, du système immunitaire et des cervelles réduites. Son chef le congratula pour le sérieux de son étude. Le Docteur fut invité par la télévision britannique pour parler de ses trouvailles. Sur les ondes d'*Independant TV* il déclara qu'il ne mangerait pas d'OGM s'il avait le choix au vu des résultats inquiétants de ses recherches. Monsanto fulmine et appelle Tony Blair pour lui remonter les bretelles. Le Premier ministre va alors passer un coup de fil à Philip James, le directeur de l'institut où Pusztai travaille et faire pression pour enterrer l'étude. 48 heures après ses scandaleuses déclarations télévisées, le chercheur et sa femme – qui est aussi sa collègue de travail – se font mettre à la porte de l'université où ils travaillaient. On fait bien comprendre à Monsieur qu'il lui est dorénavant interdit de reparler aux médias sous peine de perdre sa retraite. Soudainement, ses anciens collègues le trouvent incompétent. À 68 ans, Mr Pusztai serait même un gâteux qui aurait mélangé les rats nourris aux OGM avec ceux nourris avec des pommes de terre connus pour leur toxicité, une erreur qui explique ces résultats effrayants et blanchit les OGM. L'establishment scientifique british s'est platement excusé de cette bévue monumentale. Aucun scientifique n'osait plus défier la toute puissante entreprise de Saint Louis.

Mais, le 19 septembre 2012, de courageux chercheurs brisent l'omerta. L'équipe Française du professeur Séralini publie la première étude au monde sur l'effet d'une nourriture à base d'OGM sur des rats durant deux ans – une étude vie entière. En effet, personne n'avait testé les effets sur plus de trois mois, durée qui révèle les effets aigus, mais qui est incapable d'apprécier les effets chroniques, les effets indésirables sur le long terme. L'équipe choisit aussi elle-même les critères d'évaluation qui jusqu'ici étaient imposés par un comité d'évaluation désigné par le semencier pour des raisons de « protection industrielle ». Face aux extraordinaires pressions, l'équipe a dû faire appel à des fonds privés – plus de 3 millions d'euros récoltés – pour garantir leur liberté d'action et procéder à l'étude pendant deux ans dans la plus grande clandestinité.

Le protocole a testé des rats nourris avec l'OGM seul (le maïs NK603 de Monsanto), un herbicide seul (du Roundup) et l'OGM + l'herbicide. Les résultats montrent que ces produits de Monsanto sont tous les deux des perturbateurs endocriniens qui provoquent des tumeurs, attaquent le foie et les reins des rats. L'effet OGM existe indépendamment de l'effet dû au pesticide.

Tous les résultats dépendaient des hormones et du sexe et les profils pathologiques étaient comparables. Les femelles développaient de grandes tumeurs mammaires, presque toujours plus fréquemment et plus tôt que les groupes sous contrôle, le pituitaire était le deuxième organe le plus affecté ; l'équilibre des hormones sexuelles était modifié par les régimes aux OGM et au Roundup. Chez les mâles traités, les congestions et les nécroses hépatiques étaient 2,5 à 5,5 fois plus importantes. Cette pathologie a été confirmée par microscopie optique et à électrons de transmission. Les néphropathies marquées et graves des reins étaient généralement 1,3 à 2,3 fois plus importantes. Les mâles présentaient 4 fois plus de grandes tumeurs palpables que les groupes de contrôle, phénomène observé jusqu'à 600 jours plus tôt. Les données biochimiques ont confirmé chaque insuffisance rénale chronique significative ; pour tous les traitements et les deux sexes, 76% des paramètres altérés étaient liés aux reins. Ces résultats s'expliquent par les effets perturbateurs de l'endocrine non linéaire de Roundup, mais aussi par la surexpression du transgène dans l'OGM et ses conséquences métaboliques.[191]

L'étude montre donc clairement que l'OGM, seul, provoque des effets néfastes. Elle sera fortement critiquée par des « experts » trouvant des arguments totalement illogiques, qui vont mentir[192] et frapper sous la ceinture pour discréditer ce travail. Ils disent par exemple que les USA, qui ont autorisé l'OGM depuis longtemps, ne connaissent pas de problèmes sanitaires particuliers. Argument caduc, personne ne peut faire d'étude puisque l'étiquetage des OGM n'est pas requis. 70% des produits vendus aux États-Unis contiennent des OGM et personne ne sait dans quelle proportion un habitant s'expose aux OGM. Pour l'UE rappelons que l'étiquetage est obligatoire pour les produits qui

---

[191] *Toxicité à long terme d'un herbicide Roundup et d'un maïs génétiquement modifié tolérant au Roundup*, Gilles-Éric Séralini, Émilie Clair, Robin Mesnage, Steeve Gress, Nicolas Defarge, Manuel Maltesta, Didier Hennequin, Joël Spiroux de Vendômois. http://www.gmoseralini.org/documents-de-recherche/

[192] http://france3-regions.francetvinfo.fr/basse-normandie/le-professeur-gilles-eric-seralini-remporte-le-proces- en-diffamation-face-marianne-864671.html

contiennent plus de 0.9% d'OGM. La mention « sans OGM » est basée quant à lui sur le volontariat. Dans les restaurants ou la cantine de vos enfants, aucune règle n'est établie par l'UE. Et les produits issus d'animaux nourris aux OGM ne nécessitent pas d'étiquetage.

Monsanto va ensuite s'attaquer au journal, *Food and Chemical Toxicology* (FTC), qui a publié l'article. Ne pouvant détruire le journal – il a essayé –, il l'attaque de l'intérieur. Richard E. Goodman, un ancien de Monsanto, est embauché chez FTC comme « rédacteur en chef adjoint pour la biotechnologie », l'entreprise de Saint Louis avait obtenu la tête de son prédécesseur. Ce *Good Man* décida de retirer l'étude de Séralini au motif qu'elle serait « non concluante ». C'est le principe de la recherche, on ouvre une brèche et d'autres études viennent affiner les premières découvertes. L'étude manquerait de rigueur, les rats sélectionnés seraient trop enclins à développer des tumeurs et il fallait plus de rats pour tirer des conclusions – ce qui aurait été possible si les chercheurs ne devaient pas mendier pour faire leur travail ! Or, ces arguments sont ceux qui veulent faire de cette étude un test de cancérogénicité des produits de Monsanto. L'étude avait pour objectif de tester les *possibles* effets chroniques sur le rat. Personne ne s'attendait à voir des tumeurs.

À ma connaissance, aucun autre chercheur n'a entrepris de refaire ces tests avec plus de rats ou quoi que ce soit d'autre et surtout pas Monsanto, étonnant n'est-ce pas ? L'étude de Séralini fut republiée quelques mois après, légèrement remaniée, chez *Environmental Sciences Europe.*[193] Le maïs transgénique NK603 de Monsanto a été reconnu par l'UE comme nocif et a été retiré de l'alimentation animale et humaine en avril 2015, après 11 ans d'utilisation !

Pinocchio

Selon Mr Conway, porte-parole de la *Rockefeller Foundation*, les OGM serviraient à combattre la faim dans le monde en faisant plus de rendement et en réduisant l'utilisation d'engrais et de pesticides. Non

[193] http://en.youscribe.com/catalogue/tous/current-affairs-and-social-debate/etude-ogm-2461902

seulement les OGM présentent un danger sanitaire, mais en plus les OGM ne tiennent pas leurs promesses.

En lisant le rapport *Failure to yield,*[194] vous pourrez apprendre que les OGM n'ont jamais augmenté les rendements sauf dans de rares exceptions – des attaques de nuisibles liés directement à la pratique intensive. Par contre il y a bien quelque chose qui augmente bel et bien, c'est la consommation en pesticide. Comme l'OGM tolère le pesticide, l'agriculteur en met souvent plus, les « mauvaises herbes » deviennent elles aussi tolérantes et il faut soit en mettre encore plus soit utiliser un composé différent, d'où les OGM de deuxième et troisième génération. Dans la Nature le vide n'existe pas. Si vous empêchez un parasite d'attaquer la plante, celui-ci peut développer une résistance, ou un autre parasite peut lui chiper la place.

Les chiffres ne mentent pas. Pour un soja OGM produit aux États-Unis, les rendements étaient en moyenne 5 à 15% inférieurs au soja traditionnel, mais l'utilisation d'herbicide était deux à trois fois plus importante. En 1997, les statistiques du Département Américain de l'Agriculture trouvaient une augmentation de 72% de glyphosate utilisés pour le soja *Roundup Ready*. En 2003, l'Angleterre obtient des résultats similaires. Les semences sont plus chères, les rendements moins importants, les besoins en engrais et en pesticides s'envolent – surtout après deux ou trois saisons. Mais surtout les produits obtenus sont d'une qualité plus que douteuse. L'Inde[195] et le Burkina Faso[196] ne veulent plus du coton OGM d'une qualité si médiocre qu'il est quasi invendable. Et si ce n'était qu'une question de coton…

En 1997, un éleveur Allemand prudent, Mr Gottfried Glöckner, a lui-même effectué ses tests sur ses vaches laitières. Il nourrit ses bêtes avec du maïs. Pour faire ses propres tests, il introduit du maïs OGM du semencier Syngenta, le Bt 176, en augmentant régulièrement leur

---

[194]http://www.ucsusa.org/sites/default/files/legacy/assets/documents/food_and_agriculture/failure-to-yield.pdf

[195] http://www.france24.com/fr/20130705-reporters-inde-ogm-monsanto-Maharastra-Mahyco-coton-agriculeurs-suicide-france24

[196] http://www.lemonde.fr/afrique/article/2016/02/16/burkina-faso-les-lecons-a-tirer-de-la-fin-du-coton-transgenique_4866376_3212.html

proportion dans alimentation des ruminants. La troisième année quand 100% de l'alimentation était OGM, les vaches connurent de graves problèmes de santé. Leurs déjections étaient blanches et gluantes, les vaches avaient des épisodes de diarrhées violentes, des problèmes rénaux et d'épithélium. Leurs laits contentaient du sang et certaines vaches arrêtaient d'en produire. 70 de ses bêtes moururent. Vous allez rire, mais le test toxicologique pour obtenir la mise sur le marché de ce maïs fut réalisé par Syngenta en personne. L'expérience se déroula aux USA. Quatre vaches ont testé le produit durant 15 jours et une vache mourut au bout d'une semaine. Syngenta jugea ce résultat suffisamment convaincant pour commercialiser son produit et l'Autorité Européenne de Sécurité des Aliments (EFSA) donna d'accord !

Ib Pedersen, éleveur de porc au Danemark, rencontre aussi des problèmes avec les OGM. Il pense que le glyphosate produit ou stocké par l'OGM provoque des difformités sur les progénitures des truies parturientes. Phénomène aussi observé chez le saumon de Norvège nourri au Diflubenzuron pour lutter contre les poux de mer. Notre éleveur de porc constate aussi des diarrhées jaunes chez les porcs, mais qui cessent deux jours après l'arrêt de la nourriture OGM. Cette plante qu'on nous dit « équivalente en substance » perturbe pourtant le système digestif par les produits toxiques qu'elle contient. Chez le porc des inflammations de la paroi intestinale ont été observées suite à l'ingestion de produit OGM. Il semble que cela se produise aussi chez l'Homme. Une inflammation dans cette zone peut favoriser la perméabilité de l'intestin grêle avec des conséquences non négligeables comme nous verrons plus loin.

Malgré ce que peut dire l'industrie, il semble que les toxines contenues dans les OGM ne se dégradent pas. Elles restent actives et stables et il est fort probable qu'elles puissent migrer dans le corps humain après ingestion de la viande ou du lait. Et si nous mangeons du maïs directement il se pourrait qu'on finisse comme ces vaches ou ces porcs. Comme le dit si bien Séralini sur le plateau de France 3, « *tous les médicaments ont des effets secondaires, ce sont des produits faits pour soigner, donc comment voulez-vous que des produits faits pour tuer n'aient pas d'effet secondaire* ».[197]

---

[197] L'interview du Pr Séralini par E. De Miniac dans le 12-13 de samedi

Nous sommes en face d'un scandale scientifique et politique qui, si l'on était en démocratie, devrait conduire bon nombre de personnes en prison. Mais à la place, ce sont les bourreaux richissimes qui vont assener le coup de marteau sur les seules personnes, rebelles, qui sortent du rang des soumis. Le sujet reste toujours artificiellement débattu puisque tout est fait pour empêcher les vrais chercheurs d'avoir les crédits et le matériel pour faire leur travail. Monsanto a déjà fait un véritable travail d'artiste dans le passé, un beau palmarès qui mêle mensonges, cancers, morts, pollutions, malformations congénitales... Il est très probable que les OGM ne soient qu'une nouvelle bombe à retardement qui attende son heure. Et quand elle explosera Monsanto fera comme d'habitude : un petit chèque de quelques millions de dollars – une misère au regard des profits amassés – un *mea culpa* et ce sera suffisant pour refaire un tour de manège.

Pour retarder au maximum l'instant T, Monsanto entretient son image de marque. Trois de ses employés reçurent le « prix mondial pour l'alimentation » (*world food prize*) pour « leur implication dans le développement de la biotechnologie végétale pour soutenir une agriculture durable » (*sic*). Ce prix est censé récompenser les scientifiques qui contribuent à l'amélioration de « la qualité, de la quantité et de la disponibilité » de la nourriture dans le monde. C'est une sorte de prix Nobel de la paix appliqué à la propagande agricole. Et ce prix de l'alimentation est sponsorisé par... ? Les fondations Rockefeller, Bill & Melinda Gates, les entreprises Bayer CropScience, Nestlé ou encore Cargill.

Vous l'aurez compris, les OGM sont tout sauf un moyen de sauver la planète. Ce n'est qu'un outil de plus pour faire de l'argent sur votre dos avec de nouveaux brevets en prime. Ils sont aussi utiles pour ralentir la recherche, réduire la biodiversité, concentrer la propriété des semences et contaminer les champs environnants – jusqu'à 3 kilomètres à la ronde. Par la même occasion, l'agriculteur devient l'esclave de l'entreprise qui lui fournit semences et pesticides en lui promettant des rendements et des économies de produits phytosanitaires qui sont illusoires. L'Inde fut la plus grosse victime de ces mensonges, avec une

---

1.02.2014 sur France 3 Basse Normandie.
http://criigen.org/dossier/1129/display/France-3-Pesticides-l-alerte-du-Pr-Seralini

grosse vague de suicide. Plus de 270 000 paysans ne pouvant plus faire face aux dettes contractées pour s'offrir ce type de culture se donnèrent la mort. Ces agriculteurs n'avaient parfois plus le choix, le monopole de ces semenciers sont tels qu'il devient difficile de se procurer des semences non OGM dans certaines régions.

Récemment, l'Union Européenne a décidé d'autoriser l'importation et la commercialisation de 17 OGM.[198] Ce fut proposé par la Commission et appliqué sans attendre que les États membres ou le Parlement Européen ne se prononcent. À la place, ce sera chaque État membre qui décidera ou non de les autoriser sur leur territoire. Ce qui semble assez démocratique au premier abord, mais qui risque de se transformer en une belle arnaque. Demain, avec le CETA ou l'accord avec le MERCOSUR, l'État sera seul responsable de la question des OGM et il pourra être directement poursuivi par une entreprise, comme Monsanto, devant le tribunal arbitral pour entrave à la libre concurrence. La France sera obligée d'ouvrir son marché puisqu'il n'y a aucune raison de l'interdire, les études scientifiques étant corrompues. Et même si par miracle Paris parvient à les interdire sur le territoire, cette mesure sera impossible à appliquer. Comme aux États-Unis ou au Canada, l'étiquetage des produits contenant des OGM ne sera pas obligatoire. De plus, nous pourrions être aussi victimes de contamination volontaire, comme ce fut le cas au Brésil ou en Pologne et ce ne sera qu'une question de temps avant que les OGM ne contaminent une majorité des cultures. Six années suffirent pour que 67% des cultures Américaines non-OGM se fassent contaminer.

Pour clore ce sujet en douceur, parlons de James Rockefeller. L'ancien président de First National City Bank qui deviendra Citigroup, siégeait aussi chez Monsanto[199] jusqu'à sa mort à l'âge de 102 ans, en

---

[198] http://www.lemonde.fr/planete/article/2015/04/24/l-union-europeenne-autorise-l-importation-et-la-commercialisation-de-17-ogm_4622217_3244.html#YRPGpEijYopm0fY6.99

[199] http://www.telegraph.co.uk/news/obituaries/1469477/James-Stillman-Rockefeller.html

2004.[200] Il attribuait sa bonne santé au fait de manger des produits naturels et des légumes frais, cultivés sur sa propriété…

Les additifs alimentaires

> *Nous pourrions bien nous apercevoir un jour*
> *que les aliments en conserve sont des armes*
> *bien plus meurtrières que les mitrailleuses.*

George Orwell

Il existe 23 catégories d'additifs : les conservateurs, les anti-oxygènes, les émulsifiants, les amidons modifiés pour la texture, etc. Plus de 400 additifs alimentaires sont autorisés au sein de l'UE dont une cinquantaine pour les aliments bio. Ils peuvent être d'origine « naturelle », comme pour l'arôme de fraise obtenu avec des copeaux de bois, ou l'arôme de pêche obtenu à l'aide de moisissures – aucun fruit n'est utilisé pour créer ces arômes « naturels ». L'additif peut aussi provenir d'un pur produit de la chimie. Au risque de se répéter, beaucoup de ces additifs sont lâchés dans la nature sans que l'on sache vraiment leurs effets et ne parlons même pas des 4000 enzymes et autres substances qui ne sont pas encadrées. Les additifs sont présents dans tous les produits industriels et nous pouvons dépasser la dose journalière admissible (DJA) en ajoutant le contenu des différents aliments. Bien entendu les effets cocktails potentiels ne sont pas pris en compte. Pire encore, selon Marie Monique Robin cette DJA est décidée par un « bricolage » alambiqué basé sur des hypothèses hasardeuses et sans fondements scientifiques.[201]

Si vous consommez trop souvent un additif vous pouvez y devenir intolérant, voir allergique et en plus ces substances chimiques vous rendent accro. Il semble que chaque marque de l'agroalimentaire a une recette d'additifs pour vous faire aimer leur marque plus qu'une autre, imitant la « sauce » qu'utilisent les cigarettiers. Ils ciblent de préférence

---

[200] http://journal-neo.org/2016/01/03/victory-in-paris-vs-monsanto-gmo-cabal/

[201] https://www.arte.tv/sites/robin/2016/02/21/4la-polemique-cash-investigation-le-bricolage-des-lmr/

les enfants avec la publicité pour en faire des adeptes le plus rapidement possible.

En parlant d'enfant, une société nommée Senomyx élabore des additifs alimentaires, plus précisément des substances qui rehaussent le goût. Rien de bien extraordinaire si ce n'est que pour les concevoir elle utilise des fœtus avortés... Qui achèterait ça me direz-vous ? Et bien Kraft, PepsiCo, Nestlé ne se sont pas gênés.[202] Ceux qui ont un appétit d'ogre trouveront leur bonheur dans les boissons de Pepsi, du thé de Lipton, dans certains Ketchups, les soupes Maggi et bien d'autres produits.

Si vous voulez décortiquer une à une ces substances et leurs effets, je vous renvoie au travail d'Anne Laure Denans et son livre *Le nouveau guide des additifs alimentaires*. Pour ma part je vous propose de passer en revue quelques-uns, probablement les plus dangereux.

Le Glutam*e Monosodique (GMS)*

L'aliénation verte produit de la déception. L'animal par exemple, avec tout le stress, les antibiotiques et son alimentation contre nature, produit une viande chargée en eau, « pisseuse », sans goût. C'est la même chose avec les légumes. Nos industriels, pour faire le maximum de bénéfice et baisser les coûts de production ont recours aux matières premières bons marchés qui sont difficiles à transformer. Pour pallier ce problème, l'industrie va lui appliquer un traitement de choc pour en faire un ersatz présentable. Souvent, elle va même rajouter un ingrédient magique, qui rime avec chimique, dont le pouvoir est de rentre plus savoureux ce qu'il touche. Il est si puissant que le fabricant peut réduire la quantité de matière première tout en conservant un goût aussi intense, ce qui permet de faire des économies colossales. Cet ingrédient secret – surtout pour les consommateurs – se cache en pleine lumière sur l'étiquette des produits sous des formules pas franchement féériques et aux effets pas vraiment enchanteurs.

---

[202] https://lasocietesolidaireetdurable.com/2014/07/25/certains-produits-contiendraient-des-cellules-de-foetus-avortes/ ou http://drrichswier.com/2015/07/19/kraft-pepsi-and-nestle-the-using-aborted-babies-for-flavor-additives/ ou https://en.wikipedia.org/wiki/Senomyx

Le glutamate monosodique est le plus connu des exhausteurs de goût. On le retrouve sous cette appellation uniquement quand il est ajouté à l'état brut dans le produit. Les E620 à E625 écrient sur les étiquettes de nos produits sont tous des dérivés du glutamate. Quand il est mélangé à d'autres substances les appellations sont impossibles à deviner : extrait de levure – et en général tout ce qui est « extrait » –, protéines végétales hydrolysées, levure autolysée, sel de sodium, base aromatisante, caséinate de sodium ou encore « arôme naturel » peuvent contenir du GMS. 92% des produits sans exhausteurs de goût contiennent de l'extrait de levure qui contient du glutamate.[203]

Depuis les années 60, des études ont montré la dangerosité de ce produit ainsi que son pouvoir addictif. Cette poudre blanche réussit l'exploit totalement contre nature de faire baisser votre glycémie au cours du repas. En présence de GMS le pancréas va sécréter de l'insuline en excès ce qui fait baisser votre taux de sucre dans le sang. Donc plus vous mangez de produits contenant du GMS, plus le corps produit d'insuline. Cette hormone empêche l'information de satiété de remonter au cerveau, et vous pouvez ainsi vous goinfrer sans même vous en rendre compte.

C'est pourquoi, en plus de provoquer des diarrhées, la consommation régulière de GMS entraîne obésité et diabète. Cette merveilleuse substance est aussi un neurotoxique, elle fait partie des excitotoxines. En présence du GMS le neurone va s'exciter jusqu'à mourir. En temps normal notre barrière hématoencéphalique (BHE) est capable de repousser ce toxique alimentaire. Mais sous l'effet des ondes émises d'un téléphone sans fil durant une communication, en cas d'hypoglycémie, de vieillissement, d'un taux anormal de radicaux libres - qui peut être causé par le GMS –, ou après avoir consommé certaines drogues ou médicaments, la BHE devient poreuse.[204] Les nouveau-nés doivent attendre 18 mois pour que leur BHE devienne opérationnelle. Dans tous ces cas, le glutamate monosodique consommé peut librement aller dans le cerveau et détruire vos neurones. Cette destruction provoque par exemple des cas de convulsions, d'hyperactivité ou encore d'agressivité. À titre d'exemple, le Docteur Blayclock parle d'une expérience faite sur une souris. Des chercheurs

---

[203] *Poudres et potions de l'industrie alimentaire*, Arte, 2011.

[204] Dr Blaylock dans *Sweet misery, a poisoned world*

leur ont micro- injecté une toute petite dose de GMS dans l'hypothalamus. La bestiole fut éprise d'un accès de rage si violant qu'elle s'est mise à attaquer un chat, parfois jusqu'à le tuer.[205] L'humain y est aussi sujet et l'effet du GMS est accentué quand le sujet est en état d'hypoglycémie tout particulièrement pour chez les plus sensibles.

Le glutamate monosodique provoque le syndrome du restaurant chinois :

Rougeurs cutanées sur le cou, le visage et la partie supérieure du tronc, les yeux injectés de sang, des céphalées, des sensations de brûlure dans tout le corps, des sensations d'oppression thoracique, des nausées et des vomissements, des démangeaisons.[206]

Le GMS est aussi impliqué dans des cas de mort subite de l'athlète, des crises d'asthme, des états de somnolence, un engourdissement d'une zone du corps pouvant aller jusqu'à la paralysie, des maux de tête, des gonflements, des sensations de faiblesse, d'irritations de l'intestin...

Devinez qui était chargé d'évaluer le risque de ce produit au sein de la FDA ? Monsieur Micheal Taylor, le même qui autorisait les OGM et qui roulait pour Monsanto. Pour l'occasion Taylor déclara que les études ne se valent pas dans la littérature et, comme par hasard, toutes les études qui démontraient la toxicité du glutamate – celles réalisées par des chercheurs indépendants – ne valaient pas grand-chose à ses yeux.[207] L'UE aussi pense qu'il n'y a pas de quoi s'alarmer.

L'aspartame

Répondant au doux nom de E 951 sur l'emballage de vos produits, l'aspartame est le faux sucre le plus connu. Il donne un goût sucré sans apporter de calories. Les accros aux sucres sont ravis, ils peuvent en

---

[205] Conférence du Dr Blaylock, nutrition and behavior
https://www.youtube.com/watch ?v=Y0kvaulUIfc

[206] http://www.consoglobe.com/les-dangers-du-glutamate-cg/2

[207] La vérité sur le glutamate monosodique
https://www.youtube.com/watch ?v=12sdcbTL5yo

consommer sans craindre d'avoir une culotte de cheval ou des poignets d'amour. Ce que l'industrie oublie de leur dire, c'est qu'une fois dans leurs estomacs l'aspartame se décompose en méthanol. Arrivé au foie, ce méthanol – plus connu sous le sobriquet d'alcool de bois, un poison ! – devient du formaldéhyde et de l'acide formique. C'est le même acide formique qui est mis dans des bouteilles avec une jolie tête de mort inscrite dessus. Un produit si dangereux que l'Union Européenne l'a interdite à la vente.

L'aspartame, un neurotoxique reconnu, est un vrai poison vendu légalement et sans mise en garde. Il participe à l'apparition des cancers, des fausses couches, des accidents vasculaires, problème de sommeil, difficulté à respirer, perte de mémoire, Alzheimer, Parkinson, sclérose en plaques, de déformations des fœtus ou de bébés qui naissent avec une tumeur cérébrale si la mère était amatrice de boisson *light* durant la grossesse, le syndrome des os de verre chez des fétus, des problèmes de vus, de crise de folie, de rage, de démence, une aggravation des troubles psychiatriques... Plus de 92 effets nocifs sont répertoriés. Et si vous mélangez l'aspartame avec une autre molécule chimique, comme des colorants, les effets peuvent être 7 fois plus importants.

Comme les OGM, le Roundup ou le glutamate monosodique, les études prouvant l'absence de nocivité de l'aspartame ont été fabriquées par ceux qui veulent les vendre. Ici aussi le *revolving door* entre les membres de la société qui fabrique l'aspartame, Searle, et l'organisme décideur de la mise sur le marché, le Food and Drug Administration (FDA), se fait en toute impunité.

À l'époque Donald Rumsfeld est le directeur général de Searle – de 1977 à 1985. Il profite de son poste influent au sein du gouvernement Américain pour, d'un coup de baguette magique, nommer le nouveau commissaire de la FDA. Abracadabra, celui-ci se charge d'autoriser l'aspartame, de manière plus que douteuse.[208] Le commissaire ira ensuite travailler dans l'industrie de l'aspartame avec trois autres membres de son équipe. Cette autorisation de l'aspartame arrive à point

---

[208] *Sweet misery a poisoned world* ou *faux sucre vrai scandale* pour plus d'information.

nommé puisqu'elle sauve miraculeusement la compagnie de Rumsfeld. Tada !

L'EFSA est elle aussi en conflit d'intérêts avec les fabricants d'aspartames.[209] Ils ne prennent en compte que les données fournies par l'industrie. Le reste, c'est de la *junk science*.

Chez les Anglo-saxons ce n'est un secret pour personne, ils parlent de « Rumsfeld *disease* » pour évoquer les maladies provoquées par l'aspartame. Signalons quelques autres faits d'armes de ce Monsieur : il est l'un des cerveaux de l'invasion Américaine en Afghanistan et en Irak, il a recueilli plusieurs plaintes pour torture et enfin il était un gros actionnaire ainsi que le président du conseil d'administration de la société qui fabriquait le Tamiflu. Médicament qui officiellement était le seul remède contre, l'étrange, épidémie de grippe aviaire et évidemment sans aucun test pour le prouver. Une grippe où on a breveté un vaccin avant même d'identifier le virus... fortiche les scientifiques !

Les autres alternatives, comme le sucralose, pour remplacer l'aspartame ne semblent guère plus raisonnables. De toute façon si vous prenez du *light* c'est pour éviter de grossir. Or, les études montrent qu'au contraire, la consommation de ces produits détraque la sensation de satiété et au final vous mangez plus.[210] Donc vous prenez du poids et avez plus de probabilité de développer un diabète.[211] Résultat, vous serez moins riche, plus gros et en moins bonne santé.

Aluminium

Cet atome aux 13 protons ne portent pas chance, il est comparé à l'amiante du futur. Il n'est pas présent naturellement dans le corps humain et il y provoque plus de 200 perturbations. C'est aussi un

---

[209] *Notre poison quotidien* de Marie Monique Robin. Arte

[210] http://www.huffingtonpost.fr/2014/01/23/sodas-light-etude-consommation-nourriture_n_4652088.html

[211] http://www.huffingtonpost.fr/2013/02/07/les-boissons-light-pourraient-etre-associees-a-un-risque-accru-de-diabete_n_2637052.html

neurotoxique qui double les risques de développer un Alzheimer.[212] Le plus souvent critiqué dans les vaccins, il y est utilisé comme adjuvant pour réduire la quantité de principes actifs. Pourtant il pourrait être remplacé par du phosphate de calcium, qui est lui présent naturellement dans le corps humain, comme dans le passé avec les vaccins IPAD de l'Institut Pasteur. Vaccins qui ont disparu sans raison après le rachat de Pasteur.

L'aluminium se retrouve aussi dans nos dentifrices, shampoing, crème solaire ainsi que dans nos aliments. Il est utilisé comme produit de levage par l'industrie agroalimentaire pour le pain, pain de mie, biscuits et autres gâteaux, comme conservateur dans les charcuteries, antiagglomérant pour le sel, ou même comme colorant. Il se cache sous des E173, E520, E541, E559...

Il est très faiblement absorbé quand il transite dans les intestins et est éliminé avec les fèces. Mais on oublie les quantités qui peuvent être absorbées dans des cas de perméabilité intestinale par exemple la présence de gluten dans l'intestin fait sécréter de la *zonuline* qui est capable de provoquer ce phénomène. Si l'aluminium arrive à passer, il pourra aller directement au cerveau si votre barrière hématoencéphalique (BHE) est poreuse pour une des raisons vues précédemment.

Le nouveau-né qui a une BHE immature est le plus exposé. En Angleterre des chercheurs ont trouvé de l'aluminium dans le lait infantile même chez 15 marques bio. Le taux était plus de deux à trois fois supérieur à la limite autorisée dans l'eau du robinet des sujets de Sa Majesté – 0,2 mg/L dans l'eau contre 0,6 mg/L dans le lait. Le métal n'est pas enlevé, car l'opération coûterait trop cher. Par conséquent, bébé pourra stocker tranquillement l'aluminium dans son cerveau en plein développement et ce, pour le reste de sa vie, car notre corps n'arrive pas à s'en débarrasser.

L'agence nationale de sécurité sanitaire de l'alimentation (ANSES) dit que les effets se font sentir qu'en cas de forte exposition chronique.[213] Pourtant l'aluminium est présent partout, les fabricants

[212] *Aluminium notre poison quotidien,* Valérie Rouvière, France 5, 2011.

[213] https://www.anses.fr/fr/content/exposition-%C3%A0-

n'ont pas de norme à respecter et personne ne sait quelle dose est absorbée dans la journée ou combien d'aluminium contient déjà notre corps. Ce sera bien sûr la fatalité si plus tard vous développez un Alzheimer ou un myofasciite à macrophage...

Nanoparticules

Ce sont des objets dont la taille est comprise entre 1 et 100 nanomètres. Un nanomètre est un milliard de fois plus petit que le mètre. Pour vous donner une idée, c'est à peu près le même rapport d'échelle entre la Terre et une orange. Ces objets ont des propriétés intéressantes qui sont utilisées aussi bien par la médecine que dans les cosmétiques. Dans l'industrie agroalimentaire, ils sont utilisés pour les emballages, mais aussi directement dans l'aliment. Les nanoparticules servent entre autres à modifier la texture, les couleurs ou la conservation des denrées. Par exemple, des nanoparticules de dioxyde de titane peuvent servir à enrober des bonbons, le colorer (E171) et empêcher l'oxygène de dégrader la sucrerie augmentant ainsi sa durée de conservation. Au moins 40% de l'industrie alimentaire les utilisent.

Entre 150 et 600 « nano-aliments » sont commercialisés.[214] L'UE oblige la mention de présence d'ingrédient nanoparticulaire sur l'étiquetage des produits alimentaires,[215] mais qui sait que le dioxyde de silicium (E551) ou l'oxyde de fer (E172) sont des substances à l'état nanoparticulaire ? L'étiquetage est la seule contrainte imposée, pour le reste l'industriel est libre de faire ce qu'il veut. De par leur taille, ces lilliputiens miniaturisés peuvent franchir toutes les barrières biologiques de notre corps. Ils peuvent se loger dans nos organes ou altérer notre ADN. En Mars 2009, l'Agence Française de Sécurité Sanitaire des Aliments disait :

On ne connaît pas précisément les modifications que subissent les nanoparticules dans le tube digestif. [...] Après absorption digestive, certaines nanoparticules sont éliminées dans les fèces et dans l'urine et d'autres

---

l%E2%80%99aluminium-par-l%E2%80%99alimentation

[214]http://www.amisdelaterre.org/IMG/pdf/nanotechologies_et_alimentation.pdf

[215] http://agriculture.gouv.fr/les-nanotechnologies-dans-lalimentation

pénétreraient dans la circulation portale et le foie ou dans le système lymphatique. Le foie et la rate seraient des organes cibles, mais certaines nanoparticules sont retrouvées dans les reins, le poumon, la moelle osseuse et le cerveau. [...] En conclusion, les études de toxicité des nanoparticules par voie orale sont lacunaires.[216]

Une étude suédoise publiée en février 2012 montre que le comportement alimentaire des poissons carnassiers change quand leurs proies ont consommé des algues obtenues dans un milieu à forte concentration en nanoparticules.[217] Les auteurs concluent que l'exposition à des nanoparticules peut modifier l'ensemble de l'écosystème.

Les études des effets sur la santé sont inconsistantes. Certains composés ne se dégradent pas et leur propagation dans la nature, sans restriction, pourrait avoir des effets désastreux sur l'environnement. On joue avec le feu, on expose l'ensemble de la population à un risque inconnu uniquement pour que les multinationales de l'agroalimentaire ou de l'aliénation verte puissent augmenter leurs bénéfices.

Fuyez, pauvres fous ![218]

Dans une démocratie, le bon sens populaire imposerait aux entreprises qui veulent commercer sur le territoire Français de livrer le résultat des tests qui évaluent la dangerosité de leurs produits. Ces tests devraient être effectués par des spécialistes indépendants tirés au sort. Les résultats devraient ensuite être réexaminés par des pairs eux aussi tiré au sort. L'entreprise prendrait une partie de l'expertise à sa charge et l'autre serait financé par les citoyens. Le fruit de ce travail devrait être traduit dans chaque langue des pays membres de l'UE et mis en accès libre pour que chaque citoyen puisse en prendre connaissance.

---

[216] *Nanotechnologies et nanoparticules dans l'alimentation humaine et animale*, Afssa, https://www.anses.fr/fr/system/files/RCCP-Ra-NanoAlimentation.pdf

[217] *Tommy Cedervall, Lars-Anders Hansson, Mercy Lard, Birgitta Frohm, Sara Linse, Food Chain Transport of Nanoparticles Affects Behaviour and Fat Metabolism in Fish, February 22, 2012.*

[218] Gandalf dans *le seigneur des anneaux, la communauté de l'anneau*, 2001

Nous demanderons à Etienne Chouard ce qu'il en pense, il a sûrement déjà réfléchi à la question.

À la place, nous avons des autorités de contrôle à genoux qui ferment les yeux quand l'industrie tape du poing sur la table. Le citoyen, aveugle au possible, croit naïvement qu'éthique, impartialité et sérieux sont le credo des expérimentateurs et de ceux qui les jugent.

La recherche est devenue totalement hypocrite et fondamentalement non éthique, pour ne pas dire complètement folle. D'un côté on interdit les tests cliniques sur des cobayes humains, car le risque zéro n'existe pas, qu'il pourrait y avoir des dangers bla-bla-bla. Et de l'autre on balance des tonnes de substances, qui n'existent pas à l'état naturel – ou à des doses infimes –, à l'échelle mondiale, sans rien vérifier ou presque puisque l'industrie, la main sur le cœur, nous garantit qu'elle l'a fait dans les règles de l'art. Tout le monde est exposé et plus personne ne sait vraiment ce qui se passe. Et nous restons là, à nous demander si tel ou tel composé est la cause de nos malheurs. Notre système a perdu les pédales, il est devenu malade de l'argent. Des symptômes d'ordre psychologique apparaissent, l'argent affecte notre sens critique et nous crétinise, mais il peut aussi nous rendre complètement fous selon les cas et souvent les deux se conjuguent. Ceux qui en possèdent suffisamment peuvent tous se permettre puisque tout à un prix dans un monde capitaliste.

Aujourd'hui, il est très difficile de ne pas trouver d'additifs dans les aliments transformés, il est encore plus difficile de savoir s'ils sont nocifs ou non sans s'informer régulièrement sur les nouvelles substances mises en circulation. Alors le seul moyen d'en être certain, c'est de ne pas les acheter et de préparer vous-même votre nourriture. Les quelques minutes « perdues » à cuisiner chaque jour vous permettront sûrement de profiter quelques années de plus de votre retraite en bonne santé.

Rien qu'en mangeant, le Français de base absorbe 120 résidus chimiques en une seule journée. Nos enfants viennent au monde avec plus de 287 molécules chimiques étrangères dans le sang dont 180 sont cancérigènes pour l'Homme ou l'animal, 217 sont toxiques pour le système nerveux central, 208 provoquent des malformations chez l'animal.[219]

Beaucoup de ces substances chimiques sont tolérées jusqu'à un certain seuil, d'autres ne sont pas tolérés du tout. Une fois que la dose limite est dépassée, le composé peut menacer notre santé. Ce seuil indique seulement dans quelle mesure un corps en bonne santé est capable de s'en accommoder. Mais pour cela il va travailler plus que de coutume. Et si les études sont faites de façon « isolée » et sur des animaux, l'homme lui est envahi de substances étrangères, de stress physiques et psychologiques qui influent sur les capacités défensives du corps, sans parler de ses prédispositions génétiques. En plus des effets cocktails possibles, notre corps dépensera encore plus d'énergie à combattre et éliminer ces substances étrangères. Ce combat finira par laisser des traces au bout de quelques années.

Ces produits toxiques ont une place de choix dans notre régime alimentaire. Lui aussi est imposé par le pouvoir de l'argent. Il est là pour mettre de l'huile sur le feu.

3.2 Le régime occidental

La mise sous tutelle économique et culturelle du plan Marshall va profondément changer nos produits de consommation. Les jeans débarquent, le *Rock'n roll*, puis le Hip-hop. Nos cuisines deviennent américaines, au sens propre, tout comme nos réfrigérateurs. Notre alimentation ne pouvait que suivre le mouvement. Aujourd'hui, *Fastfood, Corn Flex, Ketchup* ou *Sandwich* sont entrés dans le langage courant à grand renfort de publicité. Avec elle, cancer, obésité, diabète, Alzheimer et autres « maladies de civilisation » ont pris de l'ampleur.

Pour appâter le client et lui faire croire qu'il deviendra un Homme meilleur, plus séduisant, plus intelligent ou plus fort en achetant son produit, les grandes marques n'hésitent pas à violer nos esprits jusqu'au plus profond de notre inconscient.

---

[219] *Cash investigation - Produits chimiques : nos enfants en danger*, Martin Boudot, France 2.

Propaganda[220]

> *La publicité, c'est la science de stopper*
> *l'intelligence humaine assez longtemps pour lui*
> *soutirer de l'argent.*
>
> Stephen Leacock

Le pionnier dans l'art de la propagande 2.0 se prénommait Edward Bernays, neveu d'un certain Sigmund Freud. Il s'inspira des idées de son oncle sur l'inconscient pour l'appliquer à la psychologie des masses développées par Gustave Le Bon et Wilfried Trotter, un véritable coup de maître qui changea la face du monde. Grâce à ses idées révolutionnaires, il réalisa bon nombre de coups de pub qui pouvait modifier la façon de voir le monde d'une nation entière. Le plus connu étant celui organisé pour l'industrie du tabac.

À l'époque, les femmes ne pouvaient pas fumer en public et seule la gent masculine avait l'honneur de se jaunir les dents sans être défigurée par les passants. Pour ouvrir un nouveau marché aux cigarettiers, Bernays élabore en 1929 un coup fumeux. Dans un contexte Américain où les femmes veulent leur émancipation, il invite des journalistes à une manifestation de féministes. Sur les mots « allumez les torches de la liberté », les femmes qui composaient le cortège allumèrent leurs cigarettes. Les journalistes n'en perdirent pas une miette et le scandale fit les gros titres, le premier *buzz* était né. En signe de rébellion les femmes du pays se mirent à fumer. Et voilà comment la clope fut associée à l'idée du rebelle et comment la femme accéda à son « indépendance » grâce à ce poison. Pour apporter un peu de science à tout cela, Bernays travailla de concert avec l'Association des Médecins Américains pour « prouver » au public que fumer était bénéfique pour la santé. Un stratagème utilisé par les multinationales encore de nos jours.

Bernays fit d'autres coups d'éclat : le petit déjeuner du président Américain en compagnie d'une célébrité pour regonfler sa popularité

---

[220] Livre d'Edward Bernays paru en 1928.

ou encore le « petit déjeuner Américain » à base d'œuf et de *bacon*, « recommandé » par des médecins.

Avec l'aliénation verte, le *Farm Bill* et la PAC, la production se met à croître fortement et l'industrie agroalimentaire va tout faire pour inciter les citoyens à consommer davantage de leurs produits. En France dès 1954, le gouvernement de Mendes France va par exemple promouvoir la consommation de lait. Copiant les Américains, il conseille à la population d'en boire à toute heure de la journée. Dans les écoles, sur la table des ministres et même dans les soirées branchées de la capitale, le lait est partout. Cette mode est maintenant bien ancrée dans nos mœurs. Encore de nos jours, le vainqueur des 500 Milles d'Indianapolis célèbre sa victoire non pas au champagne, mais avec une bouteille de lait. En France, officiellement « les produits laitiers sont nos amis pour la vie ». Sur quoi repose cette décision ? Uniquement sur l'aspect économique. Les « atouts » santé, non fondés, sont venus ensuite se greffer sur la propagande existante pour en faire un argument marketing de plus.

On fit avec la nourriture ceux que l'on fit avec la télévision. On enlève la culture – du goût – au sens large et à la place s'est installée une bouffe spectacle, sans substance, compulsive qui joue sur nos bas instincts et qui nous abrutit. Du plaisir pur, quitte à se tuer en mangeant le produit. Là encore, le manque d'instruction pour filtrer l'information fait défaut.

Les grandes marques nous ciblent dès le plus jeune âge pour que nous devenions de bons clients. Aux États-Unis, tous les criminels du pays devant leurs juges – comme leurs Présidents d'ailleurs – posent encore la main sur la Bible pour prêter serment. Dans ce même pays, une majorité d'enfants ne savent pas qui est Jésus. Par contre ils connaissent tous Ronald Mc Donald.[221] La mascotte de cette chaîne de *fast-food* produit des frites ou des hamburgers qui ne se décomposent pas, même des années après leur préparation.[222] Ils ont créé la frite éternelle, un vrai miracle ! Vous comprenez mieux pourquoi Jésus et sa

---

[221] *Supersize me*, Morgan Spurlock, 2004.

[222] http://jefouinetufouines.fr/2013/11/06/happy-meal-project-3-ans-apres-burger-frites-toujours-intact/

misérable multiplication des pains ne fasse pas un malheur auprès des petits Américains.

Le matraquage publicitaire est incroyablement efficace et s'adresse aussi bien aux adules qu'à leurs enfants. Ces derniers se font littéralement lobotomiser par des entreprises pour qu'ils deviennent des clients à vie. Et ça marche. Devant des frites identiques, mais présentées dans un emballage neutre ou dans un emballage Mc Donald, tous les enfants trouvent bien meilleure celle qui proviennent de l'emballage de la multinationale. Cela fonctionne aussi sur l'adulte. Un cola, est jugé meilleur au goût dès qu'on écrit Coca-Cola sur l'emballage[223] – alors qu'à l'aveugle ils préfèrent le Pepsi. Les marques nous ont formatés au point de modifier notre perception du goût.

Pour aller plus loin que Bernays, la recherche se fait en ce moment directement dans notre cerveau. Le neuro-marketing étudie en direct la façon dont votre encéphale réagit à une publicité ou à l'organisation des rayons du supermarché. Le but est de casser les barrières du conscient pour vous insuffler le désir d'acheter le produit cible. Un désir qui s'exprime par une pulsion qui doit être assouvie à tout prix. La guerre est déclarée à notre libre arbitre.

Si la pub ne suffit pas, l'État prend le relais. L'Éducation Nationale apprend à vos bambins ce qu'est une alimentation « équilibrée ». Le repas modèle contient un laitage, une céréale et une viande, soit exactement les produits les plus subventionnés par notre PAC. Évidemment ces notions de nutrition sont encadrées par de *vrais* professionnels. Encore tout récemment notre ancien ministre de l'Éducation Nationale, Vincent Peillon, signa un contrat avec la CEDUS (centre d'étude et de documentation du sucre) pour qu'il enseigne la diététique dans nos écoles. « Depuis 70 ans, via le CEDUS – leur organisme de propagande, les industriels du sucre pervertissent pouvoirs publics, médecins et médias dans le seul but de nous faire consommer plus. »[224] La dernière mode c'est le « 5 fruits et légumes par jour », un grand pas en avant qui ressemble presque à un conte de fées.

---

[223] *TV lobotomie*, Michel Desmurget, Max Milo éditions, 2012, p : 152-153

[224] http://www.lanutrition.fr/bien-dans-son-assiette/aliments/sucre-et-produits-sucres/sucre/le-lobby-du- sucre.html

Mais il y a de fortes chances que ce ne soit qu'un *remake* de Banche Neige s'ils ne sont pas bio. Oui, nos pommes comme le reste des végétaux issus de l'agriculture industrielle sont empoisonnées aux pesticides.

Les grandes marques se font même expertes en conseil nutritionnel. Kraft food – devenu Mondelez – n'hésite pas à donner une conférence sur le diabète et clame que ses biscuits ne nuisent pas à nos enfants. Pourtant il suffit de lire l'emballage pour constater que souvent c'est plus de la moitié du biscuit qui est constitué de rien d'autre que du sucre raffiné qui, je crois, consommé en grande quantité est lié à un certain type de diabète non ? Chaque individu consomme plus ou moins de calories selon son sexe, son l'âge, sa corpulence, son activité physique et son état général. Un enfant ne consomme certainement pas quotidiennement 2500 calories comme c'est inscrit sur le paquet de biscuit qu'il mange au goûter. Il devrait donc faire des recherches et de nombreux calculs pour trouver qu'elle quantité de biscuit il doit manger par jours pour ne pas dépasser les recommandations nutritionnelles conseillées à son âge. Tant de complexité volontairement gardée alors qu'un simple code couleur pourrait être mis en place pour que le produit soit compris de tous, surtout des enfants. C'est ce que voudrait mettre en place le gouvernement, mais il a déjà perdu le bras de fer avec les industriels plusieurs fois. Déjà en 2010, le Parlement Européen voulait mettre en place des feux tricolores sur les étiquetages, mais l'industrie agroalimentaire a investi 1 milliard d'euros pour faire une compagne contre cette idée et a même approché directement les députés. Campagne couronnée de succès puisqu'il aura fallu six ans pour que l'idée refasse surface. Nous verrons combien ils mettront sur la table cette fois pour acheter le politique.

Nous nous laissons charmer par l'industrie agroalimentaire à l'école, mais aussi dans les instituts et autres organisations censées veiller sur ce que nous mangeons. Le *revolving door* et les conflits d'intérêts sont devenus des pratiques courantes, les petits cadeaux aux députés aussi.[225] Le ver est dans la pomme. Il n'y a pas si longtemps, c'est une certaine société basée à Atlanta qui s'est fait prendre la main dans le sac. Coca-Cola a versé 1,5 million de dollars à un groupe

---

[225] Sucre : comment l'industrie vous rend accros, Cash investigation, France 2

d'expert bidon qui disait à qui voulait l'entendre qu'il n'y avait « aucune preuve tangible » que leur soda soit une cause de l'obésité.[226]

Quand vous voyez en France que 58% du public de *Qui veut gagner des millions* ne sait pas que c'est la Lune qui gravite autour de la Terre – ils avaient le choix entre : la lune, le soleil, mars et vénus[227] –, vous imaginez aisément que les lacunes en matière de nutrition d'un consommateur *lambda* doivent être abyssales. Qui sait qu'il est possible d'obtenir des protéines avec des légumes ? Que le calcium se trouve aussi des fruits et des légumes ? Que les produits allégés fassent grossir sur le long terme ?[228] Que la nourriture peut influencer aussi bien son physique que son mental ?

Le problème des sucres

Les Français consomment en moyenne, et dès le plus jeune âge, 100 grammes de sucre raffiné par jour. L'OMS recommande au maximum d'en consommer 50 grammes par jour pour un adulte, soit l'équivalent de dix morceaux de sucre, et 25 grammes pour les enfants au maximum.[229] Une simple canette de soda contient environ sept morceaux de sucre et devrait donc être proscrite chez les plus jeunes. Aux États-Unis, le modèle que suivent les Européens, 80% des produits proposés contiennent du sucre, c'est le pays où on consomme le plus de sucre au monde...

En plus du sucre raffiné, notre alimentation regorge d'autres formes de forme de sucres comme le fructose, le lactose ou l'amidon. L'ensemble des sucres forment la famille des glucides, le carburant préféré de nos organismes. Dans notre corps ces glucides peuvent devenir nocifs s'ils sont présents en trop grande ou trop faible concentration dans notre sang. Pour le maintenir à un niveau optimal de 1g/L de sang, le corps utilise des hormones comme l'insuline ou le

---

[226] http://sante.lefigaro.fr/actualite/2015/12/02/24364-obesite-strategie-desinformation-coca-cola-tombe-leau

[227] https://www.youtube.com/watch?v=ekmtqODjrSI

[228] Les produits allégés font grossir, Envoyé spécial, France 2

[229] http://www.lepoint.fr/invites-du-point/didier_raoult/il-faut-diviser-notre-consommation-de-sucre-par-trois-22- 04-2014-1815066_445.php

glucagon. Grâce à l'insuline par exemple, l'excès de glucide sera transformé en glycogène dans le foie et les muscles puis sous forme de graisse quand ces réserves sont pleines.

Le problème du régime occidental est qu'il apporte non seulement beaucoup de glucide, mais en plus il regorge d'aliments industriels raffinés ou dénaturés qui ont la fâcheuse tendance à faire augmenter rapidement notre glycémie. Face à une montée de la glycémie forte et rapide, le corps peut rapidement être débordé. En réponse il libérera une forte dose d'insuline qui finit par engendrer une hypoglycémie dite réactionnelle. L'afflux d'insuline perturbe l'information de satiété et comme votre glycémie est faible vous aurez la sensation d'avoir encore faim malgré le copieux repas que vous aurez déjà ingurgité. Le même phénomène se produit, sans manger exagérément, rien qu'en avalant du glutamate monosodique ou de l'aspartame.

Globalement, les produits industriels auront un indice glycémique (IG) toujours plus élevé que des aliments non transformés. Plus l'IG est élevé, plus l'aliment libère rapidement les glucides qu'il contient dans la circulation sanguine. Une consommation trop importante de ce type d'aliment dans le même repas favorisera l'apparition de l'hypoglycémie réactionnelle. Vous aurez pris beaucoup de calories, mais elles seront mal exploitées par votre corps et finiront probablement en graisse. Comme les glucides sont les plus facilement exploitables par l'organisme humain vous vous sentirez affaibli. Alors le corps n'hésitera à vous en réclamer et la sensation de faim reviendra rapidement.

Si à l'inverse vous mangez la même quantité de calorie, mais composée cette fois-ci d'aliment à l'indice glycémique faible et d'aliment plus simple à exploiter pour le corps, la métabolisation du sucre sera mieux contrôlée et le corps aura du carburant à disposition sur une plus longue période sans nécessairement atteindre le seuil de la sécrétion d'insuline. Conséquemment vous aurez de l'énergie disponible plus longtemps et la sensation de faim reviendra moins vite.

Parmi les aliments à l'IG les plus élevés, nous retrouvons la baguette de pain blanc qui est talonné de près par la pomme de terre cuite au four. Ils font monter votre glycémie plus vite que du sucre raffiné. Mais si au cours du repas vous mangez une ou plusieurs formes de sucre qu'on retrouve dans le blé, les produits laitiers, ou pur comme dans le soda ou les gâteaux, vous aurez une glycémie qui montera en flèche et vous aurez droit à une forte sécrétion d'insuline.

Manger autant de glucides à IG élevé et régulièrement finit par devenir risqué. Le premier problème est la prise de poids. Malgré ce que disent les pubs pour vendre leurs produits allégés en matière grasse, ce n'est pas la consommation de graisse – mais en surconsommer fait évidemment aussi grossir ! – qui fait le plus grossir, mais la surconsommation de sucre. Les graisses de bonne qualité sont au contraire très importantes pour votre cerveau, comme les oméga-3 à longue chaîne, ou notre système cardiovasculaire par exemple, mais nous n'en consommons pas assez.

Ensuite, vous risquez de développer une résistance à l'insuline ou fatiguer dangereusement votre pancréas qui produit l'insuline. Votre corps n'arrivera plus à réguler sa glycémie et c'est le diabète de type 2 qui s'invite avec ses complications cardiovasculaires. Selon la fédération internationale des diabétiques, dans le monde 485 millions de personnes devraient être touchées par cette maladie en 2030 contre 285 millions en 2010.

Enfin, le sucre fait vieillir prématurément. Une glycémie élevée entraîne le processus de glycation, impliqué dans le vieillissement.

Des carences

Nos aliments sont produits dans l'unique idée du rendement, puis malmenés et dénaturés par l'industrie agroalimentaire. Après tant de *Progrès*, nos produits star, présentés sous le feu des projecteurs, ont autant de consistances que des mannequins anorexiques sous cocaïne. La qualité est laissée de côté. Certains magazines nous disent que la teneur en vitamine C de la pomme fut divisée par cent depuis 1950, que sur la même période le brocoli a vu sa teneur en calcium divisée par quatre.[230] Mais ces affirmations sont pour le moins simplistes. Il est difficile de juger de la perte en nutriment puisque les variétés ne sont

---

[230] http://www.marieclaire.fr/,une-pomme-d-aujourd-hui-c-est-100-fois-moins-de-vitamine-c-qu-en-1950,732224.asp

plus les mêmes. De plus l'évolution de la technique rend la précision des études discutables.

Néanmoins, Donald Davis, un expert de la question, nous dit : « Les efforts pour cultiver de nouvelles variétés offrant de meilleurs rendements, une résistance aux insectes et une meilleure adaptation aux conditions météo ont permis aux plantations de croître plus et plus rapidement, mais la capacité des variétés à produire des nutriments n'a pas suivi cette croissance rapide. »[231]

Je dirais que c'est une erreur de scientifiques anthropocentriques trop pressés et d'industriels cupides. Comme le montre Pascal Poot avec ses tomates, la sélection naturelle de variétés libres de droits sur une ou plusieurs décennies nous aurait apporté aussi bien la quantité que la qualité. Mais aucune entreprise ne s'est engagée sur cette voie, car il n'avait rien à gagner.

Selon Denis Riché, le choix de la quantité a fait chuter en moyenne la teneur en vitamines, en fer et en calcium de 30% dans nos aliments.[232] Dans une approche plus pragmatique, comparez le goût d'une fraise, une salade ou encore une courge du supermarché et leur équivalent « bio » issu de votre jardin. C'est sans commune mesure. Idem avec la viande ou le lait. Le goût va de pair avec la concentration en nutriments.

Les vitamines, minéraux et oligoéléments sont très importants dans les réactions métaboliques de notre corps. Une carence d'un élément va déclencher une myriade de réactions de compensation et de réajustement. Si la carence se prolonge, le corps se détraque et se fatigue à essayer de maintenir un équilibre précaire qui finit par affaiblir les fonctions du corps. Un corps affaibli devient la cible des maladies.

Prenons l'exemple du syndrome d'immunodéficience acquise (SIDA). (Nous n'entrerons pas dans le débat sur le lien entre VIH et SIDA soulevé entre autres par Peter H. Duesberg auteur de *L'invention du virus du sida*, du biologiste d'Harvard Dr Charles A. Thomas ou du

---

[231] http://www.lemonde.fr/les-decodeurs/article/2016/10/12/qualite-nutritive-des-aliments-des-inquietudes-et-des-exagerations_5012617_4355770.html

[232] *Epinutrition du sportif*, Denis Riché, De Boeck supérieur, 2017, p : 78.

Dr Gordon Stewart. Nous partons du principe que le VIH cause le SIDA). Le SIDA, qui gangrène tout particulièrement l'Afrique, verrait sa transmission ralentie si les populations avaient accès à une alimentation équilibrée. C'est ce que pense Luc Montagnier, co-prix Nobel de médecine en 2008 pour la découverte du virus d'immunodéficience humaine (VIH). Le virus de la grippe ne contamine pas 100% des individus exposés, seuls les systèmes immunitaires affaiblis développent la maladie. Pourquoi le VIH serait-il différent ? Le professeur déclare face caméra :

Je crois qu'on peut être exposé au VIH plusieurs fois sans être infecté de manière chronique. Si vous avez un bon système immunitaire, il se débarrassera du virus en quelques semaines. Et c'est cela aussi le problème des Africains : leur nourriture n'est pas très équilibrée, ils sont dans un stress oxydatif, même s'ils ne sont pas infectés par le VIH. À la base, leur système immunitaire ne fonctionne pas bien, et donc peut permettre au virus de rentrer dans l'organisme et d'y rester. [...] De nombreuses solutions existent pour réduire la transmission, qui sont de simples mesures d'alimentation – en donnant les bons antioxydants – et des mesures d'hygiène – en combattant les autres infections. Ces mesures ne sont pas spectaculaires, mais elles peuvent parfaitement réduire l'épidémie au niveau de ce que connaissent les pays occidentaux.[233]

Rappelons que les Africains sont dans une situation alimentaire désastreuse en grande partie à cause de l'OMC, de la PAC et du *Farm Bill*, qui les empêche d'acquérir une souveraineté alimentaire.

Dans les pays riches, le bizness des compléments alimentaires s'est immiscé là où l'alimentation devait jouer son rôle. Le supplément vient combler les possibles carences, mais il se monnaie à prix d'or. Ici aussi c'est un repère de charlatans.

La supplémentation pose de nombreux problèmes. Avant tout il faut trouver la source de la carence ce qui n'est pas si simple. Une carence en cuivre peut amener à une carence en fer ou une carence en zinc par exemple. Ainsi, rendre uniquement du zinc pour combler sa carence en zinc n'est pas la meilleure idée puisque les composés

---

[233] *House of numbers : Anatomy of an Epidemic*, Brent Leung (2009)

interagissent et influencent l'absorption des autres éléments. La Figure 1 va vous donner une idée de la complexité de la chose.

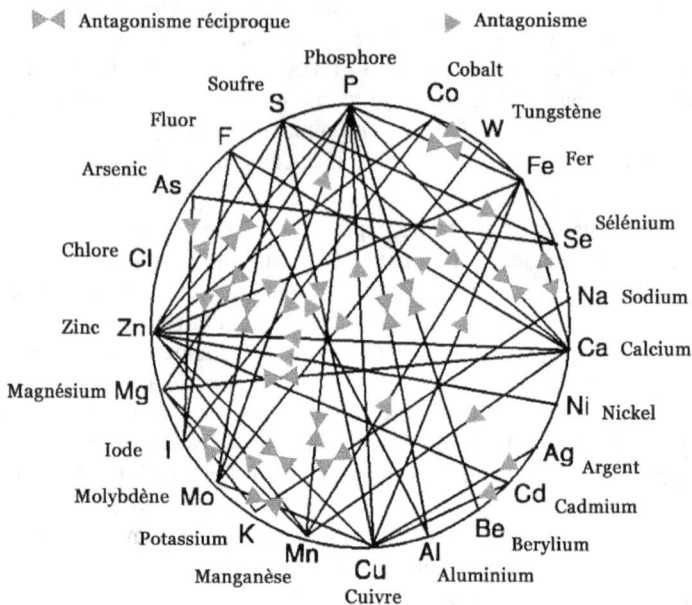

Figure 1 : Relation entre les différents minéraux durant l'absorption intestinale.[234]

Prenons l'exemple du calcium et du magnésium. Le calcium est en compétition avec le magnésium pour être absorbé par la paroi intestinale. Imaginons que vous mangez des plantes carencées en magnésium – à cause d'un sol trop riche en potasse typique de l'agriculture industrielle – et que durant le même repas vous consommiez des produits laitiers riches en calcium. Ce calcium empêchera le peu de magnésium d'être absorbé. Cela s'observe dans la population. La carence en magnésium des aliments couplé à une surconsommons de produit laitier, nous donne un taux de magnésium dans notre sang qui est en chute libre. Sa teneur a parfois baissé de 25% sur 10 ans.

---

[234] http://prmarchenry.blogspot.com/2015/02/absorption-des-mineraux.html

Pour ne rien arranger, la capacité de la paroi initiale à absorber ces minéraux dépend aussi de la présence ou non de vitamine. La vitamine D par exemple favorise la bonne assimilation du calcium, tout comme la vitamine C celle du fer non hermétique. Mais l'action d'une vitamine peut être facilitée ou inhibée par la présence d'autres vitamines (Figure 2).

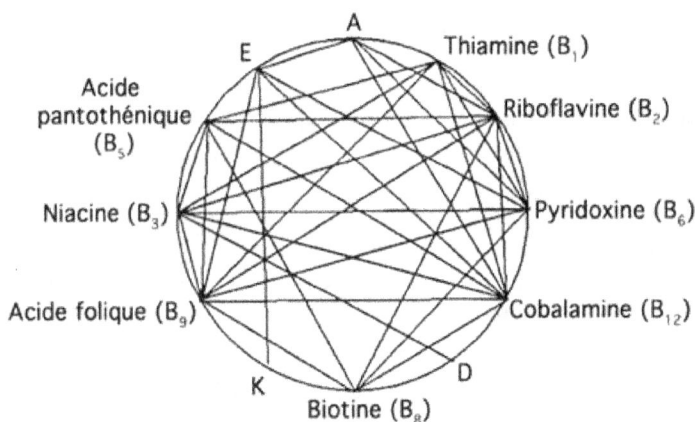

Figure 2 : relations synergiques, connues, entre les vitamines.[235]

D'autres facteurs peuvent encore perturber l'absorption des nutriments comme la prise d'alcool, d'antibiotique, d'un café ou s'adonner au tabagisme.

Même si vous arrivez à déterminer l'origine de la carence, il faudra encore apprécier les besoins ce qui nécessite des tests parfois complexes. La supplémentation à l'aveugle peut donner des effets contre-productifs ou tout simplement être nuisible.

Dépasser les 1 gramme de supplémentation en vitamine C par jour suffit à altérer la performance du sportif par exemple.[236] Une surdose en vitamine E, en zinc ou en sélénium peut être toxique pour la cellule. La

---

[235] *Ibid.*

[236] Micronutrition et nutrithérapie optimisation des performances, Jérôme Manetta, Sparte, 2017, p : 36

vitamine A et E sont antioxydants en petite quantité. Si elles sont prises sous forme synthétique et en excès ils peuvent avoir l'effet inverse et peuvent par exemple favoriser certains cancers. Elles sont pourtant ajoutées un peu partout dans les produits alimentaires transformés.

Certains composés synthétiques s'éliminent bien, comme la vitamine B, C, le potassium ou le sodium. D'autres offrent plus de résistances. Les vitamines liposolubles (A, D, E, K) restent plus longtemps dans l'organisme et peuvent déclencher une hémorragie ou attaquer votre microbiote intestinal. Mais comme la nature est bien faite, il est impossible de s'intoxiquer aux vitamines naturelles provenant d'aliments non transformés, le vivant reconnaît le vivant.

Pour que le corps fonctionne de façon optimale et ne tombe pas malade par exemple, il ne doit jamais être en carence. Pour cela il faut lui apporter la bonne quantité de nutriment très régulièrement. Pour atteindre cet objectif, rien n'est mieux qu'une alimentation variée, équilibrée et la moins transformée possible, nous y reviendrons.

Obésité

> *Dieu a dit : "Je partage en deux, les riches ont de la nourriture, les pauvres de l'appétit".*
>
> Coluche

Si les « gros » sont ainsi, c'est qu'ils mangent trop et qu'ils ne font pas assez de sport, nous dit-on. S'ils se retrouvent avec ce physique, ce serait entièrement de leur faute et ils ne peuvent s'en prendre qu'à eux même. Pourtant depuis la découverte du lien entre la perte de poids et l'activité sportive par le Dr Jean Mayer dans les années 50, le monde s'est mis au sport. Le culte du corps a fait son apparition grâce aux navets Américains où bimbos siliconées et montagnes de muscles *créatinisées* devinrent les nouveaux standards de beauté que tous essayèrent d'imiter avec les merveilleux appareils proposés par le télé-achat et les émissions fitness du matin. Pourtant plus le peuple s'entraînait, plus l'obésité gagnait du terrain. Pourquoi ?

Dans les pays riches et en développement, ce sont les populations les plus pauvres qui sont les plus affectées par l'obésité. La cause n'est pas le manque d'activité sportive, mais la qualité des aliments à bas prix qu'ils consomment. Les produits les moins chers sont remplis de produits gras, sucrés et d'additifs alimentaires comme le glutamate monosodique. Cette *junk food* ou malbouffe comme on l'appelle, jouissent de matières premières bon marché issues des généreuses subventions de la PAC et du *Farm Bill*.

Notre modèle sociétal est dominé par les Américains. Notre alimentation, comme tout le reste, converge vers leurs standards. Les USA ont un taux d'obésité moyen chez l'adulte de 34,9%. L'Américain moyen pèse 11kg de plus qu'en 1960.[237] Les chercheurs ont aussi découvert qu'un individu peut être en apparence mince, mais avoir un métabolisme d'obèse. Les Anglo-saxons les appellent des TOFI : *thin-outside-fat-inside*, mince à l'extérieur gras à l'intérieur. Ils sont prédisposés aux mêmes risques qu'un obèse conventionnel : accident vasculaire cérébrale, problèmes cardiaques, diabète... Obèse et TOFI représentent plus de 50% de la population Américaine ! En 2012, 15% des Français étaient obèses, aujourd'hui 19%. Le phénomène a tendance à stagner en France, mais explose dans le monde et touche un public de plus en plus jeune. Si les choses suivent leur cours, dans 20 ans 95% des Américains seront obèses et en 2050, un américain sur trois sera atteint du diabète... Nous aussi ?

3.3 L'idiocratie

Notre modèle nutritionnel dicté par les lobbies et subventionné par la PAC fait plus que nous rendre malades, il nous abrutit et modifie nos comportements. Le cerveau consomme plus d'énergie que n'importe quel organe du corps humain, il est donc normal qu'il soit directement impacté par la qualité de ce que nous mangeons. L'état de dénutrition – quand on absorbe moins d'énergie qu'on en utilise – a par exemple un effet débilitant. L'alimentation influence radicalement nos comportements en société, elle influence aussi bien notre humeur, notre mémoire et même notre perception de la douleur.

Cognition et comportement

La malbouffe rend stupide, c'est *grosso modo* la conclusion de l'étude menée par des chercheurs Australiens. Agrémenter sa viande

---

[237] http://www.lapresse.ca/vivre/sante/201409/04/01-4797231-etats-unis-le-taux-dobesite-intolerablement-eleve.php

transformée – de l'élevage industriel – d'une boisson sucrée et d'un plat salé régulièrement sur quelques années rétrécie la taille de notre hippocampe, une zone essentielle pour l'apprentissage spatial, et altère notre mémoire ainsi que nos capacités cognitives et ce dès le plus jeune âge. La performance des consommateurs de malbouffe de l'étude était décevante en matière de capacités cognitives, de vitesse, d'attention et d'humeur.[238] La malbouffe vous rend aussi triste sur le long terme.[239]

La dose de sucre, de graisse et de sel est savamment étudiée par l'industrie. Quand leur équilibre est parfait, elle déconnecte notre cerveau de notre estomac. La sensation de satiété disparaît et nous nous goinfrons, ce qui ravit l'industrie qui peut nous vendre encore plus de leurs produits de bas étage. En plus du phénomène d'abrutissement, la malbouffe finira par nous rendre malades et un peu plus pauvres.

La viande obtenue par la méthode intensive n'est pas fameuse. Des suites d'un régime contre nature, elle renferme de la graisse remplie d'oméga-6, mais aussi des traces d'antibiotiques et d'autres toxines. Cette viande altère l'apprentissage spatial et la mémoire temporelle chez l'animal qui la consomme. Si l'animal suivait un régime alimentaire naturel, sa viande contiendrait de l'oméga-3 qui lui participe à la conservation de la mémoire et la réflexion.

Pour devenir un cancre, il vous faut aussi du sucre. Vous savez à présent qu'un apport excessif de glucide à l'indice glycémique élevé déclenche une sécrétion, elle aussi excessive, d'insuline. Le taux de sucre baisse alors fortement, c'est l'hypoglycémie réactionnelle. Pour retrouver une glycémie proche des 1g/L de sang, le corps va stimuler les glandes surrénales pour produire de l'adrénaline, de la noradrénaline et du cortisol qui plonge alors l'individu dans un état de nervosité. Durant la phase d'hypoglycémie, le cerveau va en plus sécréter du glutamate, un fort excitateur, qui crée un état d'hyperactivité. Ce n'est pas par hasard si 60% des enfants hyperactifs ont un membre de leur

[238] https://fr.sputniknews.com/sci_tech/201510041018582987-malbouffe-cerveau-memoire-dommage/#ixzz3najWES5L

[239] http://www.futura-sciences.com/sante/questions-reponses/nutrition-sont-consequences-malbouffe-notre-cerveau-6939/

famille qui a un problème avec les glucides – diabète, obésité, alcool. Cet état d'hyperactivité est synonyme de trouble d'attention.

En 1986, Jane Goldman donna à des enfants une dose de sucre sous la forme d'une canette de Coca-Cola. Trente minutes après et pendant une heure et demie les performances cognitives des gamins ont baissé de manière significative avec un effet maximum une heure après l'ingestion. Ceux qui ont bu du soda faisaient deux fois plus d'erreurs que ceux qui n'en buvaient pas.

Et enfin, les additifs alimentaires vous font obtenir le bonnet d'âne. On en compte des centaines et beaucoup d'enfants sont intolérants à ces produits, mais l'ignorent. Leurs parents pensent que leur progéniture est juste « difficile ». En 1985, Egger et Carter, prennent en charge 76 enfants hyperactifs. Il leur donne un régime alimentaire sain, dépourvu d'additifs. 82% des enfants ont vu leur état s'améliorer et 28% ont retrouvé un état normal.

Une autre expérience fut menée dans une école. Il était demandé aux enfants – avec la complicité de leurs parents – de ne plus rien manger qui pourrait contenir des additifs alimentaires. En deux semaines 60% des enfants se comportaient mieux. Aucun élève ne fut collé durant ces deux semaines tandis qu'habituellement l'école en comptait six chaque semaine. Les écoliers étaient plus attentifs et moins impulsifs. Un régime sans additifs alimentaires donne des élèves plus attentifs et plus sociables.[240]

Au moins la moitié des additifs autorisés font l'objet de controverse. Citons quelques nocifs reconnus. Le colorant azoïque provoque le syndrome Zappel-philipp – forte agitation motrice.

Le phosphate inorganique alimentaire est incriminé dans l'hyperactivité.[241] Il est présent dans les fromages fondus, jambons, charcuteries, dans l'amidon modifié pour les sauces, la poudre à lever

---

[240] *Les enfants : tubes à essai sur pattes*
https://www.youtube.com/watch ?v=Fs-N0Gjf4C8

[241] http://www.soignez-vous.com/alertes-sante/phosphates-dans-l-alimentation-les-enfants-pousses-au-bord-de-la-folie/

dans les biscuits, les sodas comme le Coca… Dans le Coca il est mélangé avec du sucre et de la caféine, un cocktail explosif particulièrement chez les plus jeunes. Citons aussi la tartrazine (E102) ou le benzoate de sodium (E211) qui rendent aussi les enfants hyperactifs.

Il est clair que la nourriture industrielle sponsorisée par les lobbies ne fera pas de nous des surdoués. Le Docteur Blaylock pense même que la baisse de 14 points du quotient intellectuel (QI) des Occidentaux sur les 100 dernières années[242] serait liée à notre nourriture. Il constate aussi une baisse des QI élevés dans la population. De plus, la population obèse et en surpoids ont respectivement 8% et 4% de matière cérébrale en moins que la population ayant un poids normal.[243] Il est vrai que la taille de notre cerveau et nos performances cognitives n'ont pas un lien de cause à effet – le cerveau d'Einstein était d'une taille normale –, mais ici ce sont des zones stratégiques qui sont affectées comme l'hippocampe, impliqué dans la mémoire à long terme. Il semble évident que les dîners qui nous sont servis par l'industrie fassent de nous des François Pignon.

La vraie question c'est de savoir ce qui se passe quand vous donnez une alimentation de qualité à un organisme humain.

Pendant 9 semaines, on a proposé à des étudiants américains dont la nourriture était essentiellement composée de chips, cola, café, sucres raffinés, chocolat, pizzas, conserves, vitamines de synthèse, de la remplacer par un autre régime. Ce dernier était basé sur une nourriture équilibrée atoxique et d'origine biologique, sans conservateurs, additifs, ni autres produits chimiques, pesticides, herbicides, etc. Au bout de cette période d'environ deux mois, les résultats universitaires des étudiants avaient progressé de 44%, et en outre une augmentation de leur QI de 10 à 20 points a été relevée.[244]

---

[242] https://www.yahoo.com/news/blogs/sideshow/researchers-western-iqs-dropped-14-points-over-last-180634194.html ?ref=gs

[243] http://exploringthemind.com/the-mind/does-being-overweight-make-you-stupid

[244] http://www.carevox.fr/enfants-ados/article/l-alimentation-peut-elle

Vous savez donc ce qui vous reste à faire pour que vos enfants réussissent à l'école.

Ce résultat pourrait être encore amélioré si nous supprimions notre apport en fluor. Grâce aux sucres, le nombre de carries a sérieusement augmenté pour le plus grand bonheur des professionnels de la fraise dentaire. Ce n'est pas un hasard si la barbe à papa fut inventée par un dentiste... Pour combattre ces méchantes caries, le mythe du fluor est né.

Le fluor est un déchet de l'industrie de l'aluminium qui devient du jour au lendemain, grâce à l'entreprise Alcoa, un « ami » de vos dents. Comme d'habitude, l'industriel finance un institut de recherche bancal effectuant des tests qui trouvent des propriétés miracles à son poison. Et voilà le déchet qui devient de l'or. Il aiderait à combattre les caries, mais uniquement dans une fourchette bien précise. Au-dessous les effets sont au mieux négligeables, au-dessus le fluor devient nocif pour nos dents,[245] et l'excès arrive vite. Nous retrouvons le fluor dans les dentifrices, l'eau, le thé – surtout bon marché –, le sel de table fluoré... Depuis 1993, une réglementation impose l'usage de sel fluoré dans les cantines scolaires pour la santé dentaire.[246]

Ce fluor a un autre effet, le Docteur Joseph Mercola dit qu'il rend les gens dociles, qu'il conduit à la perte du sens critique et de la mémoire. Pas étonnant que les nazis en ajoutèrent à l'eau des camps de concentration. Aujourd'hui cette propriété est toujours utilisée puisque le fluor est un composant essentiel des psychotropes comme le Prozac et des anesthésiques.

Ce merveilleux déchet de l'industrie provoque, selon des chercheurs d'Harvard, une baisse de 7 points du QI.[247]

---

[245] *Fluor, un ami qui vous veut du mal*, Audrey Gloaguen, France 5.

[246] http://www.aubonsens.fr/content/35-le-fluor

[247] http://www.globalresearch.ca/harvard-study-fluoride-lowers-childrens-intelligence-by-7-iq-points/5368216

Addiction

Les produits auxquels nous sommes intolérants nous rendent accros. Mais ils ne sont pas les seuls, le sucre raffiné en est lui aussi capable. Le premier à le dire fut un chercheur du CNRS, Serge Ahmed. Grâce à ses expérimentations, il montra que plus de 80% de ses rats de laboratoire, tous accros à la cocaïne, préféraient consommer de l'eau sucrée plutôt que d'obtenir un shoot de cocaïne administré directement dans la circulation sanguine. L'ingestion de sucre, agissant comme n'importe quelle drogue, provoque la sécrétion de dopamine dans le circuit de la récompense. Voilà pourquoi une prise de sucre vous fait sentir un peu mieux, mais l'effet ne dure qu'un court instant. Nos enfants qui en mangent en moyenne près de 100 grammes par jour auront beaucoup de mal à changer leurs mauvaises habitudes.

Les alcooliques eux aussi ont des problèmes avec le sucre. Aux États-Unis 97% des alcooliques sont hypoglycémiques contre 18% dans la population normale. Quand on régule leur glycémie – en leur offrant une alimentation de qualité, pauvre en sucres rapides –, 71% deviennent sobre contre 25% seulement avec l'aide des « alcooliques anonymes » local. L'hypoglycémie est accompagnée d'une sensation de mal-être. La prise d'alcool apporte beaucoup de calories qui vont corriger la glycémie et supprimer le mal-être. Mais ce n'est que passager, car l'alcool est aussi un agent hypoglycémiant puisqu'il empêche le foie de relâcher des glucides dans la circulation sanguine quand la glycémie baisse. Cet effet hypoglycémiant se ressent particulièrement quand l'alcool est consommé seul.[248] Quand la glycémie redescend de nouveau, le mal-être revient et une prise d'alcool le refait monter. Voilà comment certains plongent plus aisément dans l'alcoolisme. Bien entendu l'apparition de l'hypoglycémie et le sentiment de mal-être qui l'accompagne sont modulés par différents paramètres comme l'état de votre microbiote intestinal, votre génétique, l'existence de carences, votre niveau de stress…

[248] http://www.diabete.qc.ca/fr/comprendre-le-diabete/pratique/mises-en-garde/les-boissons

De vrai Gremlins

Civilisation et violence sont des concepts antithétiques.

Martin Luther King

Souvenez-vous de Gizmo et ses petits copains qu'il ne fallait pas nourrir après minuit sous peine de rendre ces petites créatures fantastiques en d'ignobles démons aussi méchants que vicieux. À peu de chose près, la même chose se produit chez nous lorsque l'on consomme certains aliments.

Le mécanisme d'hypoglycémie réactionnelle est au centre des comportements criminels. Et si en plus, l'individu qui l'expérimente souffre de carences et qu'il consomme de glutamate monosodique – la substance qui transforme une souris en une tueuse de chat –, vous aurez un cocktail détonnant capable de le rendre littéralement fou.

Dans sa conférence, *Nutrition& behaviors*, Russell Blaylock nous parle d'expériences faites dans des prisons de son pays, où une nourriture riche en sucres raffinés, graisses, additifs est remplacée par une alimentation saine :

• 56% des détenus en probation (condamné pour vol) qui ont continué le régime de malbouffe ont commis des actes antisociaux. Contre 8% pour ceux qui ont suivi une alimentation saine (un apport en sucre réduit).

• 47% des détenus en probation continuaient à prendre de la drogue s'ils poursuivaient la malbouffe. Contre 13% avec un régime sain (avec une réduction du nombre de suicidés).

• Dans une prison en Alabama, il passe de la malbouffe à une nourriture saine et c'est 42% d'acte criminel en moins et une baisse de 61% des comportements antisociaux sur 1 an.

Puis il nous parle des effets des carences chez l'adulte. Les plus grosses carences se retrouvaient chez les prisonniers les plus violents. Dans une étude menée dans un centre de redressement pour enfants en Oklahoma, les détenus ont même subi des électroencéphalogrammes qui ont montré 14 anomalies. En changeant leur régime et en comblant leurs carences, les anomalies tombèrent à 2, le tout accompagné d'une réduction de 43% des crimes graves. Il rajoute que même de petites carences sur des éléments bien particuliers peuvent produire des comportements violents.

Le temps ne fait rien à l'affaire[249]

En habituant depuis tout jeune l'enfant à une surconsommation de sucre qui sont cachés un partout – jus de fruit avec du sucre ajouté, biscuits, compotes industrielles…– nous risquons de dérégler leur réponse au glucose et faciliter l'apparition d'hypoglycémie réactive, qui les rendront agressifs. Nous créerons en ce moment même une société d'êtres potentiellement violents. Nous savons que 75% des prisonniers Américains étaient hyperactif petit et que les enfants délinquants ont bu plus de lait que les autres. Donc en plus de la montée du diabète, de l'obésité et autres maladies, nous devons aussi nous attendre à avoir une société de plus en plus violente et composée d'individus incapables de réfléchir. Mais, le malheur des uns fait le bonheur des autres.

Aux États-Unis les prisons privatisées sont devenues un moyen comme un autre de faire de l'argent. Un certain nombre de pauvres qui ne peuvent s'offrir que de la *junk food* finiront par développer des comportements violents à un moment ou un autre. S'ils ne se font pas tuer par le shérif du coin, ils se feront arrêter puis juger. Comme ils n'ont pas d'argent pour se payer un bon avocat, ils finiront derrière les barreaux ou dans le couloir de la mort – particulièrement les noirs.[250] L'Oncle Sam a mis 1% de sa population en prison ![251] Le chiffre a augmenté de 705% depuis 1973. C'est le pays qui compte le taux d'incarcération le plus élevé et le plus grand nombre de détenus au monde.

Rappelez-vous d'un temps où Nicolas Sarkozy ministre de l'Intérieur, ou un Tony Blair sur le territoire de Sa Majesté, qui voulaient faire un « carnet de comportement »[252] des enfants pour détecter les futurs délinquants. Il aurait fallu simplement noter ce qu'ils mangent pour avoir des données plus précises. Dans le futur, le tribunal

---

[249] De George Brassens.

[250] http://www.lemonde.fr/societe/article/2014/06/29/prison-le-contre-exemple-americain_4447501_3224.html

[251] http://www.lemonde.fr/ameriques/article/2010/03/17/un-americain-sur-cent-est-en- prison_1320732_3222.html

[252] http://www.lefigaro.fr/debats/2006/03/24/01005-20060324ARTFIG90184-est_il_possible_de_depister_des_l_enfance_les_futurs_criminels_php

arbitral accompagnant les traités de libre- échange pourra demander à privatiser les prisons Françaises. Les paniers à salade se rempliront durant les manifestations liées à la crise qui s'annonce. Cette crise fera encore plus de pauvres et le gouvernement finira par tous les mettre en prisons puisque ce sont les premiers qui risquent de « péter les plombs » à cause de leur régime de malbouffe subventionné par la PAC. C'est la double peine.

Ceux qui souhaiteront bien manger et manger sainement seront quant à eux considérés comme des fous. Ils seront catalogués comme des orthorexiques. L'orthorexie est un terme inventé par Steven Bratman en 1997, pour décrire les « obsédés » de la nourriture saine. Ce résident de San Francisco, refuge des hippies et de bobos aux palais probablement aussi exigeant qu'un Français moyen, a dû assister à des scènes de chaos sur les terres de Ronald Mc Donald. Des personnes de mon entourage, à la base très peu regardante sur ce qu'ils mangent, parties s'exiler aux *States* pour vivre l'*American Dream* se sont subitement mises en quête de nourriture bio et certains sont même devenus végétariens. Alors vous imaginez bien que les extrémistes *vegan* du *Paris of the West* Américain puissent perdre un peu la tête. Rien de plus normal que des sains d'esprit développent quelques TOC quand tout s'écroule autour d'eux.

Poussons cette logique un peu plus loin, devrions-nous considérer les chefs étoilés comme des gourous sectaires ? Devrions-nous mettre à l'asile la crème qui fréquente le *Fouquet's* ? Des grands malades qui dépensent plus de cent euros pour un seul repas ! Il faut les interner d'urgence non ?

La schizophrénie

Parlons de personnes avec de vrais désordres psychologiques. Selon l'OMS, la schizophrénie touche 21 millions d'individus dans le monde.[253] Cette psychose prend différentes formes et les malades souffrent selon les cas, d'hallucinations, de délires et de troubles de la conduite. La médecine ne sait pas guérir cette maladie, mais elle a

---

[253] http://www.who.int/mediacentre/factsheets/fs397/fr/

observé des cas de rémissions spontanées sans en comprendre la cause. Alors, comment expliquer ce qui suit ?

Le lien entre la schizophrénie et la nutrition semble être connu depuis la nuit des temps. Selon Jacques Grimault : « la schizophrénie pour les Anciens est souvent due à un dérèglement alimentaire qui n'est pas compensé ».[254]

En Russie autour des années 60, le Dr Yuri Nicolaev va soigner plus de 8000 patients pendant plus de 15 ans uniquement par une cure de jeûne. Des dépressions, des troubles obsessionnels, mais aussi des troubles schizophrènes disparaissent.[255] Le lien entre cette psychose et l'alimentation se précise.

Dans sa conférence, *Nutrition & Behaviors*, le Dr Rusell Blayclock nous parle d'une étude menée en Suède. Des chercheurs constatent que 100% des schizophrènes de leurs échantillons étaient allergiques à la gliadine – contenu dans le gluten –, 88% étaient allergiques au blé, 60% au lait et 50% au maïs. Avec un régime sans gluten, quasiment tous les patients virent leurs symptômes s'estomper et dès qu'ils en reprenaient une petite quantité les symptômes revenaient. En France Marion Kaplan[256] a pu elle aussi assister à ces guérisons « miraculeuses » juste en supprimant le gluten. Elle vit aussi des effets sur des troubles de la personnalité, de dépression et de Parkinson.

Pourquoi ne conseillerions-nous pas un régime sans gluten aux 21 millions de schizophrènes de cette planète ? Cela nous coûterait quoi ? Rien, et c'est probablement pour cette raison que rien n'est fait. Big Pharma préfère écouler son stock de neuroleptiques, un traitement qui coûte des centaines d'euros chaque mois.

---

[254] *La science des Anciens opus 1 prémisses*, Patrice Pooyard, Gripoo Films, 2014

[255] *Le jeûne une nouvelle thérapie*, Thierry de Lestrade, Arte, 2011

[256] Dans son livre : *Alimentation sans gluten ni laitages*, Jouvence Santé, 2010

N'est-ce pas ironique ? Le blé, premier à subir une sélection génétique outrancière par les Rockefeller, peut nous faire perdre la tête. L'aliénation verte n'aura jamais aussi bien porté son nom.

3.4 Le bilan de santé

Tout comme le racisme en Afrique du Sud fut supplanté par la lutte de classe, – l'antagonisme Noir et Blanc n'existe plus, c'est maintenant Riche contre Pauvre – l'eugénisme bête est méchant se fait beaucoup plus rare et il est remplacé par l'étalon argent. Les pauvres crèvent à petit feu d'une lente décrépitude contrôlée par les médicaments. Les maladies de civilisation explosent : diabète, obésité, Alzheimer, Parkinson, autisme, schizophrénie, allergies… Le cancer augmenterait même de 70% dans les 20 prochaines années ![257] Mais on vous dira que c'est la faute à pas de chance, si **en France**, les pauvres vivent en moyenne 13 ans de moins que les riches.[258] Nous verrons plus loin qu'une centaine de maladies sont favorisées ou totalement provoquées par notre mauvaise alimentation.

Inutile d'aller pleurer dans les jupons de l'Union Européenne ou de croire que les tenants de ce scandale feront la une de vos feuilles de chou.

« Nous sommes reconnaissants au Washington Post, au New York Times, Time Magazine et d'autres grandes publications dont les directeurs ont assisté à nos réunions et respecté leurs promesses de discrétion depuis presque 40 ans. Il nous aurait été impossible de développer nos plans pour le monde si nous avions été assujettis à l'exposition publique durant toutes ces années. Mais le monde est maintenant plus sophistiqué et préparé à entrer dans un gouvernement mondial. La souveraineté supranationale d'une élite intellectuelle et de banquiers mondiaux est assurément préférable à l'autodétermination nationale pratiquée dans les siècles passés. » David Rockefeller, Baden-Baden, Allemagne, 1991.

---

[257] http://tempsreel.nouvelobs.com/societe/20140203.OBS4868/les-cas-de-cancer-devraient-augmenter-de-70-en-20-ans-dans-le-monde.html

[258] http://www.lemonde.fr/economie/article/2018/02/06/qui-veut-vivre-vieux-soigne-son-portefeuille_5252651_3234.html

Le plan des mondialistes est réglé comme du papier à musique et en coulisse le Bilderberg, la Trilatérale, l'Inter Alpha, le CFR, le comité des 300 et d'autres « *think tank* » gravitant autour des Rockefeller et de leurs amis s'affairent pour que tout se déroule comme prévu. Et forcément, une population rendue corvéable et docile par le chômage de masse, malade, incapable de réfléchir et apeurée leur confère un avantage considérable.

3.5 A sight to Behold [259]

Nous assistons à un spectacle au combien sordide. L'élite autoproclamée et leurs scientifiques se prennent pour Dieu. Leur échec en matière de gestion de la planète est aussi monumental que leurs profits. La Terre subie l'une des plus grosses extinctions du vivant qui l'habite de son histoire connue et nous, esclaves de la consommation, en sommes tous responsables. La Nature, qui donnait tout et gratuitement, fut remplacée par un ersatz, au coût exorbitant, qui ne tient qu'avec du pétrole et des promesses. L'ensemble de l'écosystème est mis à rude épreuve au point de menacer l'existence même de la race humaine, et dans quel but ? Pour jeter près d'un tiers de notre production à la poubelle[260] et laisser 1000 personnes mourir de faim ou de ses conséquences, chaque heure ! Pour voir notre planète, notre civilisation, nos traditions, nos valeurs imploser. Pour abrutir l'Homme, le rendre faible, violent, malade et prochainement stérile. Cette folie est voulue par une poignée d'individus qui se connaissent et travaille ensemble pour accomplir une cabale forgée dans une vision eschatologique bien particulière. C'est un sujet qui mérite un livre à lui tout seul, aussi je vous renvoie au travail de Pierre Hillard, spécialiste de la question. Il pourra vous expliquer cette conception dans les moindres détails.

Alors, allons-nous simplement contempler, passifs et impuissants, le spectacle de l'horreur ? Ou, allons-nous réveiller le rebelle qui

---

[259] Sur l'album *The way of all flesh*, Gojira, un groupe de métal Français sensible à la cause écologique. Les paroles et l'ambiance musicale illustre parfaitement le propos.

[260] http://www.lemonde.fr/les-decodeurs/article/2017/10/16/gaspillage-41-2-tonnes-de-nourriture-jetees-chaque-seconde-dans-le-monde_5201728_4355770.html

sommeille en nous, caché sous le conditionnement imposé par nos maîtres ?

Partie II : L'Agriculture rebelle

Il vaut mieux allumer une chandelle que maudire l'obscurité.

Confucius

L e modèle agricole dominant est une catastrophe. Nous devons impérativement réapprendre à produire de la qualité non seulement pour la planète, mais aussi pour notre santé et nos emplois. Un rapport de l'Évaluation internationale des sciences et technologies agricoles pour le développement (IAASTD) de 2008 nous dit : « la manière dont le monde produit son alimentation devra changer radicalement et très rapidement, si nous voulons répondre à la fois aux défis de l'augmentation de la population et du changement climatique, et si nous voulons éviter un chaos social et un désastre écologique ». Pour ce faire, une seule et unique voie est possible, pour reprendre Périco Légasse, il nous faut retrouver « un marché dont l'offre corresponde à une demande correspondant elle-même à un besoin réel. »[261]

Quelques alternatives existent déjà à l'agriculture industrielle, mais elles ont de nombreux points faibles.

---

[261] http://www.lefigaro.fr/vox/societe/2015/08/14/31003-20150814ARTFIG00266-perico-legasse-notre-independance-alimentaire-est-menacee.php

1. Inventaire de notre arsenal

1.1 L'agriculture biologique et agroécologie

Dans les années 70, face aux changements profonds que subissait l'agriculture Française, une poignée d'irréductibles Gaulois lance l'agriculture biologique et l'agroécologie. Depuis les « orthorexiques » les ont rejoints.

Roulé dans la boue, le bio a toujours été considéré comme incapable de nourrir les populations avec des études simplistes à l'appui. Pourtant elle est indispensable pour sauvegarder le bien commun. Selon David Pimentel de l'université de Cornell, si les 200 millions d'hectares de terre cultivés aux États-Unis étaient cultivés selon les règles de l'agriculture biologique, cela annulerait l'équivalent des émissions de CO_2 produites par 158 millions de voitures chaque année – équivalent à la moitié du parc automobile Américain. Le « manque de rendement » que l'on essaie de nous faire croire serait déjà largement compensé par les économies d'énergie et l'entretient de la fertilité des sols. Avec une petite sélection de semences créées spécialement pour du bio, les rendements seraient assurément au rendez-vous.

Olivier de Shutter, rapporteur spécial à l'ONU sur le droit à l'alimentation, dira dans son rapport *Agroécologie et droit à l'alimentation* que l'agroécologie « peut doubler la production alimentaire de régions entières en dix ans tout en réduisant la pauvreté rurale et en apportant des solutions au changement climatique ».[262] Le meilleur exemple de cette réussite est la Ferme Songhaï au Bénin, un lieu où l'autonomie est le maître mot. Du métal recyclé pour fabriquer leurs machines, aux engrais naturels pour fertiliser les 24 hectares de terrain, en passant par une électricité assurée par la production de biogaz, tout est pensé pour qu'aucun intrant extérieur ne soit nécessaire. Non seulement la ferme crée du travail, maintiens de très bons

---

[262] http://rue89.nouvelobs.com/2012/10/15/pesticides-le-gauchiste-de-lonu-qui-inspire-marie-monique-robin-236114

rendements en respectant l'environnement, mais en plus la ferme ouvre ses portes pour former de nouveaux agriculteurs vertueux. Des dizaines de fermes de ce genre ont pu voir le jour en Afrique.[263] Cette réussite, on la doit à l'initiative d'un seul homme, Godfrey Nzamujo. Un Américain d'origine Nigériane qui atterré par la situation alimentaire de nombreux pays de ce continent décida de retourner sur la terre de ses ancêtres pour donner un coup de main. Ne me dites pas qu'un pays comme la France ne puisse pas en faire autant...

Une chose est sûre, le client n'est pas dupe. L'agriculture bio est victime de son succès, l'offre est loin de répondre à la demande. Mais la pression sur les prix du foncier est impossible à tenir pour les candidats à installation. Résultat, 30% des produits bio consommés par les Français sont des produits importés.[264]

La forte demande a fini par attirer les grands groupes. Dans les rayons des hypermarchés, vous avez maintenant droit à du bio, et même du bio *lowcost*, mais qui n'empêche pas l'enseigne de prendre une « surmarge » au passage, en moyenne deux fois plus élevée que sur les produits de l'agriculture intensive.[265] Ici, l'idée qu'on se fait du soixante-huitard moustachu et grisonnant, avec une vision du monde à mille lieues des idées capitalistes, soucieux du bien-être de ses animaux, heureux et épanoui de travailler sa terre a totalement disparu. Non, ici ce qui compte c'est la rentabilité. Le minimum est fait pour répondre aux cahiers des charges du bio, quitte à flirter avec la triche. Exemple avec un éleveur de poule pondeuse.

En plus d'un aliment bio dans les mangeoires, une des conditions pour que les œufs soient certifiés bio est d'avoir moins de 3000 poules par bâtiments. Pas de problème, vous prenez un hangar classique qui accueille 9000 poules, vous y intercalez deux grillages – même troué, on s'en fiche – pour séparer symboliquement le hangar. Vous avez

---

[263] https://www.youtube.com/watch ?v=zSTQ5tN0mOw

[264] http://www.agencebio.org/le-marche-de-la-bio-en-france

[265] http://www.lemonde.fr/economie/article/2017/08/29/la-grande-distribution-fait-ses-choux-gras-du-bio_5177856_3234.html ?utm_campaign=Echobox&utm_medium=Social&utm_source=Twitter&link_time=1504023159

officiellement trois bâtiments de 3000 poules.[266] Et voilà comment vous pouvez contourner les règles en toutes légalités. L'œuf sera vendu comme bio, mais n'aura pas les qualités nutritives qu'un œuf pondu par une poule élevée dans les règles de l'art.

L'agriculture biologique est aussi synonyme de main-d'œuvre, ce qui est bon signe dans un monde où le chômage est devenu un fléau. Mais, pour les besoins du *lowcost* il faut évidemment prendre des esclaves, ou quelque chose qui s'en rapproche, pour baisser les coûts. Alors tout est délocalisé dans les pays où les employés sont sous-payés et dociles. Pologne, Espagne ou même la Chine, peu importe qui exporte tant que c'est rentable, pour l'empreinte carbone si chère aux écolos on repassera.

Les produits viennent d'un peu partout, les intermédiaires sont de plus en plus nombreux et les contrôles sont parfois laxistes. Alors, il arrive que quelques « accidents » passent les mailles du filet. En Italie durant cinq ans, des produits de l'agriculture industrielle en provenance de Roumanie – qui venait peut-être d'ailleurs – ont pu être vendu comme des produits bio grâce à de faux certificats fournis par deux responsables chargés des contrôles.[267]

La seule arme dont disposent les citoyens dans le monde capitaliste, c'est le boycott. Aucune entreprise ne résiste si elle n'a plus de client. Mais difficile de se passer de nourriture.

De plus nous vivons dans le monde de l'offre et pas de la demande. Aussi, le client n'est absolument pas roi, il achète ce qu'il peut dans ce qu'on lui propose.

La mouvance bio partait d'un bon sentiment, elle permettait de mieux manger et de façon plus « responsable », tout en boycottant les grands circuits de distribution. Le bio est pourtant en passe de se faire récupérer par l'industrie agroalimentaire et joue maintenant le jeu du marché en entretenant la logique de mondialisation. Un homme sage

---

[266] *Nourriture low-cost : À qui profitent les prix ?*, Frédérique Mergey et Elsa Haharfi, France 5, 2013.

[267] http://www.jesuismalade.com/archives/2012/08/25/24962592.html

disait : « si l'intention est bonne, mais que la méthode est mauvaise, le résultat sera forcément mauvais ». Le bio n'est pas qu'une simple méthode de production, elle véhicule une certaine philosophie de vie, des valeurs. Le bio n'est plus qu'un simple produit, réduit à un rayon de supermarché, comme bientôt tout le reste.

Le citoyen éclairé doit sortir de cette matrice. L'idéal pour échapper à ce vulgaire succédané d'un bio qui a perdu son âme est de revenir aux circuits courts qui échappent à l'industrie agroalimentaire. Vous pouvez par exemple devenir membre d'une AMAP – association pour le maintien d'une agriculture paysanne. Valeurs, traçabilité et qualité supérieure seront assurées. Hélas, les places sont comptées. L'Ile-de-France a près de 15 000 personnes qui attendent de pouvoir adhérer à une AMAP.[268]

Autre problème, le bio est loin d'être gratuit et clairement, une bonne partie de la population ne peut se l'offrir. Ce n'est pas un hasard si les plus pauvres comptent le plus d'obèses. Si notre gouvernement était réellement « de gauche » sous l'ère Hollande, il aurait dû mettre en place une sorte de « ticket resto bio » et organiser dans chaque commune un réseau de distributeurs pour des raisons d'égalité, de santé, voire même de paix sociale, puisqu'une mauvaise alimentation rend agressif. Elle devrait se porter garante ou mieux acheter des terres pour préserver les agriculteurs bio candidats à l'installation et ainsi les préserver de la violence du marché.

1.2 Permaculture

Une autre possibilité consiste à produire soi-même sa nourriture. Neuf Français sur dix ont un petit endroit pour faire pousser de la végétation. Mais seuls 59% d'entre eux ont un jardin. Selon Jean-Luc Chavanis il faudrait 400 mètres carrés de surface cultivable pour devenir autonome en fruit et légume.[269] Or, très peu de Français ont une telle surface à disposition et encore moins peuvent l'entretenir comme il se doit. Heureusement, la permaculture permet d'augmenter les

---

[268] *http://www.bastamag.net/Epargne-solidaire-contre*

[269] http://www.lefigaro.fr/environnement/2010/06/04/01029-20100604ARTFIG00532-le-bonheur-est-dans-le-jardin.php

rendements au mètre carré, de façon spectaculaire, mais aussi de réduire le travail du jardinier puisque tout est pensé pour que la Nature s'occupe de l'essentiel. Cependant, une bonne dose de connaissance et de temps pour sa mise en place sont requis. Dans cette méthode, chaque plante devra jouer un ou plusieurs rôles et ainsi aider d'autres plantes. Une fois planifié, il faut des années voir des générations pour façonner un bout de terre qui puisse développer un écosystème qui fonctionne à son plein potentiel.

Si la surface à votre disposition ne peut pas vous permettre de devenir autonome, il faut voir les choses en grand et s'organiser à l'échelle d'un quartier. À Culemborg aux Pays-Bas, le quartier Lanxmeer fut conçu spécialement pour la permaculture. 250 logements, une gestion de l'eau bien pensée, une ferme et plein de petits îlots de végétation pour environ 800 habitants.[270] Avec un peu d'initiative, ce modèle pourrait naître un peu partout en France.

Sinon, vous pouvez vous inscrire dans la mouvance de l'agriculture urbaine plus franche comme à Cuba. Après la chute de l'URSS, les Cubains, sous embargo Américain, se sont mis à produire des aliments bio en plein cœur des villes pour limiter le recours au pétrole devenu rarissime. Plus près de chez nous, la mode revient timidement. Il porte le nom de *Incredible Edible* – Incroyables Comestibles. Né à Todmorden en Angleterre, le mouvement repose sur un réseau de volontaires qui créent des potagers en accès libre un peu partout en ville. Chacun peut ainsi récolter ou planter ce qu'il veut.

1.3 Hydro-rétenteur

L'innovation, la vraie, peut aussi nous donner un coup de pouce. Augmenter les rendements et faire des économies en eau est aujourd'hui possible et sans risque en utilisant des hydro-rétenteurs. C'est tout simplement de la poudre de polyacrylate de potassium, 100% biodégradable selon Marc Miquel,[271] qui a la capacité de retenir

---

[270] http://www.kaizen-magazine.com/la-permaculture-grand-format/

[271] *Future - Innover contre le gaspillage de l'eau*, Arte, http://sites.arte.tv/futuremag/fr/video/future-innover-contre-le-gaspillage-de-leau

énormément d'eau. Quelques grammes suffisent à absorber et retenir un litre de ce liquide. Ainsi l'eau d'arrosage est beaucoup mieux utilisée par la plante et vous pouvez réduire votre consommation de 80 à 90%. Comme avec les systèmes de goutte-à-goutte, la racine a tout le temps de l'eau à disposition ce qui décuple la croissance de la plante. Ce produit peut aussi permettre de planter dans des zones polluées aux métaux lourds. Il est capable, comme le ferait un champignon, d'isoler les métaux lourds pour que la plante ne soit pas contaminée. Vous pouvez même avoir des hydro-rétenteurs qui font aussi office d'engrais. C'est le cas du *Polyter* – inventé par un agronome Français – qui se compose de cellulose, d'engrais organique et de 5% de polyacrylate de potassium.

Un produit miracle qui est actif de 5 à 10 ans, qui semble sans danger, qui permet d'augmenter les rendements, tout particulièrement dans les zones arides.

1.4 Limites

Si vous combinez l'agriculture bio et des hydro-rétenteurs, vous ferrez d'énormes économies en eau et en pétrole tout en maintenant d'excellents rendements sans nuire à l'environnement ni au consommateur. Vous pourrez même continuer à cultiver des plantes dans un sol contaminé aux métaux lourds, sans même recourir aux OGM résistants à l'aluminium de Monsanto dont on nous martèle l'intérêt vital pour l'avenir des Hommes.

Pourtant il reste quelques problèmes à régler. En premier lieu, il faut de la terre, et en bonne santé si possible. Tout le monde n'a pas la main verte pour entretenir son hypothétique jardin et la production bio en circuit court est encore très loin de pouvoir nourrir l'ensemble des Français.

De plus, le bio est un marché où l'agriculteur est soumis à des règles strictes. Ces règles sont définies par l'UE, sous l'influence du lobby de l'agro-industrie. Pour l'instant il se cantonne à faire du bio *lowcost*, qui pourrait bien finir par détruire la filière du bio en circuit court. Au besoin, elle pourra faire pression sur l'UE pour modifier les règles, sanitaire par exemple, pour favoriser les industrielles et éradiquer les petites exploitations. Pour que le bio en circuit court résiste, il faudra une forte volonté politique – une décision des commissaires Européens est la seule capable d'inverser la tendance –, mais les lobbies en ont amadoué plus d'un, il n'y a pour ainsi dire aucun espoir de ce côté. Et même si par miracle le gouvernement Français décide de remplacer l'agriculture conventionnelle par du bio, il faudrait sûrement des années pour redonner de la fertilité à un sol qui a subi les frasques de l'aliénation verte, sans compter le choc psychologique de certains agriculteurs formatés à qui il faudrait tout réapprendre.

Ensuite, les cultures sont exposées aussi bien aux intempéries – provoqués ou non par des armes climatiques, comme au Vietnam – qu'aux contaminations, rapides, par les OGM – qui finiront un jour par nous être imposé par un traité de libre-échange.

Enfin, il faut recrée un réseau de distribution qui ne passe pas par la grande distribution. Idem pour le transport des aliments. Ce transport devrait encore abîmer la marchandise et ce sera encore du gaspillage.

Comme l'agriculteur Français est en voie d'extinction, une solution serait d'implanter la production directement en ville et que chaque citoyen cultive sa propre nourriture. De nombreux architectes ont planché sur le sujet et, outre atlantique, le concept de « ferme verticale » émergea. En bons Américains, ils ont vu les choses en grand et veulent construire un immeuble entièrement dédié à l'agriculture. Mais la structure est encore compliquée à réaliser. La construction, à échelle industrielle, coûte les yeux de la tête et finira par attirer l'agro-industrie. Tous nos œufs seront dans le même panier et ce sera le retour à la case départ. Il faut donc revoir la copie.

2. L'outil du rebelle, l'aquaponie

Si tu veux donner à manger à un homme un jour, donne-lui un bol de riz. Si tu veux qu'il mange toute sa vie, apprends-lui à cultiver son jardin

Proverbe chinois

L e rapport mondial sur l'agriculture stipule : « les structures agraires de petites tailles, intensives en travail et orientées vers la diversité sont des garantes et porteuses d'espoir pour un approvisionnement alimentaire socialement, économiquement et écologiquement durable grâce à des systèmes agricoles résistants ».[272] La méthode aquaponique peut non seulement répondre à ces critères, mais en plus elle peut très facilement être installée partout en ville et même dans vos maisons. Elle va vous donner ce que l'industrie agroalimentaire ne peut pas : des produits frais, pratiquement bio – nous verrons pourquoi –, savoureux et non transformés. Exactement ce dont votre corps a le plus besoin pour être en bonne santé.

Aqua quoi ?

Vous avez toujours rêvé d'un beau jardin, mais vous n'avez pas la main verte, pas le temps ou pas de jardin. Si vous êtes un agriculteur sans terres, si votre corps n'est plus aussi vigoureux qu'autrefois et que vous courber des heures durant pour entretenir votre lopin de terre devient une véritable épreuve, l'aquaponie devrait vous intéresser.

Cette méthode est héritée des jardins flottants aztèques vieux de 300 ans, les Chinampas. Ce peuple utilisait des roseaux, des feuilles et de la boue qui étaient irrigués avec une eau enrichie en nutriment par la déjection des poissons. Il existe aussi en Asie une autre forme encore

---

[272] http://www.ethno-terroirs.cnrs.fr/gestion/applis/apetit/fichiers/actesCongres_agricole_2015.pdf

plus ancienne, la riziculture, où riz et poissons cohabitent depuis plus de 2500 ans.

Aujourd'hui l'aquaponie se définit comme suit : « L'aquaponie est la culture de poissons et de plantes ensemble dans un écosystème construit en circuit fermé, en utilisant des cycles bactériens naturels pour transformer les déchets des poissons en nutriments pour les plantes.

C'est une façon écologique et naturelle de produire de la nourriture qui réunit à la fois les meilleures qualités de l'aquaculture et de l'hydroponie, sans avoir besoin de rejeter d'eau, de la filtrer ou d'utiliser des fertilisants chimiques. »[273]

L'aquaculture

Aussi nommée pisciculture, elle englobe les activités de production animale – poissons, écrevisses, etc. – ou végétale en milieu aquatique.

Le poisson en tant que viande a un avantage, il utilise peu de calories pour se développer. Il appartient à la famille des poïkilothermes, c'est-à-dire que sa température interne varie avec son milieu. Il n'utilise pas d'énergie pour maintenir sa température interne. Pas besoin non plus d'utiliser de l'énergie pour constituer un squelette solide capable de lutter contre la gravité. Ainsi, environ 1kg d'aliment suffit à produire 1kg de poisson d'élevage alors qu'il en faut deux pour produire 1kg de poulet, trois pour 1kg de porc, et presque sept pour 1kg de bœuf.[274] Idem avec les protéines. Mille calories de nourriture suffisent pour produire 20g de protéines de poisson, contre 10g de protéines de poulet, 6g pour le porc et 2g pour les bovins. Sur le papier, le poisson a un impact moindre sur l'environnement puisqu'il est moins énergivore.

---

[273] Traduit de *Aquaponic Gardening Comunity*, Novembre 2010.

[274] http://www.nationalgeographic.fr/11688-le-poisson-delevage-suffira-t-il-a-nourrir-la-planete-alimentation-aquaculture-environnement/

L'alimentation des poissons à l'échelle industrielle a beaucoup évolué. Si auparavant, il fallait bien 5kg de poisson sauvage pour produire un 1kg de poisson d'élevage, aujourd'hui les éleveurs en utilisent 80% de moins. Le saumon par exemple a maintenant une alimentation qui ne contient plus que 10% de farines de poissons sauvages. Et les poissons omnivores comme le tilapia peuvent très bien s'accommoder d'une alimentation totalement végétale. Même les carnassiers comme la truite arc-en-ciel pourrait se passer de farines animales si leur alimentation est bien équilibrée, tout comme les humains végétaliens s'en sortent assez bien – à l'exception de la vitamine B12 – sans aucun aliment d'origine animale.

Cependant, l'aquaculture est une activité très polluante, à tel point qu'elle peine à se développer en France puisqu'elle possède une réglementation environnementale plus stricte qu'ailleurs. L'aquaculture, pour une question de rentabilité, pousse la concentration en poisson à son maximum. Comme tout bon élevage intensif, c'est un nid à maladies. Alors, de grosses quantités de produits phytosanitaires sont utilisées pour les maîtriser. Rappelez-vous du saumon au Diflubenzuron – un pesticide – de Norvège. De plus, une grosse part de la nourriture n'est pas valorisée. Le poisson n'utilise que 20 à 25% de l'azote contenu dans sa nourriture et 15 à 40% du phosphore, le reste non assimilé devient un déchet.

L'hydroponie

C'est de la culture de végétaux hors sol. La plante est posée sur un substrat comme des billes d'argile ou de la laine de roche. Les racines de la plante vont baigner dans une eau à laquelle est ajoutée une solution nutritive. Cette méthode permet une économie de 75 à 90% en eau par rapport à l'agriculture industrielle, car l'eau tourne en circuit fermé. Quand les composés chimiques de la substance nutritive saturent et deviennent toxiques pour la plante, l'eau est remplacée.

Ce type de culture se fait principalement sous serre. L'environnement va être contrôlé : température, humidité, éclairage et ventilation sont optimisés pour assurer une pousse maximale. Les rendements augmentent de 20 à 25%. Ensuite, les nuisibles se font beaucoup plus rares et le processus peut devenir entièrement automatisé comme c'est le cas au Japon. Mais le réel point fort de ce système est que vous pouvez l'installer n'importe où puisque le sol n'est plus nécessaire. Ainsi, les fermes Lufa au Canada proposent toute l'année des paniers de légumes qui sont produits directement sur le toit d'immeubles.[275]

Malheureusement, cette technologie nécessite un investissement certain, elle est dépendante des engrais chimiques, des produits plastiques et la purge de l'eau entraînent des problèmes de retraitement des eaux usées. Elle est gourmande en énergie pour chauffer la serre, mais si elles sont implantées sur les toits, la réduction du transport, l'absence de conditionnement, de réfrigération et quelques astuces font que le coût énergétique n'est plus si onéreux que cela surtout comparé à une agriculture industrielle. Lufa annonce que ses serres sur les toits consomment moitié moins d'énergie qu'une serre au sol.[276]

2.1 Mariage et symbiose

Il n'est rien au monde d'aussi puissant qu'une idée dont l'heure est venue.

Victor Hugo

L'aquaponie unit ces deux mondes en essayant de ne garder que les bons côtés de chacun. Ainsi, la solution nutritive chimique de l'hydroponie est remplacée par les déjections des poissons. Une pompe envoie l'eau de l'aquaculture chargée en déchets vers une zone où elle sera filtrée et dégradée par des bactéries nitrifiantes. Ces bactéries vont transformer l'ammoniaque en nitrate au cours du processus de nitrification. Les nitrates obtenus serviront de nourriture par des plantes qui sont cultivés hors-sol. L'eau débarrassée de ses toxiques retourne par gravité dans le réservoir des poissons. L'or bleu est en permanence nettoyé, donc réutilisable à l'infini. Les seules pertes se font par la transpiration des plantes et lors du nettoyage des filtres.

Poissons, bactéries et végétaux ont tous un rôle aussi important dans le fonctionnement de cet écosystème. Leur cohabitation est fragile et pour qu'elle perdure, aucun pesticide, antibiotique ou produit phytosanitaire ne peut être introduit sans risquer de nuire à l'un des

---

[275] http://affaires.lapresse.ca/economie/agroalimentaire/201501/15/01-4835319-forte-expansion-pour-les-fermes-lufa.php

[276] https://montreal.lufa.com/fr/about-the-farm

piliers. Un point faible qui est devient un gage de qualité. Aux États-Unis l'aquaponie est reconnue comme *organic*, le plus proche parent de notre appellation bio. Pour avoir droit à ce label, la réglementation Européenne impose que la plante soit obligatoirement cultivée dans un sol ce qui exclut notre méthode.

Les plantes récoltées sont plus lourdes que celles de l'aliénation verte. Cela veut dire que l'aliment est riche en nutriments et non pas gavé d'eau. Ils sont si goûteux qu'ils se retrouvent dans l'assiette de grand restaurant et se négocient au même prix que le bio.

En termes de rendements, un reportage d'Arte annonce qu'ils sont 4 ou 5 fois supérieurs à ceux de l'agriculture en sol conventionnelle.[277] La FAO dit 2 à 5.[278] La surface disponible n'est plus un paramètre si déterminant puisqu'il est maintenant possible de cultiver verticalement vos légumes. Vous pourrez laisser libre cours à votre imagination pour optimiser le volume dont vous disposez. Hydroponie et aquaponie se valent au niveau du rendement en végétaux, avec un avantage pour les aquaponistes quand le système est bien réglé. Mais l'hydroponie ne fournit pas un poisson mature en 6 ou 8 mois ce qui le rend beaucoup moins séduisant.

Pour vous donner un ordre idée, si vous élevez de la truite, il faudra donner 1,2kg de nourriture aux poissons pour produire 1kg de poissons et 4kg de végétaux.[279] Vous pourrez faire pousser un peu de tout, y compris des arbres. C'est ce que fait Murray Hallam en Australie avec des papayers cultivés dans des *wicking bed*. En profitant de l'humidité au-dessus du bassin des poissons vous pourrez suspendre

---

[277] *Aquaponie un système vertueux,* Arte.

[278] Foucard P., Tocqueville A., Gaumé M., Labbé L., Lejolivet C., Baroiller J.F., Lesage S., Darfeuille B., (2015) .

-L'aquaponie : une association vertueuse des poissons et des végétaux en eau douce : synthèse technique, économique, et réglementaire. Projet APIVA® (AquaPonie, Innovation Végétale et Aquaculture), p : 21.

[279] http://www.allodocteurs.fr/blogs/du-vert-du-bio-de-l-ecolo/des-truites-et-de-la-ciboulette-pour-sauver-la-planete_948.html

quelques bûches pour faire pousser des champignons. Tout est imaginable.

Les points forts

L'aquaponie c'est 90 à 95% d'économie en eau, des rendements fortement améliorés tout en conservant la qualité, une optimisation de l'espace, la possibilité d'implanter ce système n'importe où y compris dans votre maison, ce qui réduit incroyablement les émissions de CO_2. Fini les mauvaises herbes et l'arrosage, vous pourrez installer votre système de façon ergonomique pour ne plus vous fatiguer le dos. Loin du travail du paysan d'autrefois, l'aquaponie rend le potager accessible aux personnes diminuées physiquement. Vous aurez un système très respectueux de l'environnement, économe au possible et qui peut même devenir partiellement autonome. Il consomme 70% d'énergie de moins que le jardinage classique.[280] Elle peut aussi aider à répondre à l'offre du marché Français, pays où l'on importe 7 poissons sur 10 et créer par la même occasion des emplois. Nous verrons plus loin que les possibilités aussi bien sociales qu'économiques sont réellement révolutionnaires.

Vous me direz que c'est encore un gadget hors de prix, eh bien non. Aux États-Unis, de nombreuses entreprises proposent des kits à construire soi-même. Pour 2500$ l'entreprise *Portable Farm*[281] vous propose un système capable de produire de la nourriture pour 8 personnes « pour toujours » – ou presque. 312,50$ pour s'offrir un système vous permettant d'accéder à l'autonomie alimentaire pour une personne, c'est l'affaire du siècle non ? Surtout qu'en France, 17% du budget de la famille est consacré à l'alimentation – 250€ par semaine pour 5. Celle-ci dépense en moyenne 8700 euros par an pour se nourrir.[282]

---

[280] *Tout savoir sur l'aquaponie*, Pierre Harlaut, p : 23, http://www.aquaponie.biz/formation-aquaponie/

[281] http://portablefarms.com/portable-farms-aquaponics-systems/

[282] http://www.survivre-au-systeme.fr/2016/03/13/voisins-solidaires-achats-moins-chers/

En Suisse, *Urban Farmers* s'est lancé depuis 2012 dans de grandes installations. Ils se sont implantés sur le toit d'immeubles et prétendent qu'avec 10% de la surface des toits disponible de cette ville, ils peuvent produire de quoi nourrir 40 000 personnes à l'année. Bâle compte 170 000 habitants et il suffirait d'un peu moins de 50% des toits de la ville pour la rendre totalement autonome en nourriture. L'entreprise vous propose de louer leur serre ou de faire un financement avec retour sur investissement.[283]

En France l'offre pour ce genre d'installation est quasi inexistante. À ma connaissance, seule la start-up Myfood vous propose des serres aquaponiques connectées livrées clé en main capables de nourrir une famille. La plus grande version est conçue pour une famille de 4 personnes. La serre fait 22m² et permet de produire jusqu'à 400kg de fruits et légumes ainsi que 40kg de poisson à l'année pour une à deux heures de travail hebdomadaires selon la saison.[284] La serre vous sera livrée clé en main pour 8000€ ou 179€ par mois sur 48 mois. Soulignons que toute leur démarche est en *open source*, ce qui vous permettra de construire votre propre système.

Des projets d'envergure se dessinent un peu partout en France notamment dans le secteur de Toulouse où une serre aquaponique de 2000m² a ouvert ses portes depuis 2017.[285]

Limites

L'aquaponie comporte quelques inconvénients. Le premier problème est de se créer des bases solides en aquariophilie. À la moindre erreur, vous pouvez perdre la totalité de vos poissons et en quelques minutes à peine. De plus, il faut réussir à maintenir des conditions idéales pour que poissons, bactéries et plantes y trouvent leur compte. Le pH par exemple doit être compris entre 6,5 et 7 pour assurer

---

[283] http://www.lsa-conso.fr/urbanfarmers-ces-suisses-qui-veulent-transformer-les-toits-d-hypers-en-fermes- urbaines,227034

[284] https://www.wedemain.fr/Pour-8-000-euros-cette-serre-connectee-nourrit-quatre-personnes-toute-l-annee_a2567.html

[285] https://actu.fr/occitanie/toulouse_31555/une-ferme-aquaponique-geante-va-sortir-de-terre-a-labege-pres-de-toulouse_3840085.html

un fonctionnement optimal. En plus du pH vous devrez tester régulièrement d'autres paramètres comme le taux de nitrite. Un kit de test complet est obligatoire. Pour y pallier, des systèmes hérités de la domotique appliqués à l'aquaponie sont intégrables au système comme le fait l'entreprise Myfood. Grâce à une application sur votre smartphone, vous recevrez des directives pour maintenir une bonne qualité de l'eau.

Ensuite, la nourriture donnée aux poissons ne leur permet pas de fournir aux plantes l'ensemble des nutriments dont elles ont besoin – pas encore du moins, un aliment spécial aquaponie enrichie pourrait voir le jour. Le fer, le potassium et le calcium, en fonction de la qualité de votre eau, doivent être ajoutés régulièrement à l'eau pour réguler le pH de l'eau tout en compensant la consommation des plantes et éviter l'apparition de carences.

S'il fait très froid, le système prend parfois des mois avant d'être suffisamment peuplé de bactéries pour assurer une dénitrification maximale. Plus il fait chaud plus les bactéries se multipliassent vite, plus l'eau est efficacement débarrassée des toxiques. Si vous installez un petit système chez vous il faudra éviter à tout prix que l'eau de votre bassin soit exposée aux rudesses de l'hiver pratiquement aucune bactérie utile ne survivra et vous devrez tout reprendre de zéro à chaque printemps. Il est préférable de chauffer l'eau un minimum durant cette période.

Construire une serre vous fera gagner quelques précieux degrés ou même un chauffage d'appoint. Le coût d'installation en sera plus élevé, mais vous créerez un environnement contrôlé qui limitera la propagation de parasites et vous pourrez prolonger la saison de culture. Un chauffe-eau solaire artisanal est aussi une bonne idée. Si le climat est vraiment glacial faites un Walipini, une serre souterraine. En creusant un peu la température de la terre reste constante à environ 12-13°C, ajoutez-y un effet de serre et les conditions seront idéales pour cultiver toute l'année. Un document, hélas en anglais, vous expliquera comment construire votre Walipini. Je vous renvoie à la note de bas de page.[286] Vous pouvez aussi utiliser la méthode Jean Pain, qui consiste à

---

[286] Démonstration de Walipini sur :
http://www.humanosphere.info/2013/08/le-walipini-oui-cest-une-serre-

mettre une réserve d'eau au milieu d'un énorme tas de compost.[287] La décomposition dégagera de la chaleur qui sera recueillie par l'eau. En plus de la chaleur, et d'un compost de bonne qualité, il est aussi possible d'obtenir du biogaz.

Autre problème possible, une panne. Une pompe peut rendre l'âme ou ne plus être alimentée lors d'une coupure du réseau électricité. Une pompe de secours peut être salvatrice surtout si la panne survient un jour où les magasins sont fermés. Pour une plus grande autonomie et en cas de défaillance du réseau électrique, des panneaux photovoltaïques et/ou des éoliennes artisanales à moins de trente euros qui produisent 80 watts quand le vent souffle à 25km/h[288] – très intéressant si votre installation est sur le toit d'un immeuble – peuvent être une alternative. Peut-être que dans un futur proche de l'électricité pourra être directement fournie par les bactéries et les plantes que vous cultivez.

Durant le cycle de l'azote, pour transformer les matières organiques en nutriments assimilables par les plantes, les bactéries libèrent une petite quantité d'électron qu'il est possible de récupérer à l'aide d'électrodes. Pour l'heure, 1m² d'électrode est nécessaire pour capter 5 watts,[289] mais la recherche ne fait que commencer. *Bioo* en Espagne, *Plantalámpara* au Pérou, ou encore *Plante-e* aux Pays-Bas, un peu partout des projets de plantes génératrices d'électricité bourgeonnent.

Enfin, le dernier problème est de trouver de quoi nourrir les poissons. Un lombricompost et/ou un élevage de larves de mouches soldat noires pourraient suffire. Ils pourront digérer les déchets verts, fournir du compost et de la chaleur. Le jus de compost récolté pourra être transformé en thé de compost, pour multiplier les bactéries, et ensuite pulvériser sur les feuilles à la manière des systèmes

---

souterraine-pour-cultiver-toute-lannee/

[287] http://rue89.nouvelobs.com/2015/04/07/compost-magique-jean-pain-vieille-invention-francaise-presque-oubliee-258477

[288] http://solarflower.org/ ?content=othertech&lang=en&tech=vawt

[289] http://www.larecherche.fr/actualite/technologie/pile-a-bacteries-monte-puissance-01-05-2012-91147

vermiponiques[290] ou introduit dans l'eau du système aquaponique pour apporter des fertilisants. Le nombre de plantes cultivées pourra ainsi augmenter. Cette opération pourrait même apporter le fer et le calcium en quantité suffisante pour éviter toute autre forme de supplémentation, mais nécessite d'être confirmé par des tests.

Vous pouvez le faire à l'échelle de votre jardin, mais aussi à l'échelle d'une ville, ce qui fera prendre à l'aquaponie une nouvelle dimension.

2.2 L'île aux fleurs[291]

> *Rien ne se perd, rien ne se crée, tout se transforme.*
>
> Lavoisier

Voyons les choses en grand. Pour effacer les inconvénients de l'aquaponie, une refonte de notre gestion des déchets pourrait être prolifique, surtout que tout reste à faire. Partons de ce constat : la société de consommation produit et gaspille en quantité industrielle, 40 000 tonnes de nourriture sont jetées chaque seconde dans le monde ! Une famille Française gaspille près de 400€ de nourriture par an par foyer.[292] N'y aurait-il pas d'autres alternatives que la poubelle ?

Déjà, un tiers de la production agricole mondiale est abîmée dans les camions pendant le transport. Un aliment moyen en Europe parcourt 3600 km avant d'arriver dans votre assiette. Ainsi, 1,3 milliard de tonnes de denrées furent jetées en 2011. L'aquaponie rend le transport quasi nul ce qui permettra d'économiser énormément d'énergie et de proposer des aliments plus frais au consommateur. Et si chacun se dote d'un système domestique, nous serons peut-être moins enclins à recourir à des plats préparés, qui sont les plus jetés, et prendrons un peu

---

[290] The power of Vermiponics !
https://www.youtube.com/watch ?v=H3EYr4LrQNo

[291] Court métrage de Jorge Furtado, 1989.

[292] Global gâchis, Tristram Stuart, canal +, 2012

plus de temps pour préparer nos repas avec ce que nous avons sous la main.

Ensuite, nous pouvons prendre exemple sur la ville de San Francisco (SF) qui a lancé la chasse aux déchets. En 2020, elle visera un recyclage à 100% de tout ce qui est jeté. En ce moment la ville tourne autour de 80% de recyclage contre un 37% en France. Pour y arriver, SF a mis en place trois poubelles : une pour le plastique, une pour tout ce qui peut être composté et une dernière pour les produits non recyclables. Elle a installé des puces dans chaque poubelle pour savoir la quantité de déchets par foyer. Plus vous jetez plus vous paierez en conséquence. Ils réfléchissent même à taxer les fabricants de produits non recyclables. D'ailleurs, c'est aberrant que dans notre monde il n'y ait pas plus d'objets qui soit pensé pour être 100% recyclable, et personne ne s'en soucie vraiment comme les géants de l'industrie *high tech* par exemple, dont les produits, qui deviennent rapidement obsolètes, sont très difficiles voire impossibles à recycler. Toujours à SF, les ventes de bouteille d'eau plastique dans les espaces publics – mais pas dans les épiceries ou supermarchés – à la place, la ville promeut les fontaines publiques et l'utilisation de gourdes réutilisables.

Les déchets verts sont récupérés par la ville, broyés et transformés en compost. Une première étape permet d'en extraire du biogaz puis la mixture est entreposée pour que des bactéries les décomposent en compost.[293] Pour que l'opération soit efficiente, la température ne doit pas dépasser 55°C. On va donc réguler la température en insufflant de l'air à l'intérieur du tas de compost. Au bout de 60 jours, le compost arrivé à maturité est revendu et la ville de SF en retire des bénéfices. Elle gagne de l'argent en rendant service à la population. Il faudrait que nos communes se remettent sérieusement en question pour qu'elles aussi s'y mettent.

Nous pourrions inclure l'élevage de lombric ou de mouches soldat noires en amont pour ensuite suivre le même procédé. Pourquoi ne pas y appliquer aussi la méthode Jean Pain et fabriquer du biogaz tout en récupérant une partie de la chaleur pour chauffer de l'eau qui pourrait être destinée aux systèmes aquaponiques du coin ou les habitations,

---

[293] http://www.lemonde.fr/planete/portfolio/2014/05/29/comment-san-francisco-fabrique-son- compost_4421711_3244.html

plutôt que de simplement insuffler de l'air pour refroidir la matière organique. Nous aurons de quoi nourrir nos poissons tout en produisant de l'eau chaude, du gaz pour chauffer les serres ou pour le convertir en électricité, le tout en valorisant nos déchets alimentaires.

Enfin, nous pourrions nous inspirer de ce qui est fait au Japon. Le problème d'espace de l'archipel Nippon poussa le gouvernement à réfléchir sérieusement à la gestion des déchets. Une loi oblige l'industrie agroalimentaire à les retraiter. Des entreprises comme *Odakyu* sont devenues des maîtres en matière de recyclage. Une semaine ou plus avant leur date de péremption, les aliments sont retirés des rayons pour être transformés en nourriture destinée aux porcs. Ces derniers n'ont plus besoin d'être nourris aux produits agricoles importés. L'éleveur réduit de moitié le prix des intrants tout en proposant une viande de meilleure qualité. Il la revend à *Odakyo* qui la commercialise. Le distributeur et le producteur sont tous les deux gagnants.

Pourquoi ne pas le faire nous aussi pour nos animaux d'élevage, et pourquoi pas pour les poissons de l'aquaponie ? Les poissons pourraient avoir droit à des granules constitués d'une pâtée maison compressée, constituée de fruits et légumes abîmés pour le tilapia par exemple ou de la viande qui va bientôt dépasser leur date de péremption pour les poissons carnassiers.

En attendant que le gouvernement Français réfléchisse à ce qu'il pourrait faire des 90 kg de nourriture jetés par chaque foyer à l'année, nous pourrions nous organiser pour recycler nous-mêmes nos déchets verts tout en produisant notre nourriture. Des systèmes aquaponiques pourraient s'implanter en profitant d'une meilleure gestion des déchets. De petites unités de biodigesteurs à 5000€, voire moins, pourraient être utilisées pour alimenter en énergie chaque système d'un immeuble ou d'un lotissement par exemple.[294] Il suffit d'y réfléchir ensemble autour d'une table.

---

[294] http://www.humanosphere.info/2015/06/comment-rouler-cuisiner-seclairer-se-chauffer-avec-une-ressource-inepuisable-par-ici

Conclusion

Au vu de la situation critique dans laquelle nous sommes, et qui va empirer, l'aquaponie arrive comme un sauveur. Il nous affranchit de la terre et de l'influence des grands groupes financiers. Il nous propose une agriculture sans l'aliénation verte et l'industrie agroalimentaire, une agriculture de qualité et en plus respectueuse de l'environnement. Avec quelques efforts politiques, ou une forte initiative citoyenne, nous pourrions éviter le gaspillage morbide et le transformer en un cercle vertueux.

Une fois votre système aquaponique tournant à plein régime, il vous fera économiser de l'argent chaque mois. La serre nous évitera une bonne partie de la contamination atmosphérique et comme l'eau introduite dans le système devrait, dans l'idéale, être filtrée par osmose inverse – le *nec plus ultra* de la filtration – pour faciliter la gestion de ses paramètres, aucun toxique ne pourra la contaminer et vous nuire par la suite. Vous aurez des aliments à la qualité assurée pour un minimum d'entretien.

Si vous n'avez pas les moyens d'acheter une serre à 8000 euros, vous pourrez bricoler vous-même votre système en grâce à de la documentation mise à disposition par la FAO sous la forme d'un guide téléchargeable,[295] avec la synthèse APIVA[296] – un programme Français qui effectua une revue de la littérature en matière d'aquaponie –, avec un livre très complet, *Tout savoir sur l'aquaponie* de Pierre Harlaut,[297] ou encore en se renseignant auprès de Myfood.

Vous pourrez laisser libre cours à votre imagination pour imaginer un système qui optimisera encore plus l'espace et l'énergie. Une serre aquaponique qui récupère l'eau de pluie, avec un petit poulailler incorporé pour produire de la chaleur, le tout nourri grâce aux des vers

---

[295] http://www.fao.org/documents/card/fr/c/90bb6bfe-1ac3-4280-857e-1c5a20404b38/ Une version Française est disponible : http://teca.fao.org/read/8630

[296] Que vous pouvez télécharger sur https://projetapiva.wordpress.com/documents-ressources-apiva/

[297] http://www.aquaponie.biz/formation-aquaponie/

de terre issu d'un lombricompost qui en plus dégage de la chaleur en valorisant les déchets. Faites circuler vos trouvailles.

Si l'aquaponie est déjà un bel outil en soi, très productif et économe en ressource, dites- vous que nous pouvons faire mieux. En matière de qualité et de rendement, nous pouvons encore monter d'un cran les performances de l'aquaponie en l'associant à d'autres méthodes pour, littéralement, trois fois rien.

3. Des méthodes méconnues et pourtant ...

Si nous prenons la nature pour guide, nous ne nous égarerons jamais.

Cicéron

B ien que controversées, les méthodes qui vont suivre ont chacune fait leurs preuves. Une partie de ces phénomènes ont trouvé un début d'explication que très récemment et d'autres sont encore loin d'avoir dévoilés tous leurs mystères. Utiliser une ou plusieurs de ces méthodes dans le cadre d'une agriculture biologique a de quoi remettre en cause notre modèle agricole du tout chimique et mettre un terme à la course aux OGM. Leurs points communs : elles sont toutes le fruit d'une observation approfondie de ce que la Nature fait toute seule. Ces techniques pourront se greffer sans problèmes sur votre système aquaponique pour offrir des aliments d'une qualité incomparable.

3.1 L'eau dynamisée/ structurée/ informée

Quoi de plus commun que de la flotte ? Pourtant en des temps reculés l'eau était considérée comme sacrée. La Terre n'est pas surnommée la planète bleue pour rien, notre corps en est rempli, nous en buvons des litres et pourtant nous ne la connaissons pas. Aujourd'hui, les scientifiques la redécouvrent, elle est l'objet de plusieurs milliers de publications chaque année.

L'eau est un élément aux caractéristiques physiques et chimiques uniques :

➢ Son volume augmente en dessous de zéro degré Celsius et diminue entre zéro et $+4°C$. Toutes les autres substances qui refroidissent ont un volume qui réduit.
➢ Elle est la seule qui se présente naturellement sur Terre sous ses trois états : gazeux, liquide, solide.
➢ Elle a la tension de surface la plus élevée de tous les liquides.
➢ C'est le plus puissant des dissolvants.
➢ Elle est capable d'escalader l'intérieur d'un tronc d'arbre, dépassant plus de 100 mètres pour les séquoias géants, pour être utilisée par les feuilles.

Nous avons vu que cette eau, aux propriétés extraordinaires, est polluée par nos délires chimiques, mais aussi électromagnétiques. Si elle n'est pas filtrée ou prise au griffon, elle peut nous rendre malades. À l'inverse, dans certaines régions du monde, la consommation d'eau de source aux propriétés très particulières expliquerait la longévité des peuplades qui en jouissent. Actuellement, de brillants cerveaux s'attellent à comprendre pourquoi ces eaux ont ses propriétés et comment elles peuvent être recréées.

Un pionnier Français

En France, la recherche dans ce domaine débute avec Marcel Violet (1886-1973). Il remarque que les plantes poussent plus vite après un épisode orageux. Les animaux eux aussi préfèrent s'abreuver de cette eau d'orage plutôt que l'eau habituellement à leur disposition. Cet ingénieur pense que ce sont les phénomènes électromagnétiques auxquels l'eau est soumise au cours d'un phénomène orageux qui lui donne ses propriétés. Au cours de ses expérimentations, il remarque les faits suivants :

À l'époque où je recherchais, pour mes travaux, une eau chimiquement pure, j'ai fabriqué plusieurs litres d'eau synthétique, en condensant dans un serpentin refroidi les gaz de combustion d'une flamme d'hydrogène. Ayant mis dans un cristallisoir environ un litre de cette eau, j'y déposai un têtard de grenouille, tout frétillant. L'animal s'immobilisa presque instantanément, membres tendus : il était mort. Je fis barboter de l'air dans cette eau pour l'aérer, puis j'y mis un second têtard. Le résultat fut le même. J'enfermai alors cette eau synthétique aérée dans un ballon de verre, le scellai au chalumeau, puis déposai le ballon sur mon balcon. C'était l'été. Un mois après, je repris le ballon, brisai la pointe et le vidai dans un cristallisoir. Dans cette eau, je mis à nouveau des têtards. Ceux-ci, loin de s'immobiliser comme leurs frères, un mois auparavant, frétillèrent et prospérèrent. Cette "eau de mort" était, après exposition devenue une eau "vitale". La preuve semblait faite. Une eau ordinaire, soumise aux radiations dans lesquelles le globe est baigné, s'imprègne de ces radiations. Elle devient *vitale* et entretient la vie.[298]

---

[298] *L'énergie cosmique au service de la santé ou le secret des patriarches,*

Il se lance dans l'élaboration d'un dispositif électrique pour capter ce qu'il appelle des « ondes biologiques » dans lequel baigne le cosmos. Le dispositif va pouvoir les capter et les transmettre à l'eau qui, à son tour, le retransmet au vivant. Cette eau garde ses propriétés durant deux mois puis redevient morte. Si elle entre en contact avec un objet métallique, elle perd immédiatement ses propriétés. Il va tester les effets de cette eau chargée d'énergie sur les végétaux, animaux et sur l'humain en commençant, comme tout vrai scientifique, à le tester sur lui-même. En 1944, il est victime d'un infarctus et les médecins ne lui donnaient pas plus de deux mois à vivre. Il commença à boire beaucoup de son eau et en quasiment deux mois il fut complètement rétabli[299]– rappelons qu'il mourut en 1973. Face à ce succès, les autorités finissent par l'autoriser à faire des essais dans un hôpital durant six mois, aussi bien sur les patients que sur le personnel. Selon ce que rapport Violet, chez les malades, l'eau traitée permettait de réduire les traitements médicamenteux ou leur séjour à l'hôpital, parfois de moitié. Sur du plus long terme, il observe une baisse de la fatigue, un ralentissement du vieillissement et des performances sportives toujours optimales, sans pour autant les augmenter. Les sujets virent leurs corps maigrir ou grossir pour tendre vers un poids idéal.

Sa méthode ne reçut pas d'autorisation de mise sur le marché, car les experts n'y observaient aucune substance active, ce n'était que de l'H_2O. Les moyens scientifiques de l'époque ne pouvaient en rien expliquer ce phénomène et même aujourd'hui ils sont bien embêtés. Pour caricaturer, la situation se résume ainsi : on observe des effets, mais personne ne sait vraiment comment l'expliquer alors, pour la science, l'effet n'existe pas – ou il est placebo. Le petit manège pourrait durer ainsi pendant 100 ans comme ce fut le cas de l'aspirine.

Une explication ?

La seule explication fut émise en 1988, moment où Jacques Benveniste sort un article pour le moins sulfureux : l'eau aurait une

---

Marcel Violet, 5ème édition, p : 7.

[299] *Water le pouvoir secret de l'eau*, 2nd DVD, interviews réalisées par Jan Roeloffs.

mémoire. Cela provoqua un tollé qui fait encore couler beaucoup d'encre aujourd'hui.

Pour démontrer sa thèse, Benveniste met en place un protocole où il introduit de l'ADN dans de l'eau. Il la dilue, crée un vortex, la dilue à nouveau, recrée un vortex et ainsi de suite. Dans la dilution finale, il est mathématiquement impossible qu'il y ait une trace de l'ADN initial, il ne peut rester que de l'eau dans le tube. Ensuite, il prend ce tube et enregistre le « son » émis par l'eau qu'elle contient. Il l'envoie le fichier par internet chez un autre chercheur qui le récupère pour faire écouter ce « son » à de l'eau pure. Puis, il introduit des acides aminés, des pièces détachées d'ADN, qui en temps normal ne peuvent pas recréer une séquence d'ADN seuls. Pourtant, baignant dans de l'eau qui a écouté le « son » reçu par internet, les pièces détachées d'ADN vont s'assembler et finir par reconstituer, quasi à l'identique, l'ADN à la base des dilutions.[300]

L'explication repose sur le procédé de structuration de l'eau – par création d'un vortex dans l'expérience. La structuration de l'eau va organiser les molécules H_2O de façon à ce qu'elles créent des liens entre elles et former des *clusters*, des domaines de cohérence. Ces domaines vont piéger l'onde électromagnétique – le « son » – émise par l'ADN et simuler sa présence. L'onde piégée va redonner les informations nécessaires à l'ADN polymérase pour reconstruire l'ADN originel.

À vous de voir si cette expérience vous convint ou non. Si vous voulez entrer dans le débat et approfondir le sujet, je vous renvoie aux conférences Marc Henry, un spécialiste de la question, professeur de l'université de Strasbourg.

En ce moment

Dans son livre *La nature de l'eau* parut en 2007, Yann Olivaux recensa plus de 180 procédés de structuration de l'eau (PSE). Pour structurer de l'eau, vous pouvez utiliser un rayonnement lumineux, un aimant, changer l'eau de température, la mettre en présence de cristaux de quartz ou de certaines pierres, la mettre sous une pyramide ayant une

---

[300] *On a retrouvé la mémoire de l'eau*, France 5, 2014.

proportion et une orientant bien particulière, lui faire écouter du son, la passer dans un vortex, l'exposer à des émotions humaines ou même lui adresser une prière.

Pour éviter toute interférence, l'eau doit absolument être au préalable filtrée par osmose inverse pour la dépouiller de l'information et des polluants qu'elle contient. Un tout petit peu de matière est ensuite ajouté, comme des grains de sel, pour faciliter la formation des futurs clusters. Puis l'eau est apte à passer dans le PSE. L'eau qui en sort va voir ses caractéristiques physiques et chimiques modifiées comme sa résistivité, son pH ou sa tension de surface par exemple. L'eau est en plus chargée d'une information, une énergie électromagnétique de nature vibratoire, qui encourage les processus bénéfiques au vivant.

Sur l'humain

Chaque type de procédé de structuration de l'eau donne des effets différents. Les fabricants se targuent – études à l'appui et analysées par Yann Olivaux – soit :

➢ d'optimiser la configuration des biomolécules ; ADN, protéines, Enzymes …
➢ d'améliorer le réseau d'information intra et extracellulaire par phénomène de transduction du signal
➢ une meilleure assimilation de l'eau intracellulaire via les aquaporines grâce à l'utilisation de microclusters
➢ d'améliorer la neutralisation des radicaux libres
➢ d'optimiser les processus métaboliques (assimilation nutriments et évacuation facilitée des déchets), stimuler la régénération cellulaire.[301]

Grâce à une mesure de l'impédance bioélectrique (AIB : *Bio impedance analysis*), qui permet de tester le rapport eau intracellulaire / eau extracellulaire, ils ont montré que « les eaux modifiées induisent des effets physiologiques différentiels notamment en termes d'hydratation par rapport à des eaux témoins. »[302] Leurs eaux

---

[301] *La nature de l'eau*, Yann Olivaux, Résurgence, 2007, 6368/8790

[302] *Ibid.*

structurées donnent une meilleure hydratation qu'une eau non structurée.

Une hypersensibilité allergique – à un allergène chimique ou nutritionnel – pouvait être traitée par certaines fréquences électromagnétiques bien précises – en faisant vibrer le corps et y provoquent un effet piézoélectrique au niveau cellulaire. De l'eau exposée à ces fréquences donne les mêmes effets une fois bue par le sujet allergique.

D'autres fabricants disent que l'eau produite par leur appareil peut augmenter l'oxygénation des cellules,[303] améliorer l'endurance et les périodes de récupérations.[304] Cela ne semble pas impossible, mais en l'absence d'études fournies nous pouvons rester septiques sur ces affirmations.

Bien que personne n'ait la moindre idée pour expliquer comment une eau structurée puisse avoir des effets sur le corps humain – l'eau structurée passe par une aquaporine pour entrer dans la cellule ce qui va détruire les microstructures de l'eau –, les résultats sont là. Devant la multitude de procédés disponibles sur le marché aux effets différents, il est très difficile de vous conseiller un PSE en particulier, alors je vous propose deux alternatives pratiquement gratuites pour essayer.

Les curieux un peu plus cartésiens, vous pourrez essayer la structuration par vortex. Vous pouvez acheter un bouchon prêt à l'emploi proposé par Devajal par exemple ou le fabriquer vous-même, ou encore passer votre eau au mixeur plongeant pour créer un vortex.

L'autre moyen beaucoup plus simple, mais beaucoup plus difficile à croire, c'est votre « intention ». Aussi étrange que cela puisse paraître, vos mains émettent des ondes infrarouges qui vont être captées par l'eau. Les ondes émises par votre corps auront une signature propre en fonction de ce que vous pensez. Si vous pensez à quelque chose de précis et que vous tenez une bouteille d'eau dans vos mains, cette eau conservera les ondes spécifiques associées à votre paterne de pensées.

---

[303] http://www.vodaflor.com/

[304] https://www.leau-lavie.com/dynamiser-votre-eau/

Par exemple, vous pouvez répéter une dizaine de fois un mot – oralement ou intérieurement – pour imprégner l'eau de cette information et celle-ci vous la restituera quand vous la boirez. Vous récolterez ce que vous sèmerez alors dites-lui des choses positives comme « je t'aime ». Le seul risque est de passer pour un dérangé du bocal aux yeux des autres. Vous pouvez aussi bénir votre eau ou lui adresser une prière. Au passage, si vous arrivez à modifier la structure de l'eau, le prêtre aussi le peut, c'est même observé scientifiquement.

Par précaution, à chaque fois que vous opterez pour ces choix, utilisez une eau filtrée et reminéralisée pour épurer tous les éléments polluants potentiels. Si vous n'avez pas de filtre, la dernière solution reste de boire de l'eau au griffon. La Terre émet un champ électromagnétique bien particulier. L'eau qui aura transité dans ses entrailles en ressortira pleinement structurée.

Appliqué à l'agriculture

Marcel Violet constata avec son système une croissance accélérée des plantes, des aliments plus riches en nutriments – gain en sucre pour la betterave et en fécule pour la pomme de terre – et des rendements accrus de 6 à 10%.

Sur l'animal l'eau fut testée sur sept générations. Aucune mutation ou autre ne fut observée. En revanche Violet remarque un rallongement de leur espérance de vie, qui parfois doublait, un bétail qui semblait mieux assimiler leur nourriture et qui mangeait moins. Une augmentation de la masse musculaire, des performances, de la reproduction. Il va jusqu'à inoculer un virus dangereux à des souris, celles qui reçurent de l'eau traitée étaient en parfaite santé, si ce n'est la présence d'un petit kyste à l'endroit de la piqûre, les autres, qui eurent de l'eau classique, moururent. Avec de l'eau structurée, les animaux d'élevage pourraient se passer d'antibiotiques ou au moins diminuer les doses, une dose qui pourrait être homéopathique.

Dans *Water : le pouvoir secret de l'eau*,[305] les chercheurs trouvent eux aussi une maturation accélérée des plantes arrosées avec de l'eau

---

[305] Réalisé par Anastaysia POPOVA, Jupiter films, 2012

structurée, plus de nutriment dans les fruits et globalement une économie en eau de 20%, car les plantes sont mieux hydratées qu'avec une eau normale.

Des amateurs à la main verte auraient vu des fleurs qui ne fleurissaient en temps normal qu'une fois l'an, fleurir deux à trois fois par an avec de l'eau structurée. Elles seraient d'ailleurs moins sujettes aux maladies et se conservent plus longtemps.[306]

Ceux qui commercialisent ces PSE pour l'agriculture vantent que :

• Les cultures utilisent de 30% à 50% d'eau en moins du fait de l'hydratation accrue, alors que la masse végétale, la biomasse de toutes les cultures augmente de 27% à 40%

• Le contenu nutritif des cultures semées et des récoltes augmente jusqu'à 500% à 1200%, avec la fertilisation appropriée.

• La durée de germination est réduite et l'utilisation de pesticides et d'antifongiques sont réduits.

• La durée de conservation des produits agricoles et des fleurs coupées augmente.

• Le bétail et les animaux en général consomment moins d'eau.

• Le bétail et les volailles sont et restent plus sains et l'utilisation d'antibiotiques et de stéroïdes, là où c'est encore autorisé, est virtuellement éliminée.[307]

Même si ces chiffres doivent être vérifiés – nous n'allons pas croire les vendeurs sur parole –, avec seulement les chiffres avancés et vérifiés par les chercheurs, cette eau structurée a des arguments à des arguments pour tenir tête aux partisans du tout chimique polluant.

Une agriculture biologique avec de l'eau structurée aurait des rendements améliorés, sans polluer, en réduisant le coût des intrants et en préservant le sol. Mieux, des semences sélectionnées pour être arrosées avec cette eau devraient donner des récoltes encore plus généreuses, comme les pommes de terre de Marcel Violet qui ont eu un

---

[306] https://www.youtube.com/watch?v=EmydwTM96IE

[307] http://www.eauphotonique.com/eau_photonique_applications.htm

taux de fécule supérieur de 20% la première année, et qui replantées la saison suivante, donnaient 60 à 70% de fécule de plus.

D'autres secteurs

L'agriculture ne serait pas le seul bénéficiaire. Tout ce qui contient de l'eau ou en utilise pourra en profiter. Le carburant de nos moteurs diesel peut être additionné, directement dans le réservoir, avec de l'eau structurée et un émulsifiant. Les rendements du moteur augmentent de 5% tout en réduisant de 20% la consommation en carburant et par la même occasion les émissions de gaz polluant, ce qui n'est pas sans rappeler le moteur Pantone. Comme l'eau structurée a des propriétés antibactériennes, vous pourrez faire comme ce cher Barack Hussein Obama lorsqu'il était président et vous laver les mains avec. Elle pourrait aussi servir pour accélérer le processus de dépollution. Cette eau miracle pourrait probablement aider à réduire les volumes nécessaires à l'industrie pour manufacturer les produits.

Pour l'aquaponie .

Comme tout bon aquariophile, l'eau qui rejoindra votre système devrait au préalable être filtrée par osmose inverse pour la débarrasser des polluants et de sa mémoire avant qu'elle ne rejoigne votre système. Vous pourrez ensuite la structurer de différentes manières.

La solution la plus simple consiste à immerger une pierre qui serait capable de remplir cette mission comme la *pierre d'eau vive*[308] ou du Shungite. Vous pourrez sinon créer des vortex pour aider l'eau à se débarrasser des polluants tout en oxygénant et structurant l'eau. Ou bien remplacer la lampe UV du système de filtration par un PSE par rayonnement lumineux.[309] Cette méthode fut déjà utilisée, mais uniquement pour un bassin à poisson conventionnel. Résultat, l'eau

---

[308] http://www.pierre-eau-vive.com/procede-de-bio-dynamisation-de-l-eau-pierre-d-eau-vive.ws

[309] http://www.eauphotonique.com/eau_photonique_modele_commercial_piscine.htm

était plus claire[310], car l'activité bactérienne fut dopée par cette eau structurée.

Appliqué à l'aquaponie les PSE devraient mieux oxygéner l'eau, on pourra donc diminuer l'utilisation de pompe à air ou augmenter la densité de population des poissons. Elles devraient influer positivement sur les paramètres de l'eau comme le pH, améliorer le métabolisme des poissons qui grossiront autant sinon plus vite, tout en consommant moins de nourriture. Les plantes et les poissons seront plus résistants, donc moins affectés par la maladie. Les végétaux récoltés seront plus riches en nutriments et pousseront plus vite. Le filtre biologique sera plus efficace et l'on pourra soit réduire sa taille soit augmenter la quantité de poissons dans le système ou encore réduire la puissance des pompes et économiser de l'énergie.

3.2 La biodynamie

Au moment où le salpêtre faisait ses premiers adeptes, l'agriculture biodynamique sortait de terre. Rudolf Steiner, philosophe et fondateur de l'Anthroposophie,[311] va tenir en 1924, huit conférences sur le thème de l'agriculture qui serviront de base à l'agriculture biodynamique. Ce « cours aux agriculteurs » fut donné par Steiner sur demande des paysans qui s'inquiétaient des effets de l'industrialisation de l'agriculture et notamment de son impact sur l'état de santé de leurs troupeaux et des cultures.

L'agriculture biodynamique est actuellement ce qui se fait de mieux pour produire des d'aliments de qualité destinés à l'alimentation humaine, mais aussi pour raviver et conserver la santé des sols, des plantes, en respectant au mieux les règles de la nature et des êtres qui y vivent. Elle reprend les mêmes principes que la culture biologique : rotation des cultures, utilisation de compost organique, désherbage non

---

[310] http://www.healthy-vegetable-gardening.com/biophotonstructuredwater.html

[311] L'Anthroposophie est une « *méthode expérimentale d'investigation de l'humain en général et des phénomènes de l'univers, [...] un chemin de connaissance qui veut mener le spirituel qui est dans l'être humain vers le spirituel qui est dans l'univers* ». Rudolf Steiner cité dans *La géobiologie à la découverte de la biodynamie*, Benoit Trambaly, p 18.

chimique, travail modéré du sol. Mais elle va beaucoup plus loin dans le respect des règles de la nature. Si le bio accepte l'usage réglementé de produits vétérinaires comme les antibiotiques, le biodynamique l'interdit. Aucun produit phytosanitaire n'est toléré. Si besoin, un mélange 100% naturel est utilisé pour produire les mêmes effets.

Particularités

L'agriculteur qui fait de la biodynamie utilise systématiquement le calendrier biodynamique. Les expériences menées entre autres par Maria Thun durant près de cinquante ans montrent que le développement des plantes est affecté par la position de la Lune par rapport aux constellations du zodiaque au moment où sont réalisés les semis ou au moment de la mise en terre des plantes. De la même façon, le jour de la récolte va aussi influencer les caractéristiques des aliments. Dans le calendrier biodynamique, il existe des jours « Racine » qui sont propices au développement des plantes de type racine, des jours « Fleur » pour les plantes à fleurs, des jours « Feuille » pour les plantes cultivées pour leurs feuilles et enfin des jours « Fruit » pour les plantes à fruits. Ces différences de croissance sont les plus marquées sur les semences paysannes, non hybrides, et dans un sol vivant, biologiquement actif.

Ces jours sont définis en fonction de la position de la Lune par rapport aux constellations du zodiaque. Les jours Feuille sont ceux où la Lune visite les constellations sous la dominance de l'élément Eau : Cancer, Poisson et Scorpion. Les jours Racine, la Lune visite les constellations régies par l'élément Terre : Taureau, Vierge et Capricorne. Les jours Fleur sont marqués par l'élément Air : Gémeaux, Verseau et Balance. Enfin en jour Fruit, la Lune passe dans les constellations liées à l'élément Feu : Bélier, Sagittaire et Lion.

Autre particularité, l'agriculture biodynamique fait appel à des « préparations ». Les recettes furent concoctées par Steiner dans le but d'augmenter l'activité biologique du sol, rendre les plantes plus saines et plus résistantes. En voici quelques-unes.

Préparation silice de corne ou « 501 »

Pour l'obtenir, vous prenez une corne de vache que vous remplissez de silice pilée. Vous l'enterrez durant tout l'été puis vous la déterrez pour mélanger le contenu de la corne à de l'eau. Vous dynamisez la solution par vortex durant une heure et vous aspergez la solution sur la partie aérienne des plantes – qui ne sont pas trop jeunes ou trop faibles.

Cette préparation est essentielle pour la structuration interne des plantes et pour leur développement. Elle favorise la pousse verticale des plantes (facilité de palissage en viticulture). Elle raffermit les plantes, donne de la souplesse. Elle accroît la qualité et la résistance de l'épiderme des feuilles et des fruits.

Elle est déterminante pour assurer une bonne qualité alimentaire : la qualité nutritive des aliments est renforcée, leur goût et leur arôme sont mis en valeur.

L'emploi de cette préparation est particulièrement important dans les serres et les cultures sous abri, car elle permet de compenser le déficit de lumière et de compenser les ambiances chaudes et humides favorisant l'hypertrophie et les maladies cryptogamiques.[312]

Elle améliore aussi la santé des animaux qui mangent des aliments ayant reçu cette préparation. C'est probablement la préparation la plus utile à l'aquaponie.

Préparations à base de plantes

D'autres préparations sont aussi intéressantes : la décoction de prêle des champs aussi nommée « 508 » est une arme pour lutter contre les maladies cryptogamiques. L'ortie (504) pour stimuler la croissance végétale, la valériane (507) pour stimuler la floraison – idéal pour pois, haricots, trèfle, tout ce qui a une graine. La valériane sert aussi pour limiter les effets nocifs d'une forte amplitude thermique. La préparation écorce de chêne (505) additionnée de prêle des champs stimule les salades, radis, choux-fleurs et tomates. Une décoction d'absinthe sert de répulsif à insectes – pucerons noirs fève et haricots, mouche de la carotte, etc. – ou comme répulsif à limaces – si appliqué au sol.

---

[312] http://www.biodynamie-services.fr/preparations-biodynamiques/silice-corne-501.php

Certaines de ces décoctions sont utilisées pour la confection de compost pour stimuler la vie qui s'y trouve. Elles pourraient s'avérer utiles pour stimuler la prolifération des vers de terre ou de mouches soldat noires pour nourrir nos poissons.

Il existe aussi des préparations pour badigeonner les arbres après une coupe. Les principes biodynamiques s'appliquent aussi pour la coupe ou l'entretien des plantes, eux aussi basés sur la position de la Lune dans le zodiaque.

La Rolls de l'agriculture

La biodynamie fait mieux que l'agriculture biologique. De manière générale, la biodynamie améliore la santé et le bien-être des plantes, augmente la taille des racines, augmente le taux d'absorption de CO_2 de la plante, augmente la durée de conservation des récoltes, leur qualité, leur valeur nutritive. Les aliments ont aussi un potentiel énergétique plus élevé. Les aliments biodynamiques semblent aussi avoir des effets bénéfiques sur le système immunitaire et le bien-être des consommateurs.[313] Cette méthode produit ce qui se fait de mieux aujourd'hui en agriculture, aussi bien pour la préservation de l'environnement que pour la qualité de ce qui est servi dans nos assiettes.

Rudolf Steiner a pensé la biodynamie pour la culture en sol, pas pour les systèmes aquaponiques. Mais ça ne coûte rien d'essayer. Et son savoir n'est pas perdu, il est encore possible d'inventer une nouvelle préparation spécialement pensée pour l'aquaponie. Pour l'heure, vous pouvez au minimum baigner vos semences dans une préparation biodynamique – bouse de corne et/ou les préparations pour le composte – pour avoir les mêmes effets qu'une pulvérisation en plein champ. Peut-être qu'en introduisant les préparations directement dans un système aquaponique les effets seront aussi présents pour les plantes, reste encore à déterminer comment les poissons l'apprécieront.

---

[313] *Effects of a diet from biodynamic production on human immunologic parameters and personally experienced well-being ; a pilot study in a convent*, N.Fuchs, F.Leiber, G.E. Dlugosch, K. Huber. http://www.bio-dynamie.org/wp-content/uploads/2012/08/05_EFF1.pdf

Un exemple parmi d'autres

Le documentaire, *One man one cow one planet*,[314] nous parle de Peter Proctor. Un beau jour ce Néo-Zélandais décida d'utiliser ses connaissances en biodynamie pour aider les agriculteurs Indiens. Ce pays où 60% des agriculteurs sont enchaînés aux semences OGM, coûtant parfois 400% plus cher que la semence conventionnelle, mais avec des rendements parfois 30% inférieurs. Malgré le climat pesant lié aux nombreux suicides dans le secteur, Peter Proctor arrive à redonner de l'espoir à ces pauvres hères. Pour y arriver, il montre aux locaux comment faire un bon compost, ainsi que la conception et l'utilisation de préparations biodynamiques comme la bouse de corne. En quelques années un sol malade, sans vie et dur à travailler, redevient une oasis de vie. Les reliques de l'aliénation verte – pesticides, engrais, OGM…– qui servait à endoctriner les paysans locaux sont jetées aux oubliettes. Les coûts liés à la pratique de la biodynamie sont quasi nuls, car la ferme fournit toutes les matières premières nécessaires aux préparations. Grâce à elles, l'agriculteur à une terre fertile qui retient mieux l'eau, réduisant parfois de moitié les quantités nécessaires. Les plantes sont fortes, peu enclines à développer des maladies. La récolte est abondante et de très bonne qualité, avec un impact environnemental proche de zéro. Dans ces conditions, l'agriculteur ne peut que dégager des bénéfices et entrer dans un cercle vertueux.

En 2014, le label *Demeter*, qui certifie les exploitations utilisant les principes de la biodynamie depuis les années trente, comptait dans ses rangs plus de 5000 fermiers répartis dans plus de 60 pays. Plus de 156 000 hectares dans le monde étaient cultivés par les principes de Rudolf Steiner.[315]

Comment ça marche ?

Lune et électromagnétisme

---

[314] Réalisé par Thomas Burstyn, Cloud South Films, 2008.

[315] *La révolution agriculturelle Italie*, Frédéric Planchenault, TV5 Monde, 2014.

Pour ce qui est du calendrier qui tient compte de la Lune et des constellations du zodiaque, l'explication pourrait être assez simple. Pour les physiciens classiques, Newton dit qu'un corps aussi éloigné que la Lune ne peut pas avoir une influence significative sur les plantes de votre jardin. Ne parlons même pas d'une constellation perdue à des années-lumière dans la Voie lactée. Mais du point de vue de la physique quantique, les choses sont toutes autres.

Pour commencer en douceur, parlons un peu de la Lune. Notre satellite naturel émet un rayonnement électromagnétique, tout comme le Soleil. Des scientifiques se sont amusés à mesurer les paramètres d'une eau de source sur une longue période. Ils s'aperçurent que les jours de pleine Lune, de nouvelle Lune et durant le solstice d'été, l'eau de source subissait jusqu'à deux points de variation de son pH et du rH2.[316] Ce rayonnement électromagnétique agit aussi sur l'humain. Le pH de nos corps fluctue en fonction du cycle lunaire. Il s'acidifie, baisse, en période de nouvelle Lune et s'alcalise, augmente, en période de pleine Lune.[317] L'ensemble du vivant est donc sensible à ces changements électromagnétiques. Notre corps est façonné à la manière d'une antenne afin de capter ces ondes grâce à l'eau présente sous forme semi-cristalline truffée de domaines de cohérence, la forme de notre ADN, la présence à des endroits stratégiques du corps de métaux – connus pour être d'excellents résonateurs –, ou encore par l'existence dans nos cerveaux de très nombreux cristaux de magnétite ultra-sensible aux champs électromagnétiques.[318]

La Lune produit aussi des effets qui sont encore mystérieux pour les scientifiques et qu'on se garde bien de vanter. Par exemple, Lili Kolisko montra que le poids d'un germe végétal se modifiait en fonction des rythmes cosmiques, dans une ampoule qui était pourtant scellée.[319]

---

[316] Yann Olivaux la nature de l'eau, 5827.

[317] *Lune et santé, mode d'emploi*, Dr Henry Puget, Minerva, p : 28

[318] http://rustyjames.canalblog.com/archives/2016/06/30/34029078.html

[319] *Cristaux sensibles*, Marie-Françoise Tesson, Miguel Angel Fernandez Bravo, Édition du Fraysse, p : 67.

Bruce Lipton dit que la membrane de chaque cellule est comparable à un cristal liquide semi-conducteur[320] et que l'ADN, qui est aussi une substance cristalline, est de par sa forme une antenne idéale pour capter les ondes électromagnétiques. Les calculs d'Émile Pinel, mathématicien et biologiste, montrent eux aussi que la cellule se comporte de manière analogue à celle d'un cristal piézoélectrique.[321] Cette propriété permet donc aux ondes, qui transportent de l'information, d'influencer le milieu intra-cellulaire. Pinel nous dit aussi que le milieu intracellulaire est soumis à deux types d'énergies : l'une électromagnétique et l'autre cinétique. Ces forces sont dépendantes de notre position dans l'univers et du champ tellurique. Tout changement électromagnétique, notamment induit par la Lune, va donc avoir un effet sur notre activité cellulaire, mais aussi sur l'ensemble du vivant pourvu d'ADN.

Pourquoi le passage de la Lune devant une constellation du zodiaque modifierait son émission ? Eh bien, prenons le cas du Soleil. Il se déplace dans la galaxie – en décrivant une trajectoire similaire à la forme de l'ADN – et passe par un maximum et un minimum par rapport au plan de l'écliptique de la Voie lactée. Quand il transite dans la zone centrale de celle-ci, soumise à d'intenses forces gravitationnelles, le Soleil se contracte et se dilate de façon intempestive.[322] L'activité solaire est modifiée et altère la fréquence vibratoire de la Terre – la résonance de Schuman notamment. De plus, la Terre suivant le cheminement du Soleil, rencontre des amas d'électrons[323] qui modifient l'ionosphère et impact ainsi sa fréquence vibratoire.

Selon moi, la fréquence électromagnétique de la Lune, et l'information qu'elle contient, est-elle aussi modulée par les objets stellaires et les constellations qu'elle rencontre. Comme sa trajectoire est constante – du moins dans notre référentiel – et qu'elle traverse les constellations du zodiaque périodiquement, les effets restent stables et

---

[320] Cité par David Icke, *Race humaine, lève-toi*, Macro Éditions, p : 442

[321] Les phénomènes de piézoélectricité transforment des vibrations mécaniques en phénomènes électriques et inversement.

[322] Introduction à la philosophie des bâtisseurs, Jacques Grimault, Nice, 2016.

[323] Une histoire cyclo-cosmique du monde, Jacques Grimault au Théâtre de la Main d'Or, ERTV, Mai 2015.

nous pouvons en extraire des règles. Quand la Lune passe devant le Soleil, le champ électromagnétique est perturbé, le calendrier biodynamique en tient compte et déconseille fortement de planter durant ces périodes. C'est pourquoi des connaissances poussées en astronomie et même en astrologie sont nécessaires pour établir un calendrier biodynamique digne de ce nom.

Les plantes ne sont pas les seules à être pourvues d'ADN. L'ensemble des organismes vivants dotés de cette antenne sont par conséquent en communion avec le champ électromagnétique de la Terre qui est lui-même influencé par les astres.

Des chercheurs ont par exemple enfermé des lapins en bonne santé dans des cages en plomb pour les isoler de tout rayonnement électromagnétique. Nourris, abreuvés et bien traités, les lapins finirent par mourir. L'expérience fut aussi faite sur l'humain avec la même issue. Les scientifiques s'aperçurent que ces ondes sont vitales pour le vivant et c'est d'ailleurs pour cette raison que les astronautes, pour éviter des problèmes de santé, emportent avec eux un émetteur qui reproduit le champ électromagnétique de la Terre.[324]

Nous savons d'ores et déjà qu'un changement de l'ambiance électromagnétique de la Terre est capable d'influencer notre santé. De plus, cette fréquence de Schumann dépend de la distance entre la Terre et l'ionosphère. L'ionosphère est utilisée par le système HAARP qui la troue par endroit. Et que dire du wifi, des ondes de nos téléphones mobiles, la 3G, la 4G, la 5G, de nos écrans, nos fours à micro-ondes… Autant d'ondes qui peuvent affecter le fonctionnement de nos cellules et surtout le fonctionnement cérébral.

La connaissance du fonctionnement cellulaire et de l'activité électromagnétique liée aux astres a donné naissance à la chronobiologie. Jacqueline Bousquet nous dit par exemple qu'un médicament administré au bon moment peut avoir un effet 30 fois supérieur que le même médicament prit à un mauvais moment.

---

[324] http://www.bioenergie-fr.com/sonotherapie/les-sons

Si les astres ont une telle influence, l'astrologie ne semble plus si idiote que cela. Les apiculteurs qui suivent les méthodes biodynamiques savent que le comportement des abeilles est influencé par la position de la Lune dans le zodiaque. Les jours Fruit sont consacrés à la quête de nectar, les jours Fleur à la quête de pollen, etc. L'humain y est forcément soumis lui aussi. À la naissance, l'enfant quitte l'enveloppe énergétique de la mère et sera marqué par les influences vibratoires liées à son emplacement géographique sur la Terre, mais aussi par les ondes émises par la position particulière des astres, il reçoit une signature astrale. Comme un instrument de musique, il se fait accorder.

De nombreuses études ont déjà montré la parfaite accointance entre des déchaînements de violence sur Terre et les éruptions solaires. Les pics d'activité solaire seraient aussi capables d'influencer notre humeur, nos émotions et nos comportements.[325]

Les cultures anciennes associaient un paterne de personnalité en fonction du profil astrologique. Seul problème, les connaissances se sont oblitérées et nombreux sont les astrologues contemporains qui ne savent plus de quoi ils parlent. Pensez-vous que les grandes civilisations d'antan ont consacré autant de temps et d'énergie à construire des lieux d'observation parfois sur un relief escarpé – comme Machu Picchu–, développé des connaissances très fines en astronomie et dans la conception de calendrier pour rien ? Ces outils devaient être d'une importance capitale à leurs yeux. Les traces de cet héritage sont encore très présentes autour de nous, notamment dans le nom des jours de notre semaine. Lundi est lié à la Lune, mardi à Mars, mercredi à Mercure, jeudi Jupiter, vendredi Vénus, samedi Saturne, dimanche est associé au Soleil, pourquoi ?

Un autre savoir

Les préparations biodynamiques appliquées à dose homéopathique sur vos plantes ou sur le sol vont avoir une action bien particulière. Selon Steiner, elles attirent les êtres élémentaires, les forces de la nature. Ces entités spirituelles étaient reconnues par la

---

[325] *Schumann Resonances, a plausible biophysical mechanism for the human health effects of Solar/Geomagnetic Activity*, Dr Neil Cherry, Human Sciences Department, Lincoln University, New Zeland, 2002.

religion catholique jusqu'au concile de l'an 381.[326] Ces entités endormies dans le préparat vont être réveillées durant la dynamisation avec l'eau. Ils aideront ensuite aux développements des plantes. Chacune des quatre familles d'élémentaires aura des rôles bien spécifiques dans la pousse. Pour en savoir plus, intéressez-vous au travail d'Hugo Erbe ou passer aux travaux pratiques en allant à la rencontre de géobiologues comme Stéphane Cardinaux, Yann Lipnick et d'autres.

Pourquoi quatre groupes de trois planètes donnent les mêmes effets sur le vivant ? Pourquoi Steiner utilisa une corne de vache ? Pour comprendre la démarche, il faut totalement changer notre façon de penser. Ce savoir repose sur une science universelle qui façonne tout ce qui existe. Elle fut transmise d'une façon bien particulière et il ne tient qu'à vous de la découvrir. Cette pensée fut à l'œuvre dans la construction de nos cathédrales ou des pyramides par exemple.

3.3 Les pyramides

Pour ceux qui ne l'auraient pas vu, jetez un œil à *La révélation des pyramides*, un documentaire réalisé par Patrice Pooyard. En complément vous pourrez regarder « nouvelle révélation cosmique de la grande pyramide » une conférence de Georges Vermard et Mathieu Laveau – janvier 2013. Vous comprendrez que la théorie officielle proposée par les égyptologues ne tient absolument pas. Un tel niveau de sophistication pour des tombeaux sans dépouilles, construits en quelques années, par un peuple sans connaissances mathématiques, copié partout dans le monde par hasard... Dans *Lost technologies of ancient Egypt*, Christopher Dunn, un ingénieur spécialiste de la précision, nous montre dans le détail l'extrême précision, la géométrie très complexe et la symétrie parfaite de statuts de l'ancienne Égypte réalisées dans des matériaux plus durs que l'acier. Sur certaines d'entre elles, il dévoile des photos de ce qu'il pense être des traces d'outillage. Nous pouvons sérieusement douter que ces monuments aient pu être façonnés par de petites mains sur des décennies puisque la main de l'Homme n'a pas une telle dextérité et surtout, la précision extrême nécessite des outils modernes pour être appréciée. On nous martèle que

---

[326] *Géobiologie à la découverte de la biodynamie*, Benoit Tramblay, Lulu entreprises, p : 39

l'Homme connaît un *Progrès* constant, qu'aujourd'hui nous sommes la crème de l'intelligence n'ayant jamais existé sur Terre... Pourtant les Anciens bâtisseurs étaient capables de prouesses sans égales, même de nos jours.

Des pyramides, on en dénombre des centaines et des centaines dans le monde, mais faute de moyens, très peu sont réellement étudiées. Pourtant, dans des proportions bien particulières – basées sur le nombre d'or – et une bonne orientation sur l'axe Nord/Sud, les pyramides sont le lieu de phénomènes très curieux difficilement explicables. C'est dire le degré de connaissance des bâtisseurs de ces machines extraordinaires que nous appelons pyramide.

La grande pyramide de Gizeh, dite de Kheops, fut la première où l'on rapporta des phénomènes inexpliqués. Sir William Siemens à la fin de 19éme siècle, remarque un bruit étrange lorsque quelqu'un levait la main, doigts écartés, au sommet de la pyramide. Il prit du papier journal qu'il humidifiât, l'enroula sur une bouteille de vin pour en faire un condensateur. Placez au sommet de la pyramide, la bouteille se chargeât d'électricité et des étincelles jaillirent.

Dans les années 60, des chercheurs Allemands ont reproduit un modèle réduit de cette pyramide en faisant très attention à respecter les proportions. Leur petite pyramide orientée sur l'axe Nord/Sud permettait de momifier de la viande quand elle était déposée exactement là où devrait se situer la chambre haute, la « chambre du roi ». Quand la viande était placée sur le sol d'une pyramide mal orientée, elle finissait par pourrir. Une autre expérience impliquait une lame de rasoir émoussée. Ils la casèrent en deux, une partie installée à la hauteur de la chambre haute, sous une pyramide correctement orientée, l'autre partie est rangée sous scellé. Après huit jours, ils constatent que la lame placée sous la pyramide s'était affûtée, sans que personne n'y touche.[327]

Puis ce sont les chercheurs Russes qui s'y collent. Dans les années 90, ils bâtirent pas moins de dix-sept pyramides aux proportions du nombre d'or et orientées sur l'axe Nord/Sud, à huit endroits différents en Russie et en Ukraine. La plus grande culminant à 44 mètres et pesant plus de 55 tonnes. Des expériences en médecine, en physique, en chimie

---

[327] https://www.youtube.com/watch?v=vY8PuTUAWkI

et en agriculture furent effectuées. Ils constatèrent que sous ces pyramides l'eau se structure / se dynamise / s'informe et qu'elle peut rester liquide à des températures de - 30°C voire - 40°C. Ils testent aussi les effets de la pyramide sur les capacités du système immunitaire en plaçant des immunoglobulines spécifiques en présence d'un virus. Sous la pyramide, une plus grande quantité de virus est neutralisée par ces immunoglobulines.

En Inde des chercheurs ont démontré que la cicatrisation de rats était plus rapide sous la pyramide – bien proportionnée et bien orientée – que sans pyramide.[328] Comme avec l'expérience faite par les Allemands, la pyramide empêche la prolifération des bactéries nocives ce qui réduit la probabilité d'infection, même quand elles sont délibérément provoquées. Cela sous-tendrait que l'utilisation d'antibiotiques puisse être diminuée ou totalement arrêtée juste avec une pyramide aux proportions du nombre d'or et alignée sur l'axe Nord/Sud.

La pyramide aurait aussi des effets sur le psychisme humain notamment au niveau des comportements agressifs. Elle est très utilisée en Inde par les pratiquants de Yoga.

Toutes ces propriétés laissent envisager à des chercheurs[329] qu'avec un lieu bien choisi, pour optimiser les effets des pyramides, leurs utilisations seraient possibles pour des applications médicales comme pour accueillir un hôpital ou dans le cadre de la gestion du stress ou des maladies liées à un stress oxydatif.

---

[328] Pyramid environment reduces the wound healing suppressant properties of dexamethasone in albino rats, Nayak S, Rao G M, Murthy K D, Somayaji S N & Bairy K L, Indian J Exp Biol, 41 (2003) et *Biological phenomena within a pyramid modela preliminary study on wound healing*, B. G. SUBBA RAO, Indian J Physiol Pharmacol 1997 ; 41(1) : 57-Bl.

[329] *Alterations in stress parameters in rats housed in a pyramid model - seasonal variations*, Surekha Bhat, Guruprasad Rao, K.Dilip Murthy and P.Gopalakrishna Bhat, International Journal of Pharma and Bio Sciences V1 (2), 2010

Dans *Manuel de l'énergie des pyramides*, Serge V. King écrit que la pyramide possède les effets suivants :

- Aiguiser les lames de rasoir et la coutellerie ;
- Adoucir le café, le thé et le tabac
- Donner à l'eau du robinet un goût d'eau de source ;
- Stimuler la croissance des plantes ;
- Accélérer le temps de germination des graines ;
- Conserver la nourriture ;
- Rehausser les saveurs naturelles ;
- Faire mûrir les fruits et les légumes ;
- Retarder la croissance des algues et empêcher celle des bactéries ;
- Améliorer la réception de la radio et de la télévision ;
- Recharger les batteries ;
- Augmenter la conscience et rendre la relaxation plus profitable ;
- Stimuler le processus de guérison et alléger la douleur ;
- Rendre et enlever la ternissure ;[330]

Application alimentaire

En Russie, plus de vingt types de semences furent placées dans la pyramide de Ramenskoe sur une période de 1 à 5 jours. Puis, elles furent semées dans un champ proche de la pyramide. Par cette simple opération, les rendements ont augmenté de 20 à 100% selon la variété. Les plantes étaient en bonne santé et n'ont pas souffert de la sécheresse. De la même façon, les pyramides ont accéléré le processus de germination dans une expérience menée par des chercheurs Indiens.[331]

En France, quelques viticulteurs entreposent leurs bouteilles sous des pyramides pour améliorer les qualités organoleptiques de leur cuvée.

---

[330] http://rustyjames.canalblog.com/archives/2013/11/14/28433223.html

[331] *Pyramids and their shapes effect*, Itagi Ravi Kumar, H R Nagendra, Journal of Arts, Science & Commerce, E- ISSN 2229-4686, ISSN 2231-4172

L'aquaponiste pourrait se construire sa pyramide dans un Fab Lab, aux bonnes proportions. Une fois bien orientée, il pourra y entreposer ses semences, ses semis, ou sa récolte. Les plus ambitieux peuvent construire une serre de cette forme.

Le fonctionnement de la pyramide semble dépendre pour partie de son positionnement par rapport aux réseaux énergétiques de la croûte terrestre – ligne de *ley*. Donc, son activité variera en fonction des saisons et du moment de la journée[332] tout comme les lignes telluriques.

Par conséquent, acquérir quelques connaissances pour la positionner de façon optimale sur des nœuds telluriques ou faire appel à un géobiologue sera nécessaire pour choisir un lieu idéal.

Pour ce qui est des principes qui régissent le fonctionnement des pyramides, il faudra attendre les prochains films de Jacques Grimault. Selon ce dernier, les grandes pyramides du plateau de Gizeh sont des métamachines à huit fonctions.

3.4 La génodique

> *Pour être instruit en toutes choses, il faut étudier la musique en ses principes naturels.*
> Confucius

Dans *L'expérience de la musique*, Rudolph Steiner nous dit que la musique est l'art le plus noble, car le son est l'essence du divin. L'Univers dans son entier est régi par les lois de la musique. Il n'y a pas d'interprétation du son, on le prend tel qu'il est, de la façon la plus pure. Nous connaissons principalement la musique pour son effet sur nos émotions. Fortement utilisée dans les publicités ou le cinéma souvent pour vous mettre de bonne humeur, mais parfois pour provoquer un mal-être comme le fit Gaspar Noé pour son film *Irréversible*. Elle peut aussi nous aider à nous relaxer ou même induire des états de transe. Mais la musique fait bien plus que cela.

---

[332] *Ibid.* 329

Jadis, le moment de la plantation s'accompagnait de chants, le plus souvent assurés par les femmes. N'était-ce que du folklore ou le chant avait-il un réel effet sur les semences ? Les travaux de Joël Sternheimer viennent faire écho à cette pratique ancestrale.

Ce physicien et chanteur Français montre que la matière vivante peut être associée à des ondes quantiques ayant une fréquence particulière. Par exemple, lors de sa synthèse, chaque protéine émet un « son » particulier que Sternheimer appelle des « ondes d'échelles ». Il s'aperçut que la succession de ces sons était comparable à une mélodie, elle suivait les règles propres à musique. Ainsi, il a pu transposer ces ondes d'échelles, émises dans nos cellules, en des fréquences audibles à l'oreille humaine.

La musique pénètre littéralement le vivant. Les objets qui n'ont de centre de symétrie provoquent des phénomènes piézoélectriques lorsqu'ils sont soumis à des ondes sonores.[333] Or, tous les êtres vivants, au sens biologique du terme, sont construits ainsi. L'entièreté du corps humain va donc vibrer sur les ondes mécaniques d'une musique et la transformer en électricité qui influencera l'activité biologique des cellules ainsi que les domaines de cohérence de l'eau. Si vous jouez la musique d'une protéine particulière, les conditions dans la cellule vont se récréer pour synthétiser cette protéine. Si la musique est envoyée en inversion de phase, elle inhibera la synthèse de cette protéine. La musique peut donc favoriser ou inhiber un processus biologique.

Sternheimer appliqua ses découvertes aux plantes. Il réussit à identifier une mélodie permettant aux végétaux de mieux résister au froid ou à la sécheresse ; une autre pour la croissance, la floraison, etc. En fonction de la musique diffusée, les plantes seront plus vigoureuses, se développeront mieux et seront moins inquiétées par les maladies. [334] Ce qui veut dire une croissance accélérée, de meilleurs rendements, moins de pesticides, d'engrais ou d'eau utilisée, mais aussi des aliments plus goûteux, plus riches et qui se conservent plus longtemps. La musique peut aussi stimuler les bactéries pour la dépollution de l'eau,

---

[333] ITW vidéo - Pr Marc Henry - Lien entre l'eau et la musique - https://www.youtube.com/watch?v=zx2jW3G0ziM

[334] http://www.genodics.com/autres-applications-des-proteodies

ou la méthanisation. Sternheimer n'est pas le seul à avoir élaboré des musiques pour favoriser des processus biologiques. Au Japon, la société Gomei-kaisha Takada a déposé un brevet sur l'utilisation d'une mélodie qui améliore la fermentation des levures employées pour la fabrication de sauce soja et de pâte miso.

Pour exemple, Sternheimer réalisa au Sénégal le test d'une mélodie luttant contre les effets de la sécheresse chez des tomates. Résultat : les plants de tomates exposés à la musique ont eu un rendement 20 fois supérieur à ceux non exposés.[335] Trois minutes de musique par jour suffisent pour avoir des effets.

Pour obtenir ces mélodies, vous pouvez vous payer les services de la société Genodics. Elle propose de petits appareils que vous pourrez installer dans votre serre aquaponique, mais ce service est plutôt onéreux si l'exploitation n'est pas à visée commerciale. Une autre solution serait la mise en commun des connaissances entre chercheurs amateurs, en partant de la musique et des chants traditionnels ou de compositions de grands maîtres comme Bach. Les notes de « j'ai trouvé l'eau si belle » dans *à la claire fontaine* active par exemple le processus de dénitrification de l'eau.[336] La musique classique en général relaxe les animaux, elle aide à augmenter la production des vaches laitières ou à produire une viande d'excellence comme le bœuf de *Kobe*. Il est probable que quelques séquences aient des effets bénéfiques sur les plantes aussi. Enfin, dernière solution, diffuser des chants d'oiseaux. La fraise par exemple y est sensible et ouvre ses stomates.[337]

Cette méthode est non invasive, elle réduit ce qui est nuisible et augmente ce qui est profitable au vivant. Mise à part la propriété intellectuelle qui pourrait exister, la diffusion de la musique ne coûte pratiquement rien et elle est non dommageable à l'environnement.

---

[335] http://www.dailymotion.com/video/xaw07l_joel-sternheimer-interview_tech

[336] *L'eau-delà de l'eau*, Jacques Collin, Guy Trédaniel, p : 150

[337] https://www.youtube.com/watch ?v=Yk5dGK_PhOo

La recherche dans ce domaine rejoint les idées de Luc Montagnier sur la possibilité de soigner, non plus uniquement les plantes, mais aussi les humains, par le son.

3.5 Des auxiliaires

Les insectes pollinisateurs souffrent de l'intensification de l'agriculture. On estime que 35% de la production agricole mondiale dépend directement de leur activité. Alors, n'attendons pas de finir comme certaines régions en Chine où l'on féconde chaque fleur de poirier à la main pour compenser la disparition des abeilles, décimées par le *Progrès* et des humains qui ne voient pas plus loin que le bout de leur nez.

Si vous construisez votre système aquaponique en pleine ville, une ruche fera votre bonheur, le bonheur de vos plantes et celle de vos *Apis Mellifera* puisqu'elles s'en sortent très bien en milieu urbain. En absence de vent, seules les entomophiles sont capables d'assurer la fécondation des courgettes, melons, pastèques, tomates, poivrons, fèves, féveroles, artichauts, choux, fenouils, oignons, persils, poireaux, carottes, navets, etc.

De plus, elle vous apportera de la propolis qui est utile pour soigner vos poissons s'ils sont malades. Ils vous donneront du miel et de la gelée royale pour vous requinquer. Et si vous pratiquez l'apithérapie, leurs dards diffuseront un venin qui vous soulagera.

Enfin, la conduite de la ruche sera grandement simplifiée si vous suiviez les principes de la biodynamie.

D'autres auxiliaires s'avèrent utiles. On peut citer les coccinelles en cas d'invasion de pucerons ou certaines bactéries. *Azospirillum brasilense* est une bactérie qui favorise l'assimilation des nutriments organiques par la plante. Il suffit d'en avoir dans le sol ou juste d'ensemencer la graine avec la bonne souche de bactérie pour les systèmes aquaponiques. Grâce à cette bactérie on assiste à une « augmentation de la longueur des racines et de la surface foliaire, [un] taux de matières sèches, de protéines et de chlorophylle plus élevés. »[338] Le Japonais Teruo Higa élabora un cocktail de bactéries, dont lui seul a le secret, baptisé EM (*Effective Microorganisms*). Ce mélange active le vivant dans le sol et s'avère très utile pour les cultures en agriculture biologique. Il semble qu'un thé de compost obtient des effets similaires.[339] L'introduction de ces bactéries dans un système aquaponique pourrait être bénéfique aux plantes. Il ne reste plus qu'à essayer.

Ces méthodes sont quasiment gratuites ou du moins leur coût d'achat sera très rapidement rentabilisé par les économies en intrant et les gains en rendement. Elles s'inspirent de la nature et ne demandent que peu de compétences ou de précaution particulière pour être mises en œuvre. Elles aident vos plantes à être plus fortes, à pousser plus vite, à être plus goûteuses et plus économes en eau. Aucune molécule artificielle n'est introduite, donc rien de polluant pour la nature et rien de potentiellement toxique pour ceux qui les mangent. Tout est fait pour durer ! Si après, on vient vous dire que LA solution c'est l'agriculture intensive et les OGM...

3.6 Vérifier la qualité

Il est clair que certaines ondes favorisent la vie. Qu'elles soient capturées par de l'eau, diffusées par nos astres, réfléchies et amplifiées par la pyramide ou reproduites sous la forme musicale, les résultats sont aux rendez-vous. Maintenant, retournons à l'aspect pratique. Vous êtes au marché, un forain vous propose une tomate de l'agriculture chimique, un autre une tomate bio et une troisième tomate bio arrosée à l'eau structurée depuis le stade de semis. Comment pourrez-vous être certain de la qualité de ces aliments sans y goûter ? Comment être sûr

---

[338] Foucard P., Tocqueville A., Gaumé M., Labbé L., Lejolivet C., Baroiller J.F., Lesage S., Darfeuille B., (2015)

-L'aquaponie : une association vertueuse des poissons et des végétaux en eau douce : synthèse technique, économique, et réglementaire. Projet APIVA® (AquaPonie, Innovation Végétale et Aquaculture), p : 92.

[339] www.nexus.fr/wp-content/uploads/2014/12/NX71_04_Compost_light.pdf

de ne pas se faire arnaquer par un marchand peu scrupuleux. Heureusement il existe plusieurs moyens.

Le premier consiste à mesurer la densité des fruits et légumes. Pour cela il vous faut un réfractomètre, un appareil qui mesure la densité de ce qu'il mesure. La densité est mesurée par l'échelle de Brix, plus le score est élevé plus l'aliment est dense, ce qui veut dire qu'il est rempli de nutriments et pas simplement gorgé d'eau. Les végétaux qui ont une densité supérieure sont ceux que notre organisme digère le plus facilement, même chez ceux qui ont des maladies gastro-intestinales. Idéalement il ne faudrait consommer que des aliments à l'indice Brix au- dessus de 12 ou 15. Or, l'agriculture conventionnelle nous propose des produits qui peinent à offrir un 5, y compris quelques produits du bio industriel.[340] Mais, le réfractomètre ne mesure qu'une conséquence du vivant et pas le vivant lui-même.

Heureusement, d'autres méthodes permettant d'apprécier plus que le simple aspect matériel de notre nourriture existent. Les « disciples » de Steiner ont mis au point, sur ses conseils, la technique de la cristallisation sensible. Vous mélangez la substance à tester avec du cuivre en solution aqueuse dans une boîte de pétrie et vous laissez le tout se déshydrater. À la fin vous aurez un motif d'une forme bien particulière qui peut être interprété. Les caractéristiques du motif varient en fonction du type d'aliment testé et nécessitent quelques connaissances en la matière pour être interprété correctement. L'image donne une représentation des capacités énergétiques de la substance étudiée, elle permet aussi de voir si une plante est compatible avec une autre, ou encore d'identifier une maladie. L'eau peut aussi être évaluée par cette méthode.

Les tests indiquent que les aliments issus de l'aliénation verte ont des cristaux fanés, affaiblis, épais, rigides et l'image se dégrade rapidement. La cristallisation laissée par les OGM se dégrade encore plus vite que le non-OGM. Les aliments provenant de l'agriculture biologique présentent des cristaux souples, très ramifiés, avec une structure instable. L'image est conservée plus longtemps que ceux de l'agriculture chimique. L'aliment issu de la biodynamie forme des

---

[340] http://www.permaculturedesign.fr/mesurez-la-densite-de-nutriments-de-vos-fruits-legumes/

cristaux fins, souples, ramifiés, sculptés profondément et la conservation de la forme est la plus longue.

Une autre méthode plus rapide existe, vous pouvez utiliser un pendule accompagné d'une échelle de Bovis. Après un petit entraînement, vous pourrez déterminer si tel ou tel aliment est compatible avec vous ou encore tester son niveau énergétique.

Pour aller plus loin vous pourriez vous initier à la méthode de mesure bioénergétique. À moins d'être vraiment très doué pour la chose, un « déblocage », en suivant les conseils d'un géobiologue par exemple, est nécessaire pour éveiller cette aptitude. Vous serez alors capable avec la paume de vos mains de ressentir votre enveloppe énergétique et ses réactions en présence d'un objet. Prenez une mesure étalon et vous sentirez que cette enveloppe gonfle en présence d'un aliment bénéfique et se rétracte en présence d'un aliment qui vous est préjudiciable. Si votre enveloppe au repos est à 100%, en présence d'aliments de l'agriculture chimique l'enveloppe n'est plus qu'à 80% de l'enveloppe de base, elle est à 120% pour les aliments bio et 150% pour ceux de la biodynamie. L'aliment cuit au micro-ondes est à 20%, tout comme les aliments pourris.

Pour les esprits plus cartésiens, vous pouvez observer la même chose, mais en photo grâce à un appareil développé par des Russes. Les époux Kirlian découvrirent accidentellement en 1939 une technique pour visualiser cette enveloppe énergétique. En soumettant des objets, inertes ou vivants, à une haute tension électrique de faible intensité, des « fuites » vont se former sur le pourtour de l'objet. Le courant électrique qui s'échappe va ioniser l'air autour de l'objet et produire un halo lumineux, visible, qui est pris en photo. Plus l'objet contient d'énergie plus le halo sera grand et/ou de couleur particulière.

Toujours en Russie, le Dr Korotkov va perfectionner cet outil et passer de l'image à la vidéo. Ainsi naquit le GDV, pour *Gaz Discharge Visualisation* – visualisation de décharge gazeuse. Le GDV de Korotkov est une petite caméra qui enregistre l'émission électro-lumineuse d'un objet vivant ou non. Le plus simple d'utilisation est le GDV compact. Un individu glisse un à un les doigts de sa main – qui sont un modèle énergétique réduit de l'ensemble du corps, connu en médecine chinoise depuis fort longtemps – sur le capteur. Un logiciel va traiter les données et le modéliser. Vous pourrez voir la distribution énergétique de votre corps en quelques instants et par exemple voir l'effet de l'eau structurée sur votre enveloppe énergétique. Le GDV Pro a d'autres fonctionnalités, il permet d'étudier tout type d'échantillons naturels : de la roche, des pierres précieuses, des feuilles, des semences, sang, eau, etc.

Ces appareils sont acceptés par le Ministère de la Santé Russe en tant que technologie médicale et sont utilisés par certains médecins pour les aider à établir un diagnostic.[341]

Il serait intéressant de tester les aliments obtenus par les différents procédés que nous avons vus. Qui de la pyramide, de la séquence musicale, de l'eau structurée ou de la biodynamie donnera les meilleurs aliments à notre organisme. Les effets s'additionneront ou obtiendrons-nous un effet plafond ? Et quels effets auraient ces aliments sur le processus de guérison ?

---

[341] http://www.arsitra.org/yacs/files/article/482/GDVjfr.pdf

4. Une médecine de malades

La santé dépend plus des précautions que des médecins.

Bossuet

Avec ce que nous venons de voir, de nouveaux horizons en médecine sont possibles, mais pourquoi rien ne bouge, en tout cas chez les Occidentaux ? Pour le comprendre, regardons les chiffres. Plus un pays à un PIB élevé plus sa population dépense de l'argent pour se soigner, ce qui semble logique puisqu'elle aurait plus d'argent à consacrer à sa santé. Pourtant les Américains dépensent en moyenne plus de 9400$ par an pour se soigner, plus que n'importe qui, mais ils sont seulement classés 35éme sur la liste des pays dont les habitants ont la plus longue espérance de vie.[342] Le Japon deuxième population en termes d'espérance de vie ne dépense que 3700$ par an.[343] Quelque chose ne tourne pas rond non ?

En 1973, les médecins se mettent en grève pendant un mois en Colombie, à Los Angeles et en Israël. La mortalité dans ces pays a chuté de 50% durant cette période. Aux États-Unis la quatrième cause de décès est imputée aux effets secondaires des médicaments. En Allemagne 2 à 10% des hospitalisations sont les conséquences des effets secondaires des médicaments.

Cette médecine occidentale ne sait faire que de la molécule chimique, sous brevet et livrée avec des effets secondaires, pour supprimer des symptômes. Les grandes compagnies pharmaceutiques ont tout intérêt à ce que nous soyons tous malades pour qu'ils puissent nous vendre leurs médicaments et ainsi gonfler leur chiffre d'affaires. Rien qu'en France, le médicament représentait un marché d'environ 27

---

[342]https://fr.wikipedia.org/wiki/Liste_des_pays_par_esp%C3%A9rance_de_vi
e

[343] http://donnees.banquemondiale.org/indicateur/SH.XPD.PCAP

milliards d'euros en 2013.[344] Un Français moyen consomme 48 boîtes de médicaments par an !

Cette médecine « moderne » fut créée de toute pièce par... les Rockefeller (surprise) ! C'est le patriarche de la famille qui lança la mode de la médecine allopathique. Pourtant pour se soigner Monsieur faisait appel au Dr H.L Merryday, un homéopathe. On prend les mêmes et on recommence. Le cartel chimique et pétrolier qui a donné naissance à l'agriculture industrielle, accouche aussi de l'industrie pharmaceutique.

La Fondation Rockefeller aidé des Carnegie financeront le rapport Flexner pour réorienter l'enseignement en médecine pour qu'elle devienne « scientifique », matérialiste, tout en dénigrant les médecines « alternatives », comme l'homéopathie, la phytothérapie, les massages, l'ostéopathie... Ces praticiens sont maintenant des charlatans qui sont harcelés et poursuivis en justice. Il ne reste plus que de l'allopathique, ou presque, pour soigner des symptômes aigus par des médicaments aux effets secondaires, sous brevet et prescrits par un médecin certifié par les nouveaux décideurs.

Avec ses amis, Rockefeller finança, entre autres, les facultés de médecine, hôpitaux et revues médicales qui ne pouvaient que se soumettre face aux exigences des nouveaux bienfaiteurs. Le contenu des enseignements fut remanié de fond en comble. Seules 50 écoles sur les 650 résistent au changement de cap imposé. Les élèves passent de 7500 à 2500. Au passage, les femmes et les noirs travaillant dans le milieu médical sont éjectés. Il ne restait plus que des hommes, issus de milieux favorisés, pour prodiguer les soins. La vision et les règles de leur médecine se répandent au niveau mondial grâce à l'OMS et la déclaration d'Alma Ata en 1977.

La pieuvre Rockefeller s'empare des institutions toujours par le nerf de la guerre. Big Pharma s'offre l'OMS en donnant plus d'argent que les 194 pays qui en sont membres. Idem pour l'Association Médicale Américaine, Britannique et les organisations de médecins. Les organismes d'État comme l'AFSSAPS devenu l'Agence Nationale de Sécurité du Médicament et des produits de santé (ANSM) ou

---

[344] ANSM, Analyse des ventes de médicaments en France en 2013, Juin 2014.

l'USFDA Américaine, des organismes censés vérifier l'efficacité des médicaments et l'absence d'effets secondaires graves, bénéficient aussi de leurs largesses. Grâce à cette métastase généralisée, les études qui transitent dans ces organismes sont toutes issues de l'industrie pharmaceutique, exactement comme celles sur les pesticides ou les OGM.

Toutes les cartes sont entre les mains des Rockefeller et leurs amis.

4.1 Hippocrate ou hypocrite ?

Les Rockefeller sont sur tous les fronts. Leur aliénation verte affaiblit les pays et les systèmes immunitaires et affame les populations. Les maladies sont à la fête, ce qui leur permet de nous vendre des médicaments hors de prix pour parfois donner quelques semaines à vivre en plus. Les moins chanceux meurent à petit feu, ce qui fait aussi leur affaire puisqu'ils veulent « maîtriser » la population mondiale. Rappelons qu'un Bill Gates ou qu'un David Rockefeller décédé à l'âge de 101 ans – pensent que nous sommes trop nombreux sur terre et que nous polluons trop…[345] Pourtant ce sont tous deux des promoteurs d'une des activités les plus polluantes sur terre, l'aliénation verte. Ne parlons même pas du système capitaliste, qu'ils défendent, et qui les a rendus immensément riches. Dans leur logique qu'ils essaient de nous imposer, tout serait de la faute aux jeunes Africains pieds nus et aux ventres gonflés par la malnutrition. Ce sont eux la cible des critiques et pas les États-Unis, qui pollue, consomme et gaspille sans vergogne. Aujourd'hui, les Africains ne sont pas les seuls à vouloir être « contrôlés ». Avec l'avènement de la robotique, de l'ère post-humaine, il est évident qu'un ramassis de chômeurs, autrefois chair à canon puis consommateurs utiles à la conquête et à la prospérité de l'élite, est maintenant devenu un ensemble de carotteurs, usurpant les rares ressources de la Terre. Nous devenons gênants.

Pour se faire la main, les Rockefeller ont financé des projets eugénistes dans l'Allemagne Nazie. Ensuite, ils ont œuvré du côté de Porto Rico en observant les effets de cellules cancéreuses inoculées sur

---

[345] https://www.youtube.com/watch?v=ClqUcScwnn8

l'humain. D'ailleurs, un des « médecins » sociopathes du Rockefeller *Institut*, le Dr Cornelius Rhoads, déclara à l'époque :

« Les Portoricains sont sans aucun doute la race humaine la plus sale, la plus paresseuse, la plus dégénérée et la plus voleuse qui ait habité la planète. Ce n'est pas un travail de santé publique dont cette île a besoin, mais d'un tsunami ou de quelque chose capable d'exterminer totalement sa population. J'ai fait de mon mieux pour engager le processus en en tuant huit... »[346]

Allan Gregg, vice-président de la fondation Rockefeller, en charge de la division médicale compare l'homme à un cancer. Avec de tels zozos et le soutien d'une élite raciste et eugéniste, la médecine ne pouvait que dégénérer. Rappelons que le droit de vote de Noirs aux USA n'arrive qu'en 1965.

L'humanité a connu de nombreuses campagnes de stérilisation : Brésil, Inde, Kenya, Nicaragua, etc.[347] Chaque année de nouvelles maladies font leur apparition et déclenchent des vagues hystéries collectives dans les médias : Grippe A, Anthrax, Chikungunya, Ebola, Zika, Dengue... Pourtant elles font beaucoup moins de victimes qu'une grippe saisonnière banale.

À la moindre occasion, on nous impose la vaccination. Pour le Dr Rima E Laibow, les vaccins sont inefficaces, dangereux, et leur mise sur le marché sont le fruit d'une fraude scientifique. Selon Judy Mikovits, au moins 30% de nos vaccins sont contaminés par des gammarétrovirus.

---

[346] « Porto Ricochet » : Joking about Germs, Cancer, and Race Extermination in the 1930s, Oxford university press, Oxford, 2002 p.732, cité par William Engdahl, *OGM semence de la destruction*, p : 75

[347] http://www.directmatin.fr/sante/2014-11-14/sterilisations-linde-et-le-kenya-touchees-par-deux-affaires-694678

Une contamination qui est associée à l'autisme, au syndrome de fatigue chronique, à la maladie de Parkinson, la maladie de Lou Gehring et à la maladie d'Alzheimer.[348]

Chaque année, ils vont même culpabiliser les personnes âgées pour qu'ils se fassent vacciner contre la grippe. Or, la science commence à découvrir que le virus ou les mauvaises bactéries sont déjà présents dans notre organisme et qu'elle se déclare en cas de déséquilibre du terrain de l'individu.

Selon Louis-Claude Vincent, le terrain dépend du pH et du bilan oxydoréducteur (rH2) de nos liquides corporels. Grâce à un système tampon astucieux – qui lorsqu'il est soumis à de trop nombreuses contraintes finit par engendrer des maladies – le pH ne varie pratiquement pas sous peine de mort immédiate, ce qui ne laisse que le rH2 comme réel déterminant de l'état de votre terrain. Quand votre organisme est oxydé, votre terrain est propice aux virus. Quand votre terrain est réducteur, c'est l'infection bactérienne qui guette.[349] Dans ces conditions, quelle est l'utilité du vaccin ? (Demander des explications Marc Henry pour vous en persuader).

Nous avons aussi droit aux meilleurs des médicaments, si merveilleux qu'il faudrait parfois nous endetter toute une vie pour suivre le traitement qui vous sauvera la vie. Souvent ce médicament est une pâle copie de ce que la nature offre gratuitement, mais qui est maintenant breveté et donc interdit au nom de la propriété intellectuelle. Ces médicaments sont surtout là pour éliminer le symptôme et pas vraiment pour traiter la cause des troubles, sinon nous ne serions pas de bons clients. Pour faire des économies, les fabricants vont souvent les tester en Inde sur des cobayes pauvres, cela va de soi, et surtout qui n'ont rien demandé.[350] L'illégalité de la manœuvre ou les droits de l'Homme sont le cadet de leurs soucis, le profit avant tout. Malgré tous ces tests et un prix très élevé, c'est environ 80% des médicaments qui

---

[348] http://initiativecitoyenne.be/2015/12/contamination-des-vaccins-par-des-retrovirus-la-decouverte-explosive-du-dr-judy-mikovits.html

[349] Quelle eau boire, conférence de Marc Henry, 06 décembre 2013.

[350] *Médecines : Cobayes ou patients*, France O, 2015

nous sont vendus qui n'ont aucun effet sur le processus de guérison. Par contre, ils ont des effets iatrogènes bien présents.

Chez l'Oncle Sam, 1,5% des patients, soit 15 000 personnes chaque mois, meurent des conséquences de la prise de médicaments[351] et 2 200 000 souffrent d'effets secondaires. En France c'est plus de 18 000 décès chaque année,[352] plus que les suicides et les morts sur nos routes, mais qui en entend parler ? À chaque fois que les chiffres de la sécurité routière sont mauvais, nous entendons que le gouvernement va mettre en place de nouvelles mesures pour endiguer le phénomène, qui se résume plus ou moins à un nouveau racket organisé via la pose de radars automatiques. À quand un tapage médiatique sur de nouvelles mesures draconiennes pour une autorisation de la mise sur le marché et l'utilisation de ce qui est censé nous soigner ?

Notre santé est avant tout une histoire de chiffre d'affaires. Dans le secteur pharmaceutique, ils dépensent deux fois plus d'argent dans la publicité que dans la recherche. Un cancer fait vivre 4000 personnes, la pharmacologie est le deuxième business le plus lucratif au monde juste derrière le pétrole et il profite toujours aux mêmes...

4.2 Un retour vers le futur de la médecine

Les dernières découvertes relatives à la physique quantique devraient bousculer notre conception de la médecine. Adieu l'action de la molécule et bonjour l'information qui soigne. Aidée d'innovations techniques, elle nous donne une autre vision de la médecine chinoise.

Le GDV de Korotkov permet d'établir un bilan énergétique de l'ensemble du corps et des organes qui le compose. Ainsi, elle confirme l'approche orientale qui dit qu'un trou dans la distribution énergétique de nos méridiens pourra *in fine* déclencher un symptôme. Nous pouvons maintenant le quantifier, le mesurer et proposer des traitements par de l'acupuncture, du Qi Gong – comme dans les hôpitaux Chinois –, des massages et autres, pour rétablir une bonne circulation énergétique.

---

[351] http://www.prescrire.org/fr/101/327/47350/0/PositionDetails.aspx

[352] http://www.lemonde.fr/sante/article/2013/05/27/les-medicaments-causent-au-moins-18-000-morts-en-france_3418273_1651302.html

L'effet du traitement pourra être vérifié par les scientifiques les plus sceptiques et pas seulement les Maîtres de la discipline et leurs patients.

Cette percée pourrait aussi créer une nouvelle niche dans la recherche médicale qui mélangerait psychologie, médecine chinoise et le GDV. Freud étudiait des cas de paralysies ou de cécités entièrement causés par des blocages psychologiques. Dans *Dis-moi ou tu as mal je te dirais pourquoi*, Michel Odoul montre que des problèmes d'ordre psychologique à bien des effets dans le corps physique et que leurs explications suivaient les principes de la médecine chinoise. Chaque zone du corps peut être mise en relation avec certains blocages psychologiques. Le Dr Deepak Chopra a quant à lui eu affaire à un cas de personnalités multiples où un seul et même individu avait une personnalité qui était diabétique, une autre allergique aux jus d'orange et encore une autre en parfaite santé. Comment un même corps peut-il produire des marqueurs immunologiques spécifiques pour une personnalité et pas une autre ? Comment expliquer l'effet placebo qui est capable de soigner jusqu'aux verrues ou des problèmes de genoux qui réclameraient une intervention chirurgicale et peut même remplacer une thérapie aux électrochocs chez les personnes les plus influençables ? Comment l'hypnose peut modifier notre perception de la douleur ? La réponse se trouve dans notre esprit. Il est capable de produire de l'énergie qui peut influencer aussi bien la structure de l'eau que l'ensemble de notre corps.

Un agent pathogène, physique ou psychique, a une fréquence vibratoire bien particulière qui va désinformer notre organisme, modifier la communication de nos cellules. Au seuil critique, la maladie apparaît. Cette « mal à dit » engendre les maux du corps, il n'est plus sur la bonne « mélodie ». Avec la génodique nous savons que ce modèle est effectif sur la plante. La musique a aussi un effet sur les animaux, comme les vaches laitières qui produisent plus de lait en écoutant de la musique classique.[353] Pour l'humain les travaux de Jacques Benveniste repris par Luc Montagnier montrent que tout ce qui est vivant à une mélodie, une fréquence particulière, même la maladie. Il suffirait de découvrir celle-ci et de la faire écouter au souffrant, mais en inversion

---

[353] http://www.lavenir.net/cnt/dmf20150710_00675432

de phase cette fois et la maladie serait neutralisée. Cela fonctionne sur les plantes, pourquoi pas nous ?

Ce mécanisme était probablement déjà exploré par l'ingénieur bordelais Antoine Prioré, mort en 1983. Il inventa une machine produisant des ondes électromagnétiques qui pouvait soigner le cancer chez l'humain et l'animal, provoquant un remue-ménage à l'époque. Il emporta les secrets de sa machine dans sa tombe.

En attendant que Big Pharma lâche la bride et alloue des crédits pour ce genre de recherches et ainsi permettre de réellement soigner l'humanité quasi gratuitement – on peut rêver non ? –, le bon vieux prévenir que guérir est plus que jamais de vigueur.

5. Les mets de sain

Que ta nourriture soit ton médicament.

Hippocrate

C
e qui anime les promoteurs de la médecine occidentale – celle des Rockefeller – est avant tout d'ordre financier. En plus d'une bonne hygiène, une des solutions dont nous disposons pour ne pas la croiser sur notre route est de recourir à une mesure prophylactique simple : avoir un système immunitaire vigoureux. Pour y arriver, il faut en premier lieu changer notre modèle agricole dominant pour qu'il puisse fournir une alimentation dépourvue de toxiques et mieux, une alimentation qui renforce notre système immunitaire.

L'alimentation est la clef de voûte de la santé, il est donc inutile et même dommageable de vouloir vacciner à tour de bras des enfants alors qu'ils meurent de faim. Notre soi-disant philanthrope milliardaire Bill *Gâtés* ne met que de l'huile sur le feu en tiraillant un système immunitaire déjà défaillant.

Une vraie alimentation dense en nutriments et équilibrée à des effets incroyables. Prenez le cas de Mike Tyson, un homme autrefois virulent, se décrivant au bord de la mort des suites de ses frasques.[354] Il est aujourd'hui végétalien et a rapidement constaté les effets bénéfiques de ce régime sur sa santé aussi bien physique, puisqu'il a perdu du poids et réglé ses problèmes d'arthrites, que psychique. Il est maintenant un bon père de famille qui n'a plus de problèmes de comportement ou d'addictions.

Pour que notre alimentation soit nourrissante et bénéfique pour notre santé, elle ne doit pas uniquement faire plaisir à votre palais, elle doit aussi rendre heureux notre microbiote.

---

[354] https://www.youtube.com/watch ?v=Vc-DeGEXAmM

5.1 Le microbiote, Terra incognita

Le microbiote est constitué de l'ensemble des bactéries qui vit en symbiose en nous et sur nous. Il pèse de 1 à 5kg.[355] Si vous prenez le corps d'un Humain dans sa totalité et que vous le divisez en cellules, vous trouverez 10% de cellules humaines et 90% de bactéries. Heureusement les cellules humaines sont beaucoup plus volumineuses et nous évite d'avoir de drôles de têtes. L'ensemble génétique du microbiote intestinal, le microbiome, contient cent cinquante fois plus de gènes qu'un être humain.

Le microbiote est un organe à part entière de notre corps qui a plusieurs facettes. Il va entraîner et maintenir en bonne santé nos intestins qui représenteraient 60 voire 80% de notre système immunitaire. Il neutralise ou détruit des substances étrangères toxiques et nous aide à décomposer certains aliments que notre corps est incapable de dégrader faute d'enzymes adaptées. Le microbiote intestinal nous nourrit, 90% de nos apports alimentaires proviennent de notre nourriture et 10% sont fournis par nos bactéries intestinales. Elles nous fournissent différentes vitamines et synthétisent plus de vingt hormones. Et la recherche n'a pas fini de dévoiler tous ses secrets.

Notre microbiote tient un rôle très important sur nos pensées et comportements. Des chercheurs ont constaté que des souris élevées dans un milieu stérile, donc dépourvu de microbiote, développaient un comportement atypique. Non seulement elles mangeaient plus et prenaient plus de temps pour digérer, mais elles étaient surtout hyperactives et étaient intrépides pour ne pas dire imprudentes. Dans une autre étude, les expérimentateurs prirent une souris aventureuse, qui explorait aisément un environnement inconnu, et une souris craintive, qui restait prostrée dans son coin. Ils échangèrent leur microbiote et comme par magie, la souris craintive devint aventureuse et l'aventureuse devint craintive. Dans le même registre, des chercheurs ont échangé le microbiote de deux souris, l'une en fort surpoids et l'autre d'un poids normal. La souris mince se mit à manger beaucoup plus, à mieux métaboliser sa nourriture et elle finit par développer une

---

[355] https://lejournal.cnrs.fr/articles/microbiote-des-bacteries-qui-nous-veulent-du-bien

forte surcharge pondérale. Et inversement pour la souris obèse qui devint menue.

Vu les comportements observés chez les souris, il se pourrait que chez l'humain les comportements violents et antisociaux liés à la malbouffe soient modulés par le type de microbiote de l'individu. Nous pourrions supposer que, comme les souris, ceux qui ont un microbiote peu diversifié soient les plus enclins aux comportements antisociaux. Donc l'effet dû à un problème de métabolisation du sucre serait potentialisé par le microbiote ou découlerait d'un microbiote défaillant. Un individu avec une flore intestinale diversifiée sera moins tenté de violenter sa petite amie après l'ingestion d'un Mc Donald que celui qui a une flore intestinale pauvre et malade. L'influence de la prise de médicament, type antidépresseur, devrait compléter cette hypothèse puisqu'ils influencent tant le microbiote que l'activité cérébrale.

Sur l'humain, beaucoup de choses restent encore à découvrir. Les expériences étant plus compliquées à mettre en place, seuls quelques phénomènes ont pu être identifiés. En voici quelques-uns. Les individus qui hébergent la toxoplasmose ont un taux réduit de sérotonine ce qui peut entraîner un état dépressif et une indifférence à la douleur. Ces personnes auront plus de risques de faire un accident de la route que les autres, surtout quand ils souffrent d'une infection. L'anorexie serait elle aussi d'origine bactérienne. Des chercheurs ont découvert qu'en période de stress certaines bactéries peuvent produire une protéine, la ClpB, qui imite la mélanotropine, l'hormone de la satiété.[356] Un dernier exemple avec Luc Montagnier, qui grâce à une cure d'antibiotique a pu obtenir des effets probants chez des autismes. Selon lui, une certaine forme d'autisme serait liée, au moins en partie, à la présence d'une bactérie,[357] mais la recherche ne fait que débuter.

Chaque être humain à une population bactérienne unique. Elle est si caractéristique qu'il est incroyablement plus précis qu'une empreinte digitale par exemple. Notre colonisation par ces petits amis commence dès le milieu intra-utérin. Des bactéries buccales de notre mère migrent

---

[356] http://www.sciencesetavenir.fr/sante/20141229.OBS8978/la-flore-intestinale-influence-notre-appetit.html

[357] http://future.arte.tv/fr/des-bacteries-lorigine-de-lautisme

dans le placenta. D'ailleurs, si la flore buccale de celle-ci est en piteux état, son corps empêche l'implantation du placenta. Le corps se préserve plutôt que d'utiliser de l'énergie à concevoir un enfant qui se sera non viable ou qui aura de gros problèmes de santé plus tard.

Puis, vient le moment de l'accouchement où nous subissons une exposition bactérienne déterminante. Les premiers arrivés vont coloniser notre organisme en quelques heures seulement et s'y installer durablement. C'est le moment où nous héritons d'un capital bactérien que nous dégraderons ou enrichirons au fil des années. En conséquence, la population bactérienne d'un nouveau-né par césarienne rendra l'enfant plus enclin à développer de l'asthme, des allergies et à devenir obèse à l'âge adulte. Si le bébé voit le jour dans un environnement stérile, il mourra dès la première exposition à un agent étranger quelconque.

Par la suite, plusieurs paramètres pourront agir sur notre microbiote. Si avons droit à l'allaitement, notre flore intestinale sera plus développée. Le lait maternel contient des polysaccharides, qui s'apparente à un prébiotique – expliqué plus loin – apprécié du microbiote, mais non assimilable directement par le métabolisme de l'enfant. Cela veut dire que la Nature a fait en sorte que la mère produise un composé exclusivement destiné au microbiote de l'enfant. Le nourrisson qui n'aura pas la chance de goûter au lait de sa mère sera plus exposé au problème de surpoids et aux allergies plus tard. À partir de l'âge de trois ans, on considère que le microbiote est équilibré. Il forme un écosystème qui évoluera, normalement, peu par la suite.

L'enfant qui multipliera des contacts avec d'autres souches bactériennes enrichira son microbiote. Avoir un chien, vivre dans une ferme, avoir une bonne alimentation, façonnera positivement son microbiote et donc sa santé. À l'inverse, une mauvaise alimentation ou encore des traitements médicamenteux auront des effets négatifs. Prescrire une cure d'antibiotiques à un nouveau-né durant les six premiers mois de vie augmentera son risque d'être obèse à l'âge adulte. Ainsi, dans les pays riches, surprotégés, usant des antibiotiques à tort et à travers, où une politique hygiéniste présentant la bactérie comme un ennemi à éradiquer, nous avons un microbiote moins développé que les habitants des pays pauvres qui ont donc moins de risques d'allergies, d'asthme et d'obésité.

Si votre population bactérienne est trop malmenée, un déséquilibre se créera, des bactéries pathogènes pourront prendre le pas sur celles qui nous aident. Votre microbiote sera malade, c'est ce qu'on appelle la dysbiose.

Dysbiose

Ce phénomène de déséquilibre au sein de notre population bactérienne est le plus souvent déclenché par deux facteurs.

La première survient après l'usage d'antibiotiques. Ils sont employés pour détruire les bactéries ou stopper leur prolifération. Ils sont parfois produits par les bactéries de votre microbiote pour maîtriser la prolifération d'étrangers ou de concurrents. Mais, vous les connaissez surtout sous la forme prescrite par votre médecin, trop souvent utilisés de façon abusive.

À San Francisco, pour les besoins d'une étude, un chercheur s'est lancé dans la quête de sujets n'ayant pas pris d'antibiotiques durant les deux dernières années. Sur une population de plus de 800 000 habitants, il n'a trouvé que deux volontaires répondant à ses critères. En Allemagne, un des meilleurs élèves de l'UE en matière d'usage d'antibiotiques, une personne sur quatre à droit à un traitement antibiotique chaque année. La France est classée deuxième chez les mauvais élèves, elle en utilise deux fois plus que les Allemands,[358] sans compter les antibiotiques contenus dans la viande de porc, de volaille ou de bœuf, malade d'une nourriture contre nature et contenant des bactéries pathogènes, comme la salmonelle, provenant des quatre coins du monde.

Cette pêche à la dynamite menée par les médecins va favoriser la résistance aux antibiotiques et libérer de la place dans notre microbiote pour que des agents pathogènes s'y développent. La cure d'antibiotiques laisse par exemple la place au *clostridium* difficile qui tue chaque jour 300 personnes rien qu'aux États-Unis.

---

[358]https://www.vidal.fr/actualites/18628/consommation_d_antibiotiques_la_fr ance_toujours_dans_le_peloton_de_tete_europeen/

Le second agent capable d'induire une dysbiose, c'est une mauvaise alimentation type malbouffe. Elle modifie petit à petit le microbiote puisque les bactéries se nourrissent de ce que nous mangeons. Elle favorise la surreprésentation de bactéries nocives qui pourront produire des toxiques –des endotoxines. Une mauvaise nutrition peut aussi créer une carence qui affaiblira nos défenses ou ne pas apporter aux enzymes les minéraux nécessaires à leur fonctionnement.

Notons aussi que le stress psychologique va affecter notre microbiote, via le cortisol notamment, et favoriser l'entrée des endotoxines. Il aura donc un effet sur notre système immunitaire et modulera tous les processus liés aux intestins.

Une consommation répétée de toxiques comme de sucres raffinés,[359] de produits laitiers, de gluten, d'additifs alimentaires,[360] de polluants ou d'alcool, va perturber notre microbiote. Ces toxiques sont aussi présents dans l'eau comme le chlore qui, en plus d'attaquer nos bactéries, est aussi un oxydant qui crée les conditions nécessaires dans votre terrain pour développer un virus. Ces assauts répétés finissent par rendre impuissant votre microbiote dans la neutralisation des toxiques. Les entérocytes de la paroi intestinale, sans ses gardes du corps, sont alors attaqués. L'absorption des nutriments est gênée, les jonctions serrées se distendent, rendant notre barrière intestinale perméable, ce qui provoque des réactions inflammatoires et une insulino-résistance engendrant eux-mêmes des désordres. Par exemple, des études ont montré que l'intestin des souris obèses était poreux. Les endotoxines émises par le microbiote franchissent la paroi intestinale et ce serait précisément ce phénomène qui provoquerait le surpoids.

---

[359] http://jecuisinesansgluten.com/microbiote-ventre/

[360] *Lerner A, Matthias T. Changes in intestinal tight junction permeability associated with industrial food additives explain the rising incidence of autoimmune disease. Autoimmun Rev. 2015 Feb 9. pii : S1568-9972(15)00024-5. doi : 10.1016/j.autrev.2015.01.009.*

5.2 Hyperperméabilité

La mort commence dans le côlon.

Hippocrate

En temps normal, notre barrière intestinale assure un rôle de filtre. Il laisse passer les nutriments issus de la digestion vers la circulation sanguine tout en repoussant les molécules indésirables comme les bactéries ou les substances étrangères. Cependant sous l'effet d'une dysbiose ou d'un toxique, les jonctions serrées de la barrière intestinale qui assure le filtrage s'ouvrent et l'intestin devient perméable à des macromolécules qui en temps normal ne passeraient pas. On parle d'hyperperméabilité de l'intestin grêle. Ainsi des substances étrangères vont se retrouver dans la circulation sanguine et semer la zizanie un peu partout dans l'organisme. Selon le Docteur Seignalet certaines complications peuvent survenir.

Tout d'abord, le corps doit se débarrasser des éléments indésirables qui ne seront pas reconnus par le système immunitaire. Les éboueurs de notre corps vont capter les intrus et les expulser du corps grâce aux émonctoires comme la peau, les bronches ou le côlon. Si la situation se répète, cela peut entraîner une sur-élimination qui finira par provoquer une inflammation pathologique de l'émonctoire.

Ensuite, la capacité qu'à notre corps à reconnaître ces substances comme étant étrangères peut devenir un problème. Si la situation se répète trop souvent, le système immunitaire, sur-stimulé, peut se dérégler. Plutôt que de se cantonner aux éléments étrangers, le corps pourra commencer à s'attaquer lui-même, phénomène à l'origine des maladies auto- immunes.

Enfin, les capacités d'élimination et de neutralisation ne sont pas infinies, le corps peut être dépassé et des composés vont vagabonder dans notre organisme jusqu'à se poser dans des zones où ils ont le plus d'affinités et attendre sagement que le corps l'élimine. Ils peuvent rendre poreuse la barrière hématoencéphalique (BHE), si elle ne l'est pas déjà pour X raisons, entrer dans le cerveau et s'installer sur les récepteurs nicotiniques provoquant maladie de Charcot et d'Alzheimer, ou encore accaparer les récepteurs dopaminergiques provoquant Parkinson. Durant l'attente de l'élimination, les intrus perturbent le bon fonctionnement du corps.

Si l'hyperperméabilité se reproduit encore et encore, il se pourrait que le système immunitaire finisse par identifier une macromolécule qui passe un peu trop souvent comme un nuisible. Le degré de tolérance du système immunitaire sera défini par de nombreux paramètres dont la génétique. Ainsi, dès que nous remangerons cet aliment jugé indésirable le corps enclenchera une réaction inflammatoire encore plus forte. La répétition de la situation provoque une inflammation chronique qui maintiendra l'état de perméabilité intestinale – et accentuera l'acidité dans la région –, et fera apparaître de nombreux symptômes. Il continuera de passer dans l'organisme créant une réaction immunitaire encore plus forte. Nous devenons intolérants voire allergiques à l'aliment et bizarrement vous aurez encore plus envie d'en manger. Disons aussi qu'un intestin fatigué, par une mauvaise alimentation et/ou des efforts intenses, peut temporairement être « sensible » au gluten et développer une hyperperméabilité intestinale et des troubles digestifs, sans pour autant que le sujet soit atteint d'une maladie cœliaque.

Intolérance alimentaire

Selon la *British Allergy Foundation*, 45% de la population en Europe et aux États-Unis serait atteinte d'une intolérance ou hypersensibilité alimentaire.[361] Les affections les plus répandues concernent l'intolérance aux produits laitiers et aux céréales mutées.

Le corps d'un adulte n'est pas vraiment équipé pour digérer le lait. Dès l'âge de cinq ans, certaines enzymes, comme la lactase, chargées de dégrader le lait disparaissent presque totalement. Si vous regardez bien, nous sommes une des rares espèces animales sinon la seule qui continue de consommer des produits laitiers à l'âge adulte. C'est un comportement anormal qui n'est pas sans risque. En effet selon Walter Willett, chercheur à Harvard,[362] il est irresponsable d'encourager la consommation de produits laitiers. Les consommateurs de laitage sont plus exposés : aux cancers de la prostate et du sein, au développement de maladie neurologique et psychiatrique surtout quand le lait est

---

[361] http://sante.lefigaro.fr/mieux-etre/nutrition-pratique/intolerances-alimentaires/quest-ce-que-cest

[362] Cité par Marion Kaplan dans *Paléobiotique.*

associé avec du gluten. Une surconsommation de lait chez l'adulte peut causer : troubles intestinaux, cutanés, hémorroïdes, raideurs, spasmophilie, migraine, arthrite rhumatoïde. Il agit aussi sur l'humeur et l'irritabilité. Éliminer le lait de l'alimentation chez les intolérants pendant un mois conduit à une amélioration significative de leur état de santé.

Au lieu d'être riche en oméga-3 (un anti-inflammatoire) comme les vaches nourries à l'herbage, le lait des vaches gavées au soja et maïs est chargé en oméga-6 (un pro-inflammatoire). À cela s'ajoutent les protéines de lait (caséines), non dégradées qui irritent la paroi intestinale, la rendant perméable. Enfin, le lait de vache contient de l'hormone de croissance IGF-r. Cette hormone stimule notre construction et la déconstruction osseuse. Mais pour reconstruire l'os, notre corps fait appel aux ostéoblastes. Ces petits maçons sont présents en quantité limitée dans notre organisme. À trop le stimuler en consommant du lait qui contient du IGF-r, le stock finit par s'épuiser et nos os ne se reconstruisent plus comme ils devraient. Pas étonnant de rencontrer le plus de fractures dans les pays où l'on consomme le plus de laitage – les pays scandinaves par exemple.[363]

Le calcium est un produit hautement toxique pour nos cellules. Dans une conférence, le professeur Marc Henry nous explique que si un peu de calcium parvient à pénétrer la cellule, celle-ci meurt instantanément. En présence d'ondes électromagnétiques comme le Wifi, toutes les cellules ouvrent leurs vannes et le calcium peut y entrer sans problème. Il souligne que les besoins en calcium de nos organismes sont faibles au regard des autres besoins en minéraux comme le potassium, le magnésium ou le sodium. Les apports en calcium sont largement comblés si vous mangez régulièrement des aliments comme des noix, amandes, sardines, basilique, légumineux ou des algues. Ils sont en plus moins nocifs pour le corps. Le calcium contenu dans les végétaux par exemple est facilement assimilable pour le corps, il n'apporte pas d'acidité à l'organisme et ne crée pas de problème de perméabilité intestinale. Si vous mangez ces végétaux, les trois produits laitiers par jour seront inutiles.

---

[363] Interview de Thierry Souccard auteur de *Lait mensonges et propagande*. https://www.youtube.com/watch ?v=ZHQ9Tse POmE

Les professionnels de la génétique en quête de rendement se sont acharnés sur le blé et le maïs. C'est le blé qui a le plus de succès sous nos latitudes, c'est la céréale la plus consommée en France. Le blé hybridé a vu sa quantité de gluten – une protéine – multipliée par trois en moins de 50 ans. De plus, l'industrie en ajoute un peu partout puisque le gluten sert aussi d'exhausteur de goût, d'épaississant et de stabilisant. Vous pourrez en trouver dans des plats préparés, le pain, les pâtes, la semoule, les pâtisseries, la bière, les alcools de grain… Cette surexposition est insupportable pour notre corps.

Le gluten est en effet agressif pour notre paroi intestinale, il provoque de petites inflammations dans l'intestin grêle. Sa présence provoque la sécrétion de *zonuline* qui rend l'intestin perméable et cela chez tout le monde, intolérant au gluten ou non. Ceux qui développent une intolérance au gluten auront des symptômes très variés qui semblent parfois bénins : maux de gorge, crampes, nez encombré, sueurs, nervosité… Parfois les symptômes peuvent devenir beaucoup plus préoccupants : apparition de maladie auto-immune comme le lupus, la maladie d'Hashimoto ou le cancer.[364]

Les céréales anciennes comme le riz, l'épeautre, le quinoa, le sarrasin et d'autres créent beaucoup moins de problèmes que le blé ou le maïs.

5.3 Le régime hypotoxique

L'alimentation optimale est la médecine de l'avenir.
Linus Pauling, prix Nobel de la paix et prix Nobel de chimie.

Face à des entérocytes exténués, devenus passoire, il vous reste deux choix possibles.

La première n'est pas l'idéale, elle consiste à continuer de manger les aliments à l'origine de l'hyperperméabilité, mais de faire une cure de jeûne de temps à autre pour rétablir l'ordre dans le microbiote,

---

[364] *Gluten : A Gut Feeling,* Vaughan Smith, ABC TV, 2015.

permettre aux entérocytes de se régénérer et permettre au corps de rattraper son retard dans sa gestion des déchets. Le corps retrouve peu à peu son rythme normal et les effets sur votre santé s'en ressentent. Chronobiologiquement, le moment le plus efficace pour effectuer un jeûne est durant le mois de février, pour ceux qui habitent l'hémisphère nord.[365] L'autre solution consiste simplement à éviter de consommer les aliments nocifs pour votre microbiote et votre paroi intestinale.

C'est en partant de ce constat que le Dr Jean Seignalet mit au point un régime alimentaire, conçu pour être le plus inoffensif possible pour notre organisme. Il le nomma régime hypotoxique et l'appliqua sur des milliers de malades. Jean-Marie Magnien montre dans son livre au titre sans équivoque, *Réduire au silence 100 maladies avec le régime Seignalet*, que les patients utilisant ce régime voient leur état s'améliorer et parfois même mener à une rémission totale des symptômes. Les résultats sont visibles sur une centaine de maladies, alors que souvent, la médecine allopathique reste sans artifices devant ces pathologies.

Ce régime est bénéfique à tous. Les personnes en bonne santé qui suivent ce régime voient leurs performances physiques augmenter et elles se maintiennent sur le long terme à tout âge. Les performances cognitives seront aussi en hausse, puisque les additifs, les aliments transformés et pauvres en nutriments sont bannis. Voyons ensemble les règles à suivre.

Éliminer les toxiques

Notre corps tout comme le microbiote qu'il héberge n'a pratiquement pas évolué depuis que l'Homme existe. En revanche notre alimentation a très rapidement changé pour finir par ne plus être reconnue par notre système digestif. Ces aliments sont parfois même devenus nocifs pour les organismes qui les mangent. Un régime alimentaire proche de celui de nos aïeux reste et restera le mieux adapté à nos enzymes digestives et notre microbiote intestinal.

---

[365] *La science des Anciens opus 1 prémisses*, Patrice Pooyard, Gripoo Films, 2014.

Le gluten, les produits laitiers, les aliments qui contiennent des pesticides, des OGM, les produits industriels raffinés comme le sucre blanc, les végétaux qui ont subi une sélection outrancière comme le blé ou le maïs, les additifs alimentaires et de viande industrielle sont proscrits. Rappelons que la viande rouge engraissée aux moutures industrielles est devenue si mauvaise qu'elle est maintenant décrétée cancérogène par l'OMS.[366]

Un microbiote en bonne santé, l'eubiose

Pour éviter la dysbiose et les conséquences qu'elle entraîne, il faut chouchouter nos bonnes bactéries qui logent dans nos intestins. Le premier moyen d'y arriver est de leur donner les aliments qui leur conviennent.

Les aliments contribuant à la croissance des bonnes bactéries de votre microbiote s'appellent des prébiotiques. Cette famille est surtout composée de fibres alimentaires que le corps humain pas découpé faut d'enzymes adaptés. À l'inverse, certaines populations de bactéries intestinales le peuvent et elles s'en nourrissent. Pour nous remercier de leur apporter leur plat préféré, ces bactéries libéreront des vitamines, des neurotransmetteurs – 80% seraient produits par le microbiote –, des antibiotiques naturels, de nombreuses hormones comme celle qui régule notre appétit ou produira encore des acides gras saturés comme le butyrate dont la grosse majorité est utilisée comme source d'énergie de l'épithélium intestinal. Il participe donc à maintenir la bonne santé de la paroi intestinale et ainsi garantir un bon fonctionnement du système immunitaire. Le butyrate peut aussi être synthétisé par le microbiote lors d'un effort physique d'intensité modérée. Cet acide gras très bénéfique est multitâche, il serait même capable de prévenir le risque de cancer colorectal.[367]

Ces fibres ne sont assimilables que par les bonnes bactéries. Les bactéries pathogènes n'en profitent pas et finissent par dépérir faute de

---

[366] http://www.who.int/features/qa/cancer-red-meat/fr/

[367] *Potential beneficial effects of butyrate in intestinal and extraintestinal diseases*, R.Berni Canani, M.Di Costanzo, World J Gastroenterol, 2011 Mar 28 ; 17(12) : 1519–1528.

carburant. Pour ceux qui ne mangent pas souvent de fibres alimentaires, il faudra veiller à augmenter les rations petit à petit pour laisser aux bactéries qui les digèrent le temps de grossir en nombre et pouvoir traiter l'afflux de fibres. 30 grammes de fibres alimentaires par jour suffisent pour que les premiers effets bénéfiques apparaissent.[368] Une fois que votre microbiote atteindra son rythme de croisière, il vous rendra heureux, vous dormirez mieux, vous aurez une santé de fer, l'étanchéité de votre paroi intestinale sera améliorée, ce qui réduira le passage des endotoxines évitant ainsi l'inflammation et l'insulino-résistance.

Le travail de fond est toujours meilleur que la solution de facilité, mais parfois, comme pour aider l'intestin du sportif endurant, il faut appeler des renforts. Les probiotiques sont des bactéries bénéfiques que nous ingérons et qui viennent prêter temporairement main-forte à notre microbiote. Cet apport de troupes rend les villosités intestinales plus grosses et plus stables. Les toxines seront mieux repoussées et les nutriments mieux assimilés. Leur aide est utile pour récupérer d'une cure d'antibiotiques, en période de stress ou pour limiter les dégâts d'une mauvaise alimentation. Ils renforcent le système immunitaire, aide en cas d'allergie, de troubles digestifs, de surpoids... Chez les sportifs les probiotiques aideront à diminuer la sévérité et/ou le nombre d'épisodes infectieux.[369]

Vous pouvez trouver les probiotiques sous forme de gélules ou en sachet sous le nom de ferment lactique, mais aussi dans les produits lactofermentés par exemple.

L'intérêt des probiotiques dépendra surtout de la souche que vous choisirez. Après une période d'euphorie où les probiotiques furent utilisés sans contre-indication, le Dr Donnati nous dit qu'en l'absence de dysbiose, prendre des probiotiques à tout va peut créer un déséquilibre et provoquer des effets délétères.[370] Nous devons donc

---

[368] http://sites.arte.tv/futuremag/fr/prebiotiques-probiotiques-et-nutritherapie-quand-laliment-devient-medicament-futuremag

[369] https://www.labo-lestum.fr/fr/actu/44_probiotiques-chez-les-sportifs-effets-contre-.html

[370] http://www.femininbio.com/sante-bien-etre/actualites-

choisir une souche bactérienne bien déterminée pour des objectifs clairs.

Depuis quelques années, une nouvelle forme de « greffe » a vu le jour. L'idée est de transférer le microbiote d'une personne en bonne santé chez un sujet malade pour le soigner. Pour ce faire, un prélèvement de selle du sujet en bonne santé est réduit en bouillie puis injecté dans l'intestin du malade. Cette technique donne des résultats intéressants pour combattre le *clostridium difficile*, la bactérie pathogène résistante aux antibiotiques que nous avons vus précédemment.

Préserver les nutriments

Une autre règle du régime hypotoxique porte sur la cuisson des aliments. Une température dépassant les 110°C est interdite, puisqu'elle dénature et transforme nos aliments. La cuisson va surtout modifier la structure moléculaire des aliments. Sous l'effet de fortes températures, les protéines vont se transformer en agents cancérigènes. Une réaction de Maillard entre glucide et protéine vont aussi se produire. Elle crée des molécules de Maillard qui sont très difficilement métabolisables. Celles-ci peuvent passer notre barrière intestinale et elles semblent s'accumuler dans notre corps, participant au vieillissement vasculaire et cérébral. Elles sont pratiquement inexistantes chez les nourrissons et abondantes chez les personnes âgées.

Les huiles sont aussi concernées. Si de la fumée se dégage de l'huile chauffée, c'est le signe que celle-ci a réagi avec l'air et qu'elle est maintenant oxydée. Elle aura perdu toutes ses qualités et sera chargée d'éléments nocifs et même cancérigènes.

La forte température va aussi détruire les vitamines et enzymes que contiennent les aliments. Votre corps devra fournir un effort supplémentaire pour les recréer, ou il subira les dysfonctionnements qu'entraîne une carence quand le corps ne sait pas le fabriquer et ainsi affecter votre santé sur le long terme.

---

nouveautes/probiotiques-c-est-pas-automatique-69211

La cuisson au barbecue va par exemple créer des vapeurs très toxiques qui vont imprégner la viande. Une brochette de poulet grillé équivaut aux effets de 800 cigarettes. Mais, le numéro un des modes de cuisson les plus nocifs doit très probablement être le micro-onde :

Le four à micro-ondes élève la température pendant un temps très court autour de 75°C, bien au-dessous de la frontière des 110 °C. A priori, il semble donc inoffensif. Cependant cet appareil possède plusieurs propriétés inquiétantes (DEBRY 1992) :

➢ Il provoque un changement d'orientation des molécules d'eau, 2,45 milliards de fois par seconde. Nul ne connaît les conséquences de ce phénomène.
➢ En cas de fuite, il émet des radiations non ionisantes aux effets délétères pour l'organisme humain.
➢ Il transforme certains acides aminés L en acides aminés D. C'est le cas de la proline et de l'hydroxyproline qui échappent alors à l'action de nos enzymes.
➢ Il induit dans plus de 90% des aliments de fortes perturbations détectées par la méthode des cristallisations sensibles.

Les produits chauffés au four à micro-ondes subissent donc des modifications de structure subtiles, mais probablement redoutables. Une expérience menée par Henri JOYEUX est en faveur de cette hypothèse. Trois lots de souris sont nourris avec les mêmes aliments préparés de façon différente :

➢ Pour le premier lot, chauffage au four à micro-ondes,
➢ Pour le second lot, cuisson à la cocotte-minute.
➢ Pour le troisième lot, état cru ou cuisson à la vapeur douce.

Les souris du premier lot ont refusé la nourriture pendant plusieurs jours puis, poussées par la faim, ont fini par manger. Des cellules cancéreuses ont alors été inoculées à tous les rongeurs. Le pourcentage d'animaux développant le cancer a été de 100% pour le premier lot, 50% pour le second lot et 0% pour le troisième lot.[371]

---

[371] *L'alimentation ou la troisième Médecine*, 5ème édition, Dr Jean Seignalet, Écologie Humaine François-Xavier de Guibert, p : 101-102.

De nombreuses études attestent des bienfaits de manger cru. Les chats soumis à ce régime ont moins de maladies infectieuses, d'inflammation, résistent mieux à une intervention chirurgicale, ou encore sont moins irritables que ceux qui mangent cuit. Les bénéfices sont aussi observés chez les singes, mais aussi sur l'humain. Les témoignages de sportifs de haut niveau ou de Thierry Casasnovas en sont de parfaits exemples.

Attention, soyez scrupuleux sur les règles d'hygiène pour le cru, les pathogènes qui devaient périr lors de la cuisson ne le seront plus. Si les aliments que vous mangez crus sont frais, bien lavés, si vous connaissez leur provenance et que votre microbiote est en bonne santé, les risques d'être contaminé par une mauvaise bactérie sont minimes, puisqu'il n'y a tout simplement pas de place pour qu'il puisse se développer dans un écosystème bien établi.

Rien qu'avec le régime hypotoxique de véritables miracles sur notre santé aussi bien physique que mentale sont possibles. Mais l'approche du Dr Seignalet pourrait encore être améliorée.

5.4 Encore plus loin

L'équilibre Acide / Base

Le Dr Seignalet a constitué son régime hypotoxique empiriquement, par soustraction et additions. L'équilibre acido-basique et oxydoréducteur n'est pas abordé pourtant ils sont déterminants pour se maintenir en bonne santé.

Comme vu précédemment, le corps humain est très doué pour maintenir son pH par l'intervention d'un système tampon. Selon le Dr Grosgogeat, une mauvaise alimentation à elle seule suffit à déborder notre système tampon et provoquer une acidose métabolique dans les tissus. Si la situation persiste, elle conduira *in fine* à la naissance de très nombreuses maladies chroniques. Or, notre régime occidental, recommandé par nos « experts » contient beaucoup trop d'acidifiants.

Pour mieux observer l'acidité ou non de nos aliments, l'indice PRAL fut développé. Le PRAL s'exprime en milliéquivalent pour 100g d'aliments consommés (mEq/100g). Un indice PRAL négatif signifie que l'aliment est alcalinisant et un PRAL positif indique un aliment acidifiant.

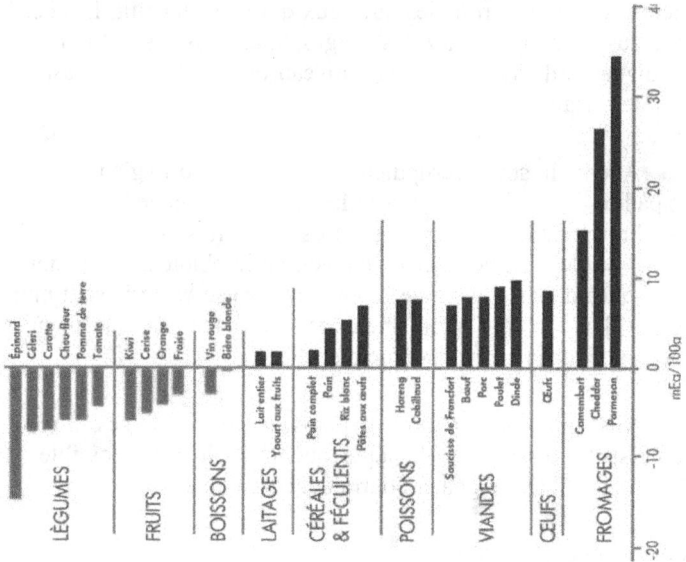

Figure 3 : Indice PRAL des différentes catégories d'aliments.[372]

L'alimentation occidentale actuelle est en moyenne de +48 mEq/jour. L'alimentation d'avant le *Progrès*, était en moyenne de -88 mEq/jour.

Rien d'étonnant, le régime occidental fait la part belle aux céréales, au sel, aux viandes et fromages qui sont tous acidifiants. De plus, notre alimentation moderne, transformée et raffinée élimine durant ces processus beaucoup de minéraux – souvent alcalin– ce qui rend le produit final un peu plus acidifiant pour nos organismes.

En plus de l'alimentation, le stress, la respiration de nos cellules – surtout si elles sont déshydratées –, une carence vitaminique ou une carence en minéraux et oligoéléments auront aussi des effets acidifiants.

---

[372] Source : http://kaola.ch/en-savoir-plus/79-articles/alimentation-nutrition-art/203-indice-pral.html

Plus vous ferez du sport et/ou plus vous serez stressé plus vous devrez vous orienter vers un régime typé végétarien qui est le seul moyen pour revenir à un équilibre acido-basique décent et la bonne santé qui l'accompagne. Un test de pH urinaire est pour l'heure la façon la plus précise d'estimer le niveau d'acidité de votre corps. Le papier tournesol devrait indiquer un pH compris entre 6,5 et 7,5 pour être dans la norme.

L'approche acido-basique fut expérimentée par Brendan Brazier. Ce Canadien rêvait de devenir un triathlète professionnel – un sport d'endurance – et vivre de sa passion. N'étant pas doté de qualités athlétiques extraordinaires, et plutôt que de se doper, il se tourna vers la nourriture pour améliorer ses performances sportives. Après plusieurs tentatives infructueuses, il finit par trouver chaussure à son pied. Son régime de sportif ressemble à celui du Dr Seignalet : pas d'aliments toxiques – ce qui inclut le soja –, des aliments crus ou cuits à moins de 110°c et de bonnes huiles. Mais il pimente l'affaire et suivant un régime végétalien, c'est-à- dire sans produit issu de l'animal. Il fournit ainsi des prébiotiques à son microbiote, tout en apportant des éléments alcalins à son organisme qui neutralisent la grosse quantité d'acide produit par son corps durant l'effort endurant. Sa récupération s'en voit fortement améliorée.

Il privilégie aussi les aliments qui sont le plus facilement utilisables par le corps, les « *one step nutriments* » comme il les appelle, pour que celui-ci économise de l'énergie sur la digestion et la réoriente pour l'effort physique. L'objectif est d'offrir au corps ce dont il a besoin pour développer la meilleure performance et d'assurer une récupération optimale après un effort très intense afin de progresser plus rapidement.

Après deux ans de ce régime, il a pu observer que son corps avait légèrement baissé en température. Durant l'effort il pouvait donc augmenter un peu plus la cadence puisque son corps perdait moins d'énergie à réguler la température. Il absorbe environ 30% de calories de moins que la norme journalière recommandée par les nutritionnistes pour couvrir ses besoins. Cela montre bien que l'apport calorique est totalement arbitraire. Il faudrait réfléchir sur ce que le corps est réellement capable d'utiliser plutôt que de regarder les calories brutes.

Grâce à ce régime, il a pu pousser un peu plus ses entraînements tout en récupérant beaucoup plus vite et ainsi augmenter la fréquence et l'intensité des entraînements. Sa pensé est plus clair, il dort un peu moins, ce qui pourrait s'expliquer par le fait que son corps est moins endommagé et que la réparation, intervenant durant le sommeil, soit plus courte. Les sportifs d'endurance qui s'initient au régime végétarien, voire végétalien, constatent une perte de poids dans les premières semaines tout en maintenant la même force musculaire. Leur rapport poids puissance est amélioré et avec elle leurs performances.

Chez de nombreuses espèces animales, bien que le lien de cause à effet ne soit pas établi, une réduction de l'apport calorique augmente l'espérance de vie. Des souris recevant la moitié de la ration calorique normale vivent 40% plus longtemps que les autres. Il est probable que ce Canadien voit son espérance de vie en bonne santé augmenter, et peut-être même son espérance de vie tout court. Reste à savoir si la pratique de son sport à haut niveau, très exigeant pour le corps et l'esprit ne l'affecte pas négativement.

Imaginez l'impact écologique si nous suivions tous son exemple, que nous arrêtons la viande et que nous consommons 30% de calories en moins ! Mais tout n'est pas si simple puisque notre corps est fait pour manger de la viande – de qualité et en petite quantité comme c'était le cas autrefois, et pas la surconsommation propre au régime occidental actuel. Un régime végétalien, tout particulièrement chez le sportif, demande d'excellentes connaissances en nutrition et micronutrition. Il faut réfléchir un minimum à vos repas et manger suffisamment varié pour ne pas faire une carence qui peut même apparaître des années après le changement de régime. Donc si vous n'êtes pas un sportif d'endurance de haut niveau, il n'est peut-être pas nécessaire de se lancer dans un régime si contraignant – surtout socialement –, d'autant plus que vous trouverez déjà votre bonheur avec le régime hypotoxique.

L'équilibre redox

La respiration cellulaire, le tabagisme, l'alcool, une exposition trop longue au soleil, du stress, être exposé à des substances cancérogènes, être en attitude, si vous prenez la pilule contraceptive, si vous êtes âgé de plus de 50 ans, si vous êtes exposés aux nanoparticules – contenus dans certains aliments industriels, crème solaire, cosmétiques etc. –, sont autant de facteurs qui augmenteront la production d'espèces oxygénées activées (EOA) parmi lesquels nous trouvons les fameux radicaux libres.

Ces EOA sont utiles si elles restent maîtrisées. Elles peuvent jouer le rôle de messagers secondaires pour réguler l'apoptose par exemple.

Elles combattent des agents agresseurs comme les bactéries ou les virus, les cellules cancéreuses – générées quotidiennement. Ce sont encore elles qui permettent au spermatozoïde de percer la membrane de l'ovule ou qui sont à l'origine des phénomènes adaptatifs chez le sportif par exemple. Mais trop d'EOA libérées engendre un stress oxydant qui induit une inflammation par l'activation de gènes codant pour des cytokines pro-inflammatoires, un vieillissement cellulaire et favorisera l'installation de nombreuses pathologies cardiovasculaires, neurologiques, ou encore le cancer, le diabète...

Notre corps dispose de deux moyens de défense face à ces EOA. La première, endogène, est fournie par des enzymes. La superoxyde-dismutase (SOD) et la glutathion-peroxydase (GPX) dont la quantité dans l'organisme augmente petit à petit grâce à la pratique sportive par un phénomène adaptatif. Mais en vieillissant, leur nombre diminue.

La seconde source de défense est apportée par des aliments bien choisis, qui contiennent des antioxydants. La provitamine A, les vitamines C et E, l'ubiquinone (coenzyme Q10), les oméga-3 – à condition que les stocks de vitamine E soient bons – ou encore des acides aminés comme la cystéine, sont tous des antioxydants. Des oligoéléments comme le sélénium ou le zinc servent de cofacteurs des enzymes SOD et GPX, en apporter suffisamment garantit leur fonctionnement. Mieux, les polyphénols comme le resvératrol, la quercétine, la curcumine et autres ont en plus de leur propriété anti-inflammatoire, un rôle immuno-protecteur, cardio- protecteur et stimulent les mitochondries. Les plus grandes concentrations en polyphénols et caroténoïdes se trouvent dans la peau des végétaux, là où s'amassent les pesticides s'ils ne sont pas bio. D'ailleurs ces aliments sans xénobiotiques ont une teneur en polyphénols plus élevée, car ils sont soumis aux stress environnementaux. À l'inverse les aliments exposés à de fortes températures deviennent pro-oxydantes.

Pour déterminer le niveau adéquat d'apport en éléments antioxydants les chercheurs ont développé un outil pour calculer le pouvoir antioxydant d'un aliment : l'ORAC, acronyme signifiant *Oxygen Radical Absorbance Capacity*, ou en Français capacité d'absorption des radicaux oxygénés. Ils arrivent à la conclusion qu'un sédentaire aurait besoin de 5000 unités pour garder l'équilibre et éviter le stress oxydatif. Cependant l'alimentation basée sur le régime occidental moyen fournirait seulement 2000 unités par jour.[373] Sachant qu'environ 30% des éléments antioxydants sont perdus avant d'être ingérés pour des raisons de conservations, cuissons et autres il serait préférable de viser les 7000 voire 8000 unités par jour.

Vous comprenez un mieux pourquoi le régime Seignalet, qui proscrit la cuisson évitant la formation d'éléments oxydants tout en préservant les éléments antioxydants, fait tant de miracles sur notre santé.

5.5 Mieux vaut prévenir que guérir

En résumé, suivre les règles du Dr Seignalet tout en tenant compte des apports en éléments oxydants et en éléments alcalins sont la base de la santé. Son secret ? Il ne fait que reprendre ce qui se faisait avant l'arrivée du *Progrès*. Il ne tient qu'à nous de diffuser cette « découverte » à votre entourage, surtout auprès des enfants. Allié à une l'agriculture rebelle, ce régime alimentaire pourrait créer de vrais miracles.

En premier lieu, je pense aux écoles. Nous pourrions commencer petit, simplement en sensibilisant les scolaires sur les problèmes qu'engendrent les additifs alimentaires. Ensuite, les établissements prendre le relais et encourager des semaines sans additifs avec la complicité des parents. Les comportements et l'attention des enfants devraient rapidement encourager les enseignants et les parents à réitérer l'opération ou même l'adopter définitivement. Une journée hypotoxique à la cantine pourrait être mise en place. Pourquoi ne pas installer des systèmes aquaponiques dans l'établissement comme support pédagogique, mais aussi pour sensibiliser nos jeunes et fournir une partie des repas de la cantine.

Ensuite, ce régime alimentaire serait très intéressant dans les prisons. Les détenus pourraient apprendre à faire pousser eux-mêmes leur nourriture grâce à l'aquaponie. La prison devrait faire des économies sur le long terme, calmer ses pensionnaires les plus

---

[373] https://www.lanutrition.fr/bien-dans-son-assiette/le-potentiel-sante-des-aliments/les-antioxydants/lindice-orac

virulents, améliorer grandement leurs problèmes d'addiction, le tout en leur offrant une possibilité de réinsertion de plus grâce aux compétences acquises. Ils pourraient devenir des « grands frères » dans les quartiers et former d'autres jeunes à l'aquaponie. Une alimentation saine pourrait être un des critères à considérer pour l'acceptation d'une remise de peine ou dans le cadre d'une mise à l'épreuve.

Puis, nous avons le monde du travail. Les entreprises doivent faire de la prévention primaire en informant les populations les plus touchées par les maladies professionnelles, comme les travailleurs de nuit, de l'importance d'une alimentation saine pour préserver leur santé ou se soigner. Elles devraient proposer au minimum un menu hypotoxique dans leur cafétéria. Leurs efforts seront récompensés par une meilleure performance au travail de ses employés, moins d'arrêts maladie et sûrement une meilleure ambiance, entre autres.

Enfin, les hôpitaux, maisons de retraite et EHPAD devraient prendre des mesures plus qu'urgentes en proposant des menus hypotoxiques, facilement assimilable par des organismes souvent affaiblis. Ils pourraient aussi profiter de la création d'un système aquaponique au sein de l'établissement. L'aquarium et le jardinage sont connus pour leurs vertus thérapeutiques, un système aquaponique devrait conjuguer les deux et participer au rétablissement des patients. L'activité demande peu d'efforts et peut-être en partie réalisée par les pensionnaires. Ils pourraient cultiver ce qu'ils mangent ou au moins nourrir les poissons. L'état de santé des pensionnaires devrait vite s'améliorer et les doses de médicaments diminuer.

Conclusion

60 à 80% de notre système immunitaire se trouve dans nos intestins. S'intéresser aux effets de la nutrition relève d'une question de bon sens, un bon sens qui semble pourtant avoir quitté la médecine grâce aux Rockefeller.

Changer ses habitudes alimentaires n'est pas aisé, surtout si vous êtes accro à la substance la plus nocive pour vous comme par exemple le pain blanc. Vous aurez parfois de folles envies d'en manger. Vous aurez une période de sevrage et de désintoxication de l'organisme qui sera plus ou moins long selon votre niveau d'encrassage. Il faudra repeupler petit à petit votre microbiote et s'en tenir au régime, le moindre écart pourrait se payer cher. Votre corps développe une tolérance aux toxiques, mais une fois qu'il n'y sera plus exposé régulièrement, l'organisme remet les compteurs à zéro. Comme la première fois où vous aurez goûté à de l'alcool, quelques gouttes suffiront à produire un effet. Alors, réfléchissez bien avant de vous laisser tenter par les sirènes de l'industrie, vous pourriez découvrir que votre ventre aussi peut avoir la gueule de bois.

Vous devrez aussi vous intéresser un minimum à l'art de la cuisine pour compenser la richesse des arômes développés lors des différentes cuissons. Mais pas d'inquiétudes, vous pourrez les redécouvrir dans l'infinité des fruits et légumes laissés de côté par notre modèle industriel et que vous pourrez cultiver vous-même. Vos recettes évolueront et vous pourrez goûter à des choses inédites.

En contrepartie de cette astreinte alimentaire, vous aurez une santé de fer, une forme olympique et un esprit vif. Avec l'apport de l'eau structurée, la biodynamie et autres, la quantité de nutriments à disposition sera encore plus importante. Comme les aliments avec une densité faible ont du mal à être digérés et deviennent nocifs, des aliments riches en nutriments devraient avoir l'effet inverse. Les effets de ses régimes devraient être encore plus marquants notamment dans le processus de guérison et particulièrement pour les pathologies digestives. Certains procédés de structuration de l'eau revendiquent une optimisation des processus métaboliques donc une meilleure assimilation des nutriments et une meilleure élimination des déchets. Un gaspillage d'énergie en moins qui se traduirait par une réduction des apports caloriques.

Une alimentation « saine » basique – celle approuvée par l'État – nous ferait gagner 10 ans d'espérance de vie,[374] alors imaginez ce que pourraient donner ces mets sains.

Ainsi, l'agriculture rebelle vous propose des produits de qualité, respectueuse de l'environnement, mais aussi de votre corps. Couplé au régime hypotoxique tenant compte de votre équilibre acido-basique et oxydant-réducteur, il vous rend plus résistant et vigoureux, votre esprit

---

[374] Les pouvoirs insoupçonnés de notre alimentation, France 2, 2015.

sera beaucoup plus clair et vif. Il ne vous restera plus qu'à passer à l'étape suivante.

Partie III : les mutants se mettent ~~au vert~~ à l'eau

Celui qui déplace la montagne, c'est celui qui commence à enlever les petites pierres.

Confucius

L es rebelles, même s'ils font beaucoup, restent isolés et ne pourront pas grand-chose. En face, ce sont de brillants esprits qui détiennent le pouvoir depuis des décennies. En revanche ils sont peu nombreux et l'essentiel de leur force tient dans le fait de notre ignorance patente. Il va falloir que de plus en plus de citoyens finissent leur mutation, qu'il se découvre en sortant de leur conditionnement imposé pour enfin agir en fonction de leurs convictions. C'est uniquement ainsi que nous pourrons nous passer de nos « élites ». Mais, les mutants devront se mouiller un peu sinon voilà ce qui devrait nous attendre.

Ce qui risque de se passer ?

Il est aussi dans l'intérêt d'un tyran de garder son peuple pauvre, pour qu'il ne puisse pas se protéger par les armes, et qu'il soit si occupé à ses tâches quotidiennes qu'il n'ait pas le temps pour la rébellion.

Aristote

Ceux qui suivent la revue de presse de Pierre Jovanovic sont habitués à sa liste des licenciements de la semaine qui dure depuis plusieurs années maintenant. La situation n'est pas près de s'arranger puisque la croissance est « mourue ». Les marchés tiennent uniquement par les milliards déversés par les différents *Quantitative Easing*, depuis de nombreuses années, par les banques centrales du Japon, des États-Unis et plus récemment de la Banque Centrale Européenne et de la Chine. Cette injection d'argent frais dans le système ne peut plus s'arrêter et ne sert qu'à gagner du temps avant le grand saut. Les seules qui en jouissent, ce sont les bourses. Elles enflent quand nos politiques perdent les leurs. Les choses ne feront qu'aller de mal en pis, les Grecs en savent quelque chose.

La Grèce est le dindon de la farce Européenne. Le premier janvier 2001, elle quitte la drachme pour l'euro grâce à une superbe magouille dont seule Goldman Sachs a le secret. Un traficotage de compte qui permet d'assurer que la Grèce dispose d'un portefeuille assez garni pour rentrer dans le casino de l'UE. Avec la crise de 2008, les jeux sont faits. Selon Daniel Estulin, cette crise fut orchestrée par nos maîtres. Le groupe Inter-Alpha, dirigé par David Rothschild – famille en étroite collaboration avec les Rockefeller – serait à l'origine de la bulle financière qui engendra la crise. La fraude des *subprimes* est maintenant avérée, mais avez-vous vu des arrestations ? Plutôt que d'aider les gens lésés par les banquiers et éteindre la crise avec quelques milliards, nos dirigeants ont renfloué les banques à coup de centaines de milliards, alors qu'elles étaient les fautives, imputables d'actes répréhensibles par la loi. Grâce à cette manne financière, les banquiers en ont profité pour se verser des primes exceptionnelles. Neuf banques ont distribué pour 33 milliards de dollars de bonus à 5000 de leurs « meilleurs *traders* », alors qu'elle avait perçu 175 milliards d'aides gouvernementales suite à une perte de 80 milliards...[375] Les pays qui ont mis la main à la poche n'en ont même pas profité pour établir des règles chez ces gangs de requins et pour cause. Les banquiers ont pris la main de nos gouvernements. Aux États-Unis par exemple, les hommes en or de Goldman Sachs se sont infiltrés partout, vive le *Revolving Door*.[376] Elle s'est récemment offert les services de José Manuel Barroso juste après le Brexit pour que celui-ci défende les intérêts de la banque contre les intérêts de l'UE, un comble pour un ancien président de la Commission Européenne. Avec des hommes de main de ce calibre du côté des banques, les élus Français ne font pas le poids et en arrivent à voter des choses absurdes. Notre beau pays a par exemple interdit aux collectivités locales de poursuivre en justice les banques qui ont leur

---

[375] http://www.lefigaro.fr/economie/2009/08/01/04001-20090801ARTFIG00127-33milliards-de-bonus-verses-a-wall-street-en-2008-.php

[376] *Goldman Sachs, la banque qui dirige le monde*, Jérôme Fritel et Marc Roche, Arte

ont fait contracter des prêts toxiques.[377] En ce moment même, nos hôpitaux, croulant sous une dette issue de cette félonie, sont en pleine hémorragie et sont obligés de couper dans le gras pour faire des économies ! Et c'est nous qui en faisons les frais.

L'économie grecque, qui ne pouvait même pas suivre le rythme imposé par la zone euro puisque Goldman Sachs a bidouillé les comptes pour la faire entrer – implose sous l'effet de la crise qui est, là encore, le fruit de pratiques illégales. Elle se retrouve mise sous tutelle de la troïka, formée par la Commission Européenne, la Banque Centrale Européenne (BCE) et du FMI (les Américains pour parler clair). La troïka lui fournit une aide financière au travers du Pacte de stabilité ou Mécanisme Européen de Stabilité (MSE) à condition que le pays s'engage dans des réformes. Le gouvernement Grec, doublement arnaqué, est court-circuité. Il n'a plus d'autorité et se plie aux exigences de gens non élus sous peine de sanctions financières. Ces cures d'austérité à répétition ont affecté le pouvoir d'achat des Grecques. Ce traitement de choc est totalement stupide dans nos économies capitalistes reposant en grande partie sur la consommation des ménages et ces mesures en théorie prises pour redresser l'économie du pays font exactement l'effet inverse : la population s'appauvrit et consomme encore moins. En corollaire, l'activité productive et les rentrées fiscales baissent, le chômage augmente. L'État se retrouve en quelques mois dans la même impasse et ne peut plus payer sa dette. On prend les mêmes et on recommence : nouvelle aide, nouvelles mesures imposées, nouvelle baisse du pouvoir d'achat, etc.

L'endettement est un cheval de Troie qui permet de privatiser des marchés par la force et assurer la suprématie des plus riches, chose que l'OMC n'a pu accomplir totalement. Le peuple, via un État fort, veille au grain pour ne pas vendre au plus offrant son patrimoine ou ses acquis sociaux si facilement. Demander une privatisation massive de but en blanc et c'est la révolte assurée, mais endettez-les et demandez-leur de se prostituer au marché pour gagner quelques minutes d'oxygène avant de se noyer dans une dette que tous savent qu'ils ne pourront jamais rembourser, saupoudrez le tout de politiques traîtres et menteurs mis en

---

[377] http://www.solidariteetprogres.org/actualites-001/emprunts-toxiques-le-conseil.html

place par la « démocratie » de l'argent et cette comédie dantesque continuera jusqu'au grand final voulu par l'*Empire*.

Même un Tsipras, un grand ponte de la gauche locale, s'est pris une déculottée quand il a voulu discuter du sort des Grecques avec ses maîtres. Malgré l'indignation de son peuple, le sauveur devient traître en signant une énième cure de chimio. Un traitement aux effets secondaires drastiques : licenciement, chômage technique, des jeunes dans l'impasse, des salariés qui travaillent en échange de nourriture, une baisse du SMIC local, une TVA qui a augmenté impactant directement les prix de l'alimentation et des produits de première nécessité, des enfants en état de malnutrition, des étudiantes qui se prostituent pour dix euros, des émeutes, des suicides… Près de 150 000 foyers qui ne pouvaient plus rembourser leur crédit et qui risquent l'expropriation.[378] La situation devrait encore se dégrader avec les nouvelles mesures d'austérité conclue en 2017. Malgré cette misère, l'UE continue d'accueillir des immigrés par milliers – majoritairement de jeunes hommes marqués par la vie et prêts à tout pour réussir –, soutenu par des ONG Américaines ou de très riches « droit-de-l'hommistes » et des idiots utiles. En Grèce de nombreux centres d'accueil sont opérationnels…

Une sortie de l'euro des Grecques était et reste toujours la solution la plus rationnelle à prendre, puisque de toute façon elle n'aurait jamais dû y entrer, mais plutôt que de couper l'orteil économique de la déesse Europe, on laisse ce corps malade gangréner et ronger les autres États membres. Le coût de son maintien a largement dépassé le coût de sortie initiale, mais on s'entête. Une sortie de l'euro de la Grèce ouvrirait la voie aux Portugais, aux Espagnols, ou même l'Italie qui sont déjà dans la zone rouge économique. Un éclatement de la zone euro ralentirait fortement le projet mondialiste. Les médias à la botte de l'élite bien-pensante ont en tout cas déjà choisi leur camp : ceux qui sont contre l'UE sont des idiots, des malades mentaux, tout sauf des adultes responsables capables de penser par eux-mêmes.

La France suit la voie des Grecques. Ce n'est qu'une question de temps avant que la crise montre vraiment son visage, la destruction de

---

[378] http://www.leparisien.fr/espace-premium/actu/pres-de-150-000-foyers-menaces-d-expulsion-08-11-2015-5257775.php

l'armée et la modification du Code du travail ne sont que le début. Un licenciement massif des fonctionnaires, une baisse ou une destruction du salaire minimum, une réduction des budgets de l'éducation et de la santé. Le chômage décrochera le maillot à pois, les hausses d'impôts, cachées ou non, se feront aussi pressantes. En Espagne certains retraités ne touchent plus leur retraite, pourquoi pas nous ? Mais la France sera probablement confrontée à bien pire. Selon Alain Soral, une guerre civile serait à craindre, d'ailleurs récemment c'est le patron de la DGSI, Patrick Calvar, qui l'envisageait.[379] Le petit peuple dans une détresse économique et sociale, désinformé, manipulé et terrorisé, ne trouvant pas de solution politique se vengera sur le premier bouc émissaire qu'on lui montrera. Et depuis le 11 septembre 2001, le bouc émissaire désigné a pris la forme du monde musulman.

Pendant qu'on se tirera dans les pattes, l'autre côté du manche continuera à se la couler douce. Les cadeaux fiscaux aux très riches, jamais aussi nombreux et fortunés, faciliteront leur vie. Rien qu'en France, les 500 plus grosses fortunes mises bout à bout ont quadruplé leur capitale en 10 ans.[380] Ils pourront planquer leur trésor dans les paradis fiscaux en compagnie des Cahuzac du gouvernement et des grandes entreprises comme Skype, Disney, Amazon, Ikea… Il n'y aura que la classe moyenne et les presque pauvres qui paieront les impôts destinés à payer la dette toujours plus lourde, et à la fin, il restera plus que des pauvres.

Ils pourront compter sur la complicité des personnalités politiques pour maintenir leurs privilèges. Exemple dans le *Luxleaks*, où le dévoué Junker, président de la Commission Européenne, a été accusé d'entraver l'enquête.[381] Évidemment, le donneur d'alerte fut poursuivi en justice par le Luxembourg. Celui du Panama Paper, Mossack

---

[379] http://www.lefigaro.fr/actualite-france/2016/06/21/01016-20160621ARTFIG00282-quand-le-patron-de-la-dgsi-evoque-un-risque-de-guerre-civile.php

[380] http://www.lemonde.fr/economie/article/2013/07/10/les-500-plus-riches-de-france-se-sont-enrichis-de-25-en-un-an_3445809_3234.html

[381] http://fr.express.live/2015/9/15/jean-claude-juncker-accuse-dentraver-lenquete-sur-les-luxleaks-exp-215655/

Fonseca, connaît lui aussi des problèmes avec la « justice », jamais ceux d'en face.

L'*Empire* a besoin de peuples abrutis et serviles pour accomplir son objectif. Le CFR (Rockefeller) vise la « désintégration contrôlée » par un démantèlement progressif des capacités industrielles, scientifiques, mais aussi de tout ce qui fonde une société. Ils pourront encore mieux nous uniformiser et mettre en place leur plan mégalo. Plusieurs bulles financières sont là, à attendre le bon moment pour accélérer la déchéance. À la première explosion les banques, toutes très fragiles, en profiteront pour demander aux États de rembourser leurs pertes en brandissant la menace d'un effondrement de l'économie mondiale. L'État n'ayant plus un sou, les banques viendront ponctionner directement les comptes des particuliers. Pour le moment tous ceux qui ont plus de 100 000€, même s'ils sont répartis sur différents comptes, sont dans le viseur.[382] Il est fort probable que le seuil de ponction baisse dans le futur.

Ce sera le moment idéal pour proposer une Assemblée transatlantique qu'on nous présentera assurément comme la solution à tous nos maux, avant un gouvernement mondial. Le seul grain de sable qui pourrait ralentir leur projet serait l'émergence d'un dictateur. Comme nous l'explique Pierre Jovanovic, la montée au pouvoir d'Adolf Hitler n'est que la conséquence d'une utilisation de la planche à billets, tout comme celle de Napoléon. Ce n'est pas par hasard si au sein de l'UE les mouvements « extrémistes » prennent de plus en plus d'importance lors des élections malgré leur stigmatisation.

Si la crise – qui arrivera forcément un jour – notre malbouffe, le cancer, ou je ne sais quel cataclysme possibles et imaginables ne nous tuent pas ou ne fait pas tout écrouler autour de nous, les ressources naturelles de la Terre viendront à manquer et stopperont notre hystérie collective. Le modèle capitaliste, s'il continue sa course folle, aura utilisé dans quelques décennies la totalité des ressources à notre disposition. Une décroissance brutale produisant une crise économique mettra un terme au capitalisme. Reste à savoir si le niveau de pollution, la décrépitude de l'écosystème ou même de l'intelligence humaine

---

[382] P. Jovanovic - P-Y. Rougeyron : La revue de presse (juin 2016).
https://www.youtube.com/watch ?v=2idrX5_rMJA

n'aura pas atteint un niveau critique et rendra la survie du plus grand nombre problématique.

Anticipons

Être conscient de la difficulté permet de l'éviter.

Lao Tseu

Celui dont la pensée ne va pas loin verra ses ennuis de près.

Confucius

Ignorer la situation ne fera que rendre les choses encore plus difficiles. Que ce soit aujourd'hui ou demain, il faudra trouver une porte de sortie, mais qui aura encore le temps de réfléchir à une solution quand il faudra peut-être batailler pour survivre ?

Comme décrit dans *Sa majesté des mouches*,[383] l'humain est capable des pires choses quand la situation s'y prête. Regardez le *Black Friday* aux États-Unis, la mort de Kadhafi, les viols qui surviennent dans des trains bondés à la vue de tous ou l'expérience de Milgram. Notre société ne tient que par les rôles que nous croyons les nôtres. Un peu d'anonymat, un ordre reçut d'un supérieur ou au premier coup de pression et le monde pourrait finir à la *Walking Dead*. D'ailleurs, ce ne pas anodin si cette série parle à plusieurs reprises de « nouvel ordre mondial ». Elle nous conditionne à cet avenir apocalyptique, tout comme *Hunger Games, Divergent, Elysium...* Au moment venu, l'inconscient rempli de ces bêtises, vous reproduirez ce que vous aurez regardé mainte et mainte fois. Je vous invite à lire *Tv lobotomie* de Michel Desmurget pour bien comprendre l'impact des écrans sur vos comportements, comment par exemple elle peut modifier votre perception de la violence. Pour éviter ce destin voulu par l'*Empire*, une seule alternative est possible : une révolution.

---

[383] De William Golding, 1983.

Selon Nafeez Mosaddeq Ahmed, [384] une révolution se décompose en trois phases :

1. Une résistance idéologique : l'instruction pour éveiller les consciences et trouver des solutions. C'est la phase la plus importante qui détermine la réussite de l'opération.
2. La désobéissance civile : une grande partie revient à boycotter les outils de l'*Empire*.
3. La résistance physique : en ultime recours quand les deux premières étapes ont échoué.

Profitons de la clémence relative qui règne encore en France pour réfléchir. Les problèmes en eux-mêmes sont assez simples à résoudre si nous prêt à renoncer à un confort superflu et nous prenions en considération la quantité incroyable de savoir à portée de main, mais qu'une science dogmatique, matérialiste et parfois corrompue, refuse d'étudier. Si en mangeant mieux on neutralise déjà 100 maladies tout en ayant une pensée plus claire, qu'avec un peu d'eau structurée et de la musique on obtient des rendements et des aliments d'une qualité exceptionnelle, imaginez les autres solutions qui pourraient émerger si des moyens étaient alloués à une science douée d'une conscience.

La question du comment se pose. Comment trouver du temps et de l'énergie pour réfléchir ? Comment arrêter de consommer leurs poisons ?

L'aquaponie un début de solution

Cultiver son jardin est un acte politique.
Pierre Rabhi

Weber disait que « le maintien d'une petite exploitation tournée vers les marchés locaux est la seule forme "viable" de l'exploitation et est la voie privilégiée d'émancipation. C'est meilleur pour le pays et pour son économie. » Il rajoute qu'il faudrait fermer les frontières pour se protéger des fluctuations des prix. Hélas pour nous, nos maîtres ont

---

[384] The Petro-dollar explained
https://www.youtube.com/watch?v=djwPqAJ_3GY

fait exactement l'inverse. Le seul remède est de produire de la qualité si près, avec un prix intéressant, qu'il en devient ridicule de vouloir en importer surtout si le prix de l'énergie vient à augmenter. La base pour commencer ce chantier d'émancipation, c'est l'agriculture. Elle permet de mobiliser de la main- d'œuvre autour d'une activité productive tout en rendant le pays autonome et indépendant, donc plus solide en cas de défaillance du système. Les habitants de Détroit, comme toutes villes frappées par une crise, se sont retournés immédiatement vers cette activité quand les ennuis ont commencé.

Si vous n'avez pas de place pour créer un système aquaponique, c'est-à-dire si vous vivez dans un petit appartement, *Urban Farmers*, montre que l'aquaponie sur les toits d'une ville est possible et rentable. Les grosses installations sont pour le moment assez compliquées à gérer et à maintenir des paramètres optimums. L'eau structurée et la génodique devraient déjà régler ou atténuer certains problèmes tout en augmentant les rendements et la qualité. Nous pourrons développer ce modèle, soit en incitant des entreprises à le développer, soit en suivant des formations et nous associer entre locataires d'un immeuble pour créer son propre système ou encore nous arranger avec les mairies pour créer des espaces dédiés à l'aquaponie, à l'image des jardins communautaires. La coopération avec les autorités pourrait déboucher sur un plan plus global en insérant une politique de valorisation des déchets comme à San Francisco ou au

Japon. Des écoquartiers capables de rendre autonomes ses habitants en nourriture tout en étant en recherche d'une meilleure gestion des ressources et d'une autonomie énergétique seraient possibles partout.

L'État, s'il n'est pas complètement vendu, pourrait participer pour encourager cette culture respectueuse de l'environnement, réduisant la pression sur les exploitations industrielles polluantes qui pourraient alors se reconvertir petit à petit dans le bio.

Nous avons donc la possibilité d'avoir des citoyens autonomes en nourriture, qui se passe du modèle industriel et peuvent économiser beaucoup de ressources naturelles et d'argent. Ou un modèle marchant, qui relocalise la production agricole permettant une vente en circuit court, qui pourrait donner naissance à des chaînes de transformation artisanale comme une gamme de produits lactofermentés, ou encore une valorisation en créant des restaurants.

Ces deux options participent à la deuxième phase de la révolution, la désobéissance civile. Ce changement dans le mode de production et transformation ne pourra pas être contrôlé par l'industrie. Ils n'auront pas grand-chose à nous vendre : pas de terrain, pas de pesticides, pas d'engrais, etc. Il faudra juste faire attention à utiliser des semences libres de droits.

Une nouvelle économie agricole, sans multinationales, pourra éclore.

6. Une économie mutante

Le monde semble sombre quand on a les yeux fermés.

Proverbe indien.

Beaucoup de citadins sont en quête d'aliments de meilleure qualité, mais l'offre ne répond pas à la demande. Avec les nouveaux traités de libre-échange qui détruiront les normes et inciteront à l'industrialisation, la qualité va encore se dégrader, il est probable qu'un public plus large soit intéressé par de la qualité supérieure. À moins d'un fort engagement politique sur le bio, une des seules alternatives envisageables, c'est une serre aquaponique sur chaque toit d'immeuble. Les exigences de Weber pour créer les conditions d'une émancipation seront remplies : relocaliser l'agriculture pour des marchés locaux et répondre à des besoins réels.

6.1 Production et circuit court

Après la révolution industrielle, les paysans ont quitté les campagnes pour travailler dans les usines. Aujourd'hui, l'activité industrielle est minée par la volonté de l'*Empire*, le secteur des services est quant à lui saturé et les entreprises délocalisent dès que possible pour faire plus de bénéfices ou pour des raisons d'émission de CO_2. De plus, une société ne reposant que sur la finance et l'information est vouée à la perte. La spéculation a par exemple mis en péril les ressources physiques nécessaires à l'activité économique réelle. Et la société, en l'état actuel, est incapable de fonctionner correctement avec un fort taux de chômage constant sur le long terme.

Dans la logique des choses, la main-d'œuvre maintenant au chômage devrait retourner vers l'agriculture. Certes, la situation a bien changé entre le premier exode rural et l'agriculture d'aujourd'hui. Il y a 100 ans, un agriculteur produisait suffisamment pour nourrir 3 personnes. Aujourd'hui, un agriculteur produit de quoi nourrir 120 personnes. Mais il n'arrive pas à faire en même temps de la quantité et de la qualité. En plus, il le fait en utilisant énormément de pétrole, en polluant abondamment et tuant les consommateurs à petit feu, créant d'énormes dépenses de santé. Ce type d'agriculture est voué à l'échec à moyen terme et dans peu de temps l'agriculture Française, utilisant les méthodes de l'aliénation verte, ne devrait pas survivre aux traités de libre-échange. Un retour vers une agriculture utilisant beaucoup de main-d'œuvre et peu de ressources est la seule sortie possible aussi bien pour l'activité économique que pour l'écologie. L'aquaponie permettra d'absorber de nombreux travailleurs, deux fois plus que l'agriculture biologique pour la même surface. François Purseigle nous dit aussi qu'un agriculteur coûte moins cher à la société que l'inactivité. L'agriculture est et sera toujours un rempart contre le chômage, alors qu'attendons-nous ?

Pour commencer, nous pouvons suivre le modèle des *Teikei* japonais, où des collectifs de familles paient à l'avance pour recevoir des paniers de légumes de saison. Puis, nous pouvons imaginer des locataires d'un immeuble s'unir et investir dans une serre aquaponique dont les frais de fonctionnement seraient répartis directement comme charge du loyer.

Les communes pourraient se lancer dans de « petites fermes verticales » aquaponiques à l'échelle d'un quartier et en faire des jardins communautaires. Ces structures pourraient être construites, si possible, comme une maison passive – qui permet d'économiser 70% d'énergie grâce à une bonne isolation – pour minimiser au maximum le chauffage et même récupérer l'eau perdue par transpiration des plantes. Les communes pourraient inclure des projets de serres sur les toits dans le cadre de rénovation énergétique des bâtiments et lutter contre la déperdition de chaleur – les toits des centres commerciaux et supermarchés en perdent énormément et ne sont pas utilisés.

Les villes pourraient imposer la construction de bâtiments pensés dans l'optique de l'écolonomie – faire de l'argent en pensant écologie. L'entreprise Pocheco, basée à Lille, est un parfait exemple. Plutôt que de donner ses bénéfices à des actionnaires, elle les réinvestit pour rendre son activité, la fabrication d'enveloppes, plus écologique et améliorer les conditions de travail de ses employés. Tout est pensé pour être réutilisable. Tout est productif, comme la toiture qui accueille des panneaux solaires, des petites éoliennes, récupère l'eau de pluie, accueille des ruches… Il ne leur reste plus qu'à y faire pousser des légumes pour la cafétéria, grâce à l'aquaponie. L'entreprise a certes beaucoup investie, mais elle économise énormément d'argent en réduisant les intrants, donc des ressources naturelles.

Pour passer à plus grande échelle, l'aquaponie pourrait être intégrée dans un réseau comme les AMAP et créer des partenariats avec d'autres agriculteurs, mais aussi des artisans. Des espaces de ventes directes, cogérés par les producteurs eux-mêmes, pourraient être créés. Les agriculteurs seront en position de décider eux même du prix de vente de leurs produits. Ceux qui sont déjà dans ce mode de vente voient leur chiffre d'affaires largement augmenter, parfois multipliés par quatre, ce qui leur permet de diversifier leur exploitation. De plus, ce type de magasin permet d'économiser de l'énergie, il génère vingt fois moins de CO_2 qu'une grande surface.

Chez *Food Coop* dans le quartier de Brooklyn à New York, c'est carrément les clients qui gèrent leur magasin. Les rayons sont remplis de produits locaux biologiques ou qui respectent l'environnement. Le magasin est alimenté en énergie grâce à des éoliennes, la climatisation est non polluante, un tri sélectif est organisé et l'eau de pluie est récupérée. L'objectif est d'avoir un magasin à l'empreinte environnementale la plus réduite. Pour avoir droit de faire les courses dans ce magasin, il faut en être membre. Ces derniers travaillent bénévolement quelques heures par mois pour assurer la bonne marche de l'établissement. En échange, ils ont accès à des produits bio au même prix sinon moins cher que ceux du conventionnel vendu dans un supermarché banal. Autant dire que les places sont comptées ! À Paris, La Louve est le premier établissement de ce type à ouvrir ses portes en France, peu à peu d'autres établissements ouvrent : La Chouette Coop à Toulouse, La Cagette à Montpellier, etc.

Chaque quartier pourrait avoir son établissement. Les habitants pourraient faire des achats groupés pour les produits de la vie courante pour les avoir moins chers, ou faire vivre une entreprise locale, et s'approvisionner au moins pour la nourriture via des circuits courts. Le bâtiment pourrait suivre l'initiative de Pocheco et s'améliorer pour avoir l'empreinte écologique minimaliste.

Ce type d'établissement serait aussi idéal pour intégrer une banque de graine pour que tous puissent échanger des semences non-hybrides gratuitement.

En recréant du travail dans l'agriculture, dans les énergies renouvelables, l'économie circulaire et dans le bâtiment, il faudra veiller à ce que l'argent ne prenne pas la fuite dans des entreprises apatrides qui ne paient pratiquement pas d'impôts. Tout devra rester à petite échelle, le plus autonome et durable possible, et uniquement pour un marché local. Pour être certain d'atteindre ces objectifs, une monnaie locale doit obligatoirement se joindre à ce mode de production et de distribution.

6.2 Monnaie locale

Par essence, la création monétaire ex nihilo que pratiquent les banques est semblable, je n'hésite pas à le dire pour que les gens comprennent bien ce qui est en jeu ici, à la fabrication de monnaie par des faux-monnayeurs, si justement réprimée par la loi. Concrètement elle aboutit aux mêmes résultats. La seule différence est que ceux qui en profitent sont différents.

Maurice Allais, Prix Nobel de Sciences Économiques en 1988.

Le système bancaire moderne fabrique de l'argent à partir de rien. Ce processus est peut-être le tour de dextérité le plus étonnant qui fut jamais inventé. La banque fut conçue dans l'iniquité et est née dans le pêché. Les banquiers possèdent la Terre. Prenez-la-leur, mais laissez-leur le pouvoir de créer l'argent et en un tour de mains ils créeront assez d'argent pour la racheter. Ôtez-leur ce pouvoir, et toutes les grandes fortunes comme la mienne disparaîtront et ce serait bénéfique, car nous aurions alors un monde meilleur et plus heureux. Mais si vous voulez continuer à être les esclaves des banques et à payer le prix de votre propre esclavage laissez donc les banquiers continuer à créer l'argent et à contrôler les crédits.

Sir Josiah Stamp, Directeur de la Banque d'Angleterre (1880-1941).

En 1929, quand la crise se faisait fortement sentir, les banques Américaines ont fermé leur porte. Leurs clients ne pouvaient plus accéder à leur compte, ils durent se débrouiller avec le système D. La solution fut d'utiliser un nouveau moyen d'échange, des morceaux de bois avec un tampon de la mairie pour l'authentifier. L'idée fit aussi son apparition à Vorgel en France, mais aussi en Suisse et d'autres pays. Cette création monétaire d'initiative citoyenne est fréquente durant les périodes difficiles.

Pour l'activité productive

De nos jours, le phénomène de monnaie locale connaît un nouvel essor, et pour cause. 97% des transactions financières sont hors du monde réel. Ce n'est quasiment que la spéculation qui n'a aucun rapport avec les produits réels. Cette spéculation à outrance gonfle artificiellement les prix en enrichissant les usuriers, tout en détruisant la valeur productive. C'est pourtant cette activité productive de proche en proche qui crée la richesse. Une monnaie locale redonne son sens originel à l'argent, celui de faciliter les échanges pour favoriser la production, tout en évitant les phénomènes spéculatifs. Cette monnaie comporte de nombreux avantages.

➢ Elle peut être créée par n'importe quel réseau. Les membres consentent à reconnaître une valeur à un bout de papier et ne peuvent se l'échanger qu'entre eux.

➢ Elle favorise les circuits courts en diminuant les intervenants et donc la spéculation. L'argent est obligé de recirculer dans le réseau et évite ainsi de finir dans les mains de multinationales apatrides qui le rangeront dans des paradis fiscaux grâce à leur passe-droit.

➢ Elle développe la coopération locale.

➢ Elle favorise la production, distribution et consommation de produits de qualité, plus responsables et respectueux de l'environnement.

➢ Elle contribue au développement économique et durable des territoires.

➢ Les membres du réseau doivent s'inscrire dans une économie respectueuse de l'environnement, plus humaine et solidaire.

Échanger dans un réseau de circuit court avec une monnaie locale est le meilleur moyen de créer un cercle vertueux. L'argent investi dans une entreprise locale génère plus d'argent pour le territoire et ses infrastructures que l'argent dépensé dans un supermarché par exemple.[385] En Angleterre ils s'aperçoivent qu'avec 1£ de monnaie locale dépensée dans le réseau, c'est 2,5£ d'activité économique qui est générée contre 1,4£ pour la monnaie nationale dépensée dans un

---

[385] http://alternatives.blog.lemonde.fr/2012/06/07/pourquoi-manger-local/

supermarché par exemple. Aux États-Unis, les études montrent que la monnaie locale crée 2 à 4 fois plus d'emplois.[386]

Les villes ont tout à y gagner et doivent faire des efforts pour encourager la mise en place de ces monnaies. Elles pourraient autoriser à ses administrés de payer leurs impôts dans cette monnaie locale et payer ses fournisseurs ainsi que ses fonctionnaires en partie avec elle.

De nombreuses villes ont mis en place leur monnaie locale et beaucoup d'autres attendent leur tour, renseignez-vous. Si votre ville n'en a pas, l'association Colibri vous indique la marche à suivre sur leur site internet.

Banque éthique

Les euros échangés contre la monnaie locale sont déposés dans une banque éthique ou solidaire. Ils sont utilisés comme fonds de réserve pour garantir la valeur de la monnaie locale. Pour chaque euro déposé, 12 peuvent être prêtés aux clients de la banque [387] Mais plutôt que l'employer pour financer la déforestation de la forêt amazonienne, la banque solidaire ou éthique l'utilisera pour financer des projets utiles au développement local ou au développement durable.

Vous pouvez aller un peu plus loin en dépensant tout votre argent chez la Nef (Nouvelle économie fraternelle) ou le Crédit Coopératif qui par exemple participe au financement d'exploitations bio et biodynamique.

Le recours à ces banques alternatives pourra aider au financement de ferme aquaponique, développer encore plus de circuits courts, l'économie circulaire et toujours en se passant des outils de l'*Empire*.

---

[386] *Demain*, Cyril Dion et Mélanie Laurent, 2015.

[387] http://www.euskalmoneta.org/fr/le-projet-en-40-points/

Rempart d'une société sans argent liquide

Cette monnaie locale servira de rempart contre la volonté de la clique d'illuminés poussant à la suppression de l'argent liquide. En plus de faire de grosses économies en n'assurant plus ce service, les banques pourront bloquer votre compte selon leur bon vouloir et vous mettre en grande difficulté – et même signer votre arrêt de mort dans un monde où la famille disparaît. L'utilisation de la carte de crédit se généralisera et les banques en profiteront pour prendre une petite commission à chaque transaction que vous effectuerez. Déjà, pour nous décourager d'en utiliser, certains voudraient facturer le retrait d'argent liquide.[388]

Les banques ont tout intérêt à ce qu'il y ait le plus d'argent frais à leur disposition. Quand la prochaine bulle financière explosera ou en cas de circonstances exceptionnelles comme en Grèce ou à Chypre, le *Bank Run* deviendra un sport national. Toutes les banques sont très fragiles puisqu'elles jouent à la roulette russe sur des marchés qui ont totalement perdu pied avec la réalité. Un petit séisme pourrait faire tomber le premier domino et ruiner les pays un à un. Chez nous, la Banque Postale, la Société Générale ou le Crédit Agricole sont particulièrement dans la panade, mais dans un état à peine plus dramatique que les 70% des banques Européennes qui sont en quasi-faillite.[389] Quand ils seront en difficulté, ils viendront se servir sur nos comptes, autant qu'il y ait le maximum d'argent dessus et que personne ne puisse le sortir quand ils comprendront que les carottes sont cuites. L'essorage des peuples ne suffira pourtant pas à résoudre le problème. Ce sera le chaos.

En ce moment, et pas qu'en France, un travail de sape a lieu. Les montants payables en liquide sont de plus en plus ridicules. Bien évidemment, cette restriction est pour votre sécurité, officiellement c'est uniquement pour lutter contre le terrorisme. Le gouvernement a essayé à plusieurs reprises de réduire les sommes payables en liquide,

---

[388]

http://www.7sur7.be/7s7/fr/1536/Economie/article/detail/2652957/2016/03/21 /Le-retrait-d-argent-bientot-payant.dhtml

[389] Charles Gave chez les Experts, BFM Bizness
https://www.youtube.com/watch?time_continue=328&v=C1MlK6OaP34

notamment en 2013 avec Jean-Marc Ayrault. Sapin en remet une couche en 2015 et fait passer le plafond de 3000€ à 1000€.[390]

« Étrangement » tous les pays de l'UE sont dans la même hystérie. Qu'elle est l'utilité de telles mesures quand de l'autre côté, on applaudit les largesses de nos « partenaires économiques ». Une bonne partie de l'argent amassé par l'État islamique fut donnée par le Qatar,[391] ceux-là mêmes qui ont acheté le club de foot préféré de Nicolas Sarkozy, des hôtels particuliers à Paris et qui ont poussé Air France à licencier massivement en leur piquant des couloirs aériens avec la complicité de nos traîtres politiques.[392]

Quelle est l'utilité de cette mesure quand des milliers de migrants transitent sur nos terres sans aucun contrôle. Certains peuvent venir avec une petite cargaison d'armes de guerre et faire un *strike* lors d'un concert... Sinon, vous pouvez faire comme Nicolas Dupont Aignant et acheter une kalachnikov pour quelques centaines d'euros sur internet, aller en prendre livraison dans l'espace Schengen et entrer sur le territoire Français sans que personne ne s'en aperçoive.[393] Mais non, l'urgence c'est de nous empêcher d'utiliser de l'argent liquide...

6.3 Du travail partagé

> *Celui qui sait se satisfaire aura toujours le nécessaire.*
>
> Lao Tseu

Grâce à ces mesures économiques permises par l'agriculture rebelle, nous sommes un peu plus indépendants, nous commençons à

---

[390] http://www.lefigaro.fr/argent/2015/03/18/05010-20150318ARTFIG00079-l-etat-controle-l-argent-liquide- pour-lutter-contre-le-terrorisme.php

[391] http://www.lesechos.fr/monde/afrique-moyen-orient/021484782326-attentats-comment-se-finance-letat-islamique-1175954.php

[392] Comment le PS et l'UMP ont vendu Air France : hommage aux syndicalistes du 6 au 9 octobre 2015, Pierre Jovanovic. http://www.jovanovic.com/blog.htm

[393] http://www.lefigaro.fr/politique/le-scan/insolites/2014/05/22/25007-20140522ARTFIG00345-dupont-aignan-convoyeur-de-kalachnikov-pour-denoncer-l-europe-passoire.php

nous débrouiller seuls, sans les multinationales. L'étape numéro deux de la révolution est enclenchée. Pour faire la révolution il nous reste encore à développer la phase une : la résistance idéologique.

L'aquaponie nécessite un investissement de départ. Mais il sera rentabilisé à moyen terme. Si vous suivez un régime hypotoxique, vous pourriez vivre presque exclusivement de vos récoltes, dès 10m² par personne. Vous économiserez des centaines d'euros chaque mois. Deux choix se présenteront à vous : soit vous gardez les économies et achetez du superflu – vous pouvez aussi le ramasser sur votre compte pour en faire cadeau à votre banque plus tard –, soit vous décidez de baisser légèrement votre niveau de vie et vous vous mettez à mi-temps. Légèrement, puisque vous n'aurez plus de dépense pour la nourriture – 15% du budget des ménages[394]– et vous pourrez même vendre, ou échanger contre des services, le surplus de production à ses voisins ponctuellement par exemple. Ajouter à cela moins de déplacement, un gain sur la qualité des aliments que vous mangez qui apporteront un confort qui n'a pas de prix : des enfants moins turbulents, qui auront plus de chances de réussir à l'école, en bonne santé, plus de temps passé avec eux, etc.

Un passage au mi-temps obligera les entreprises à embaucher effaçant ainsi le flop des 35 heures qui n'aura finalement servi qu'à densifier le travail, obligeant le salarié à faire en 35 heures ce qu'il faisait en 39, et une meilleure rentabilité pour l'entreprise. Beaucoup seraient heureux de réduire leurs heures de travail et gagner pratiquement autant. En effet, qui peut se vanter de se réveiller heureux d'aller travailler, et non pas être heureux de rapporter de l'argent à la maison pour supporter sa famille ?

Cette idée pourrait être intégrée dans le réseau d'économie sociale et solidaire. L'État pourrait faciliter la possibilité de travailler à mi-temps et peut-être, donner une petite aide pour inciter les salariés à cette démarche et continuer à aider les entreprises qui recrutent dans le réseau social et solidaire. L'État à tout à y gagner, l'économie sociale et solidaire permet de générer 4€ d'activité économique à l'échelle locale

[394] http://www.franceagrimer.fr/content/download/33722/305888/file/A-Les%20d%C3%A9penses%20alimentaire%20des%20m%C3%A9nage%20fran%C3%A7ais.pdf

pour 1€ investi.[395] Mathématiquement, plus les citoyens seront autonomes en nourriture, plus les places de travail pourront se libérer et plus le chômage baissera.

Ceux qui franchiront le pas et se mettront à mi-temps pourront dégager du temps pour penser, se questionner, trouver qui ils sont. Ils pourront développer leur sens critique et pourquoi pas s'instruire pour qu'ils soient en possibilité de réellement réfléchir et ne plus simplement suivre le mouvement –imposé par les médias. Pour ce faire ils devront avant tout désapprendre ce qu'ils croient savoir, comme disait Descartes : « Pour atteindre la vérité, il faut une fois dans la vie se défaire de toutes les opinions qu'on a reçues, et reconstruire de nouveau tout le système de ses connaissances. » Il aura plus de chance de finir sa mutation et devenir un rebelle. Pour ceux qui ne se sentent pas de travailler leur fibre intellectuelle, pas de problème. Il vous faudra trouver quelque chose à faire que vous aimez et qui vous distingue des autres.

L'intuition et le contact avec la réalité, fera le reste. Vous pourrez mettre en pratique vos aptitudes au travers d'un réseau de Système d'Échange Local (SEL). L'échange avec autrui vous permettra d'identifier le Vrai, et c'est ce Vrai qui nous fera sortir la tête de l'eau.

Pour résumer

Que l'on refasse de l'agriculture en ville dans une optique économique, ou que l'on produise sa nourriture pour pouvoir se libérer du temps, les retombées de cette démarche sont incalculables pour la communauté.

L'argent sera mieux redistribué, nous pourrons nous passer des « services » des semenciers, des vendeurs de pesticides et d'engrais qui nous coûtent énormément d'argent et de ressources. Des économies aussi sur les coûts liés la pollution de l'aliénation verte, sans parler des bénéfices qu'apportent une faune et une flore en bonne santé. Appuyée d'un régime hypotoxique, la France économisera des milliards en dépenses de santé qui pourront être investies ailleurs plutôt que de finir

---

[395] http://www.ursiea.org/ressources/global/Chiffres_cl%C3%A9s.pdf

dans la poche de Big Pharma. La population sera en meilleure santé, avec des comportements plus courtois et des idées florissantes. Nous pourrons créer de l'activité économique, des emplois, faire un pas vers une meilleure gestion énergétique et de nos ressources...

Nous pourrons nous retrouver avec nous-mêmes et réfléchir. La réflexion accompagnée de ce nouveau mode de vie pourra engendrer une société différente.

7. Des valeurs mutantes

La prospérité d'un groupe est proportionnelle au degré d'entraide de ses membres.

John Nash, prix Nobel d'économie

Pour comprendre ce qui se passe, nous devons enlever nos œillères. Nous sommes dans une société où le taylorisme intellectuel domine. Chacun est expert dans son domaine et l'exécute à merveille, mais quasi personne n'a une vue d'ensemble sur la situation et donc, personne ne peut en tirer des lois générales, voire même comprendre ce qui se passe. Ce mode de pensée vient à présent éclater la famille et tous les repères qui raccrochent l'humain à une idéologie commune ou un groupe. Plus personne ne sait vraiment ce qu'il fait, quel rôle il tient dans la société. Conséquemment, l'individu devient aisément manipulable.

Une économie mutante nous donnera de quoi résister à l'*Empire*, mais il nous reste encore beaucoup à comprendre et changer avant de nous émanciper pleinement. La priorité est de s'intéresser aux moyens dont dispose l'élite pour nous contrôler. Dans *Neuro-esclaves*, les auteurs en dénombrent trois : le psychologique/sociologique, l'économie et le droit.

7.1 Psychologie et sociologie

Ce n'est pas un gage de bonne santé que d'être bien intégré dans une société profondément malade.

J. Krishnamurti

La famille

Sommes-nous des enfants comme le sous-entendent nos décideurs, incapables de savoir ce qui est bon pour lui ? Aller voter et soulager sa conscience d'avoir fait son devoir pour ensuite critiquer l'acteur politique quand le chômage augmente ou que vous craignez pour la sécurité de votre famille. Continuer à manger tout et n'importe quoi en espérant que le médecin nous sauve. Croire que l'Éducation Nationale se chargera du travail qui incombe aux parents…

Autrefois, toutes ces problématiques, et bien plus, étaient supportées par le patriarche de la société paysanne. Doté d'une vision à long terme et travaillant pour le bien de sa famille, il se devait de réfléchir un minimum pour préserver et transmettre à sa descendance ce qu'il a lui- même hérité de ses parents. Sa réflexion était guidée par une tradition imprégnée de bon sens. Mais celle-ci s'est perdue dans un progrès technique, trop rapide, qui ne permettait plus de réfléchir sereinement. Il s'est fait déposséder de son savoir par des techniciens et est devenu un ringard. Puis vint la société de consommation, qui acheva le travail de destruction.

Aujourd'hui, la figure paternelle bienveillante est remplacée par celle de l'Adolescent incapable de se projeter dans l'avenir, le Père est devenu un « vieux con ». Comparez la façon dont nous traitons nos aînés par rapport aux sociétés « moins évoluées » – ou juste moins stupide ? En ce moment la dernière étape se franchit, la frontière homme/femme disparaît. Les parents peuvent être du même sexe ou en changer en cours de route. Le bébé peut être produit par une mère porteuse des pays du Tiers monde avant d'être livré aux parents biologiques. L'enfant devient un produit qui s'industrialise au même rythme que l'humain devient stérile. La notion de famille s'éteint.

La structure familiale, au sens large, est éclatée. Tout acte devient intéressé et l'argent permet d'étalonner les rapports humains. Si le « coup de main » se monnaie, pourquoi s'embêter avec une famille puisque l'argent la remplace. La notion de service perd son sens pour être travestie par du capitalisme égoïste. Or, ce service rendu était le ciment de la famille. Cet « acte d'amour », gratuit, alloué sans aucune contrainte, crée une dette affective qui renforce les liens entre les personnes et les rend moins individualistes. *In fine*, ce monde où le service est monnayable conduit à se faire le domestique du plus riche qui en plus l'enrichira, car s'il offre du travail c'est pour en retirer des bénéfices. Nous sommes obligées d'échanger nos services contre l'argent du plus riche puisque tout autour de nous à un prix et que nous sommes isolés.

La destruction de la famille crée un isolement des individus suffisant pour que nous puissions tous être gouvernés par l'argent et ceux qui la créent. À terme, les pauvres mourront faute d'argent pour vivre –d'où l'utilité de contrôler l'argent liquide. Une crise dans un mode sans famille est donc un bon moyen de réduire la population des pays industrialisés. Dans *The big short case,*[396] Ben Rickert incarné par Brad Pitt dit qu'un pourcent de chômage en plus engendre 4000 morts. Combien mourront dans un pays sans Familles, frappé par une crise financière mondiale jamais vue dans l'histoire ?

L'eau dans le vin

C'est ici que l'archétype du paysan indépendant reprend du service. La notion de famille que l'on connaît est une forme dégradée de la famille paysanne. Réintroduire des pratiques agricoles dans nos villes grâce à l'aquaponie pourrait bien faire renaître des valeurs familiales plus solides ou au moins limiter sa destruction.

Pour Mandras la société paysanne idéale est décrite comme :

➢ Ayant une autonomie relative à l'égard d'une société englobante, qui domine, mais tolère leur originalité.

➢ L'importance structurelle du groupe domestique dans l'organisation de la vie économique et de la vie sociale de la collectivité.

➢ Un système économique d'autarcie relative qui ne distingue pas consommation et production et qui entretient des relations avec l'économie englobante.

➢ Une collectivité locale caractérisée par des rapports internes d'interconnaissance et de faibles rapports avec les collectivités environnantes.

➢ La fonction décisive des rôles de médiation des notables entre collectivités paysanne et société englobante.[397]

Si nous tendons vers ce modèle, nous retrouverons un modèle familial capable de résister à cette logique capitaliste.

Tout le monde peut devenir agriculteur ou presque, la terre n'est plus un problème. Pourquoi ne pas en profiter pour reformer une communauté d'inspiration paysanne au sein de nos villes ? Nous avons le choix d'une société d'agriculteur des villes, qui sont là pour faire du

---

[396] Film de Adam McKay, sorti en 2015.

[397] *Sociologie des mondes agricoles*, Bertrand Hervieu, François Purseigle, Armand Colin, p : 88

profit sur un nouveau marché, ou bien devenir des paysans de très petite surface, avec des valeurs, une vision du monde autre que le profit absolu.

Ces valeurs pourraient bien être celles repérées par Émile Durkeim. Dans sa théorie de la solidarité, le père de la sociologie Française en décrit deux formes. D'un côté la solidarité mécanique rencontrée en milieu rural, là où l'activité professionnelle est peu spécialisée, l'indépendance est forte, où les valeurs sont partagées avec des règles morales et juridiques. De l'autre côté la solidarité organique, typique des sociétés technologiquement spécialisées et interdépendantes. L'individu est contraint de se conformer et à être en phase avec l'organisation sociale – menée par l'*Empire* –, ce qui pousse certaines valeurs à évoluer.

Une base Solide

Un retour du monde paysan dans les villes pourrait modifier notre façon de penser. Zygmunt Bauman a développé l'idée de société liquide. C'est typiquement le reflet de notre société consumériste « moderne » qui change constamment. Dans la société liquide :

Les hommes se trouvent, agissent et se modifient avant même que leurs façons d'agir ne réussissent à se consolider en procédures et habitudes. Cette société liquide [...] a fluidifié la vie elle-même, une vie frénétique, incertaine, précaire, qui rend l'individu incapable de tirer un enseignement durable de ses propres expériences parce que le cadre et les conditions dans lesquelles elles se sont déroulées changent sans cesse.[398]

La société liquide apparaît quand la société solide, de producteur – comme celle des paysans – disparaît. Devant l'abondance d'informations et le manque de temps pour l'analyser, notre cerveau passe dans un mode de pensée automatique, il trie l'information de façon stéréotypée sans vraiment la traiter. Nous perdons notre sens critique et les conséquences sont simples. Selon Milton Erickson, nous

---

[398] *Nous n'attendrons plus les barbares, culture et résistance au XXIe siècle*, Jure Goerge Vujic, Kontre Kulture, p : 74

passons une bonne partie de notre vie en état d'hypnose légère, un état de forte suggestion propice à la manipulation et à l'endoctrinement.

Redevenir producteur grâce à l'agriculture urbaine avec des circuits courts, de la coopération via une monnaie locale et une banque alternative fera renaître un sens familial, un sentiment d'appartenance à une communauté, dans une société individualiste. Reste à savoir combien de mutants se rapprocheront de cette sphère et si la balance penche plus du côté d'une solidarité organique ou mécanique, mais au moins les choses iront dans le bon sens.

La production nous redonnerait la base solide pour se remettre à penser posément, dans une vision à long terme, non pas dans l'urgence quotidienne qui nous est imposée. Nous pourrons sortir, en partie au moins, de la pensée automatique. Libre à chacun ensuite d'aller au fond des choses par un travail d'analyse et de réflexion. L'utilisation de votre sens critique et la mobilisation de vos capacités attentionnelles seront en plus facilitées par l'arrêt des poisons contenu dans votre nourriture.

C'est un combat quotidien. Chaque jour l'*Empire* use de son influence pour nous faire croire en son conte de fées. Notre sphère culturelle est remplie de ces inepties. En l'absence de pensée critique, nous continuons à penser que leur capitalisme est la seule solution même si la réalité nous montre qu'il est condamné.

Culture Américaine

> *J'étais au milieu de la forêt, il y avait deux chemins devant moi, j'ai pris celui qui était le moins emprunté, et là, ma vie a commencé.*
> Robert Frost

> *Je ne connais pas la clé du succès, mais celle de l'échec c'est d'essayer de plaire à tout le monde.*
> Molière

Dans nos dites démocraties, aux conditions de vie qui font rêver de par le monde et qui plus est, avec un héritage culturel débordant, plutôt que d'avoir une société composée d'individus dont le savoir ne cesse d'augmenter, nous assistons à une régression permanente. Un exemple avec nos politiques qui sont censés être des gens éduqués et formés à la réflexion, diplômés de nos grandes écoles élitistes, les meilleurs d'entre nous... Ils sont de plus en plus grotesques. L'Amérique montre encore une fois l'exemple avec un George Bush fils, à l'époque président en fonction possédant l'arme nucléaire, qui s'étouffe et perd connaissance en mangeant un bretzel devant un match de foot à la télé. Il déclara à la presse que « j'aurais dû écouter ma mère qui me disait toujours de bien mâcher mes bretzels avant de les avaler.»[399] En France nous avions « Flamby » remplaçant au pied levé de DSK, ça se passe de commentaire...

Cette culture de la médiocrité a su s'imposer de tout son poids dans notre quotidien. Elle nous est imposée par le dominant dans le seul but d'abrutir ceux qui la subissent et ainsi assurer sa prospérité. Un Donald Trump, comme les autres candidats à la présidence US, emploie un vocabulaire du niveau d'un collégien lors de ces discours. La manœuvre consiste à s'adresser aux électeurs comme à des enfants pour qu'ils pensent et agissent comme tel. Grâce à ce procédé, nous utiliserons l'émotion et non la raison pour forger nos opinions. D'année en année le niveau baisse, un faussé sépare un discours de De Gaulle à celui d'un Sarkozy.

Depuis 1965, la notion de devoir a cessé d'être valorisée dans nos sociétés, elle fut remplacée petit à petit par la notion de plaisir. Ainsi, l'accumulateur – logique de bon père de famille, propre aux paysans – devient ringard et une société de jouisseur s'installe. Nous sombrons doucement dans la facilité, les raccourcis intellectuels, la bassesse, sans parler du conditionnement à une certaine vision du monde mercantile et barbare exhibée comme seule finalité de l'existence humaine. Au même moment, les connaissances scientifiques explosent. Résultat, le pouvoir de l'information lié à ce savoir nous échappe et finit dans les mains des mêmes, ceux qui peuvent se le payer et donc l'orienter. L'individu n'a plus l'éducation et la culture nécessaire pour faire face à la réalité. Notre perte de repères nous plonge dans un état de choc permanent, nous rendant fortement manipulables. En plus, il est surexposé à de l'information creuse qui n'est là que pour détourner l'attention des vrais sujets. L'individu périclite et finit par dégénérer entraînant l'effondrement de la civilisation. Pire, il va se désensibiliser

---

[399] http://www.leparisien.fr/politique/etats-unis-bush-victime-d-un-bretzel-15-01-2002-2002736517.php

et réduire son champ de perception. La grande musique est devenue une cacophonie déstructurante parlant de sexualité dans un langage « fleuri » et performé en anglais pour être plus vendeur. De nos jours, l'art contemporain – créé de toutes pièces par la CIA,[400] aidé des Rockefeller –, qui permet à toute hystérique de se mettre en tenue d'Ève avant de s'introduire de la peinture dans la « parenthèse d'amour » pour les pondre sur une toile,[401] peut se réclamer d'un Léonard De Vinci et de sa Mona Lisa. Les pièces de Molière sont remplacées par les films de Sylvester Stallone, Victor Hugo est lui remplacé par d'illustres inconnus puisque plus personne ne lit ou presque. La mode, la gastronomie… tout y passe.

En plus de nous tirer vers le bas, cette culture Américaine nous uniformise. Nous avons les mêmes émissions, les mêmes vêtements, la même nourriture, la même musique, la même économie, bientôt les mêmes lois. Il ne restera plus que la question de la langue, mais on y arrive doucement. Ceux qui font des études poussées ou les cadres des grandes entreprises doivent obligatoirement maîtriser l'anglais et petit à petit notre monde se remplit de la langue anglaise. Les publicités pour des voitures Françaises scandent des slogans en anglais, pour être dans le coup, même si beaucoup de leurs clients n'ont pas la moindre idée de ce que cela veut dire.

La recherche de l'uniformisation conduit à une concurrence sociale et une hostilité généralisée. Selon Tocqueville : « la différence ressurgit toujours ». L'uniformisation du monde ne conduira pas à une pacification, bien au contraire. Elle provoque une désintégration sociale qui mènera inexorablement aux conduites agressives et hostiles. Vous comprendrez que certains jeunes gavés antidépresseurs se suicident[402] ou deviennent des tueurs fous – spécialité américaine –, que d'autres encore ayant perdu leurs repères trouvent refuge dans la religion sans compromis qui parfois utilisé pour des combats qui les dépasse. Tous

---

[400] Franck Lepage, l'art contemporain, https://www.youtube.com/watch ?v=n3gOLGzMChU

[401] http://leplus.nouvelobs.com/contribution/1191195-video-elle-peint-avec-son-vagin-ce-n-est-pas-de-l-art-mais-de-l-exhibitionnisme.html

[402] http://www.atlantico.fr/decryptage/ces-medicaments-qui-menent-mort-quand-prozac-pousse-au-suicide-medicaments-effets-secondaires-mort-john-virapen-1708840.html

nos jeunes désorientés retourneront l'hostilité et leur violence – inhérent à leur âge – sur autrui, s'ajoutant ainsi à celle produite par un monde uniformisé. En France, les médias ne montreront que des jeunes musulmans pour orienter l'opinion publique et vous aurez les boucs émissaires tout désignés.

« La diversité culturelle n'est pas seulement la marque du progrès de l'humanité, c'est aussi la police d'assurance contre l'extinction des espèces.»[403] Que les grenouilles cessent de vouloir ressembler aux bœufs aux hormones. Sortez de la masse informe et découvrez-vous. C'est le moment d'être et de ne plus seulement avoir. Ce changement de culture ne se fera que par le travail, la culture s'acquiert. Il n'est pas nécessaire, voire inutile, de croire qu'il faille lire des piles de livres pour y accéder. Suivez votre intuition et essayez d'exceller dans ce que vous aimez faire, le contact empirique avec la réalité additionnée à votre envie d'aller au fond des choses fera le reste. Les rencontres que vous ferez en cours de route vous montreront que des ponts existent entre les différentes disciplines. Vous comprendrez que les mêmes principes sont présents partout, mais s'expriment différemment.

Une culture naturelle, une culture de rebelles, reposant sur les principes universels de la nature axée sur le vrai, le beau et le bon identifié par Platon referont surface. Qu'importe le chemin que vous emprunterez, nous arriverons à la même destination. Alors, apprenez à faire ce que vous voulez vraiment, tel le rebelle, et ne plus subir la volonté d'autrui. Pour ce faire, un bon déconditionnement et une quête de soi seront nécessaires, mais possibles grâce à la société solide décrite par Bauman. Ces différents chemins empruntés, puisque nous sommes tous différents, rendront cette culture de rebelles riche, ramifiée et très complète.

Toutes ces initiatives ne peuvent se faire que de l'intérieur, inutile de vouloir persuader autrui de s'y engager, c'est une perte de temps et d'énergie. Vous ne pourrez pas remplir une coupe déjà pleine et vous passerez pour un illuminé qu'on évitera de fréquenter à l'avenir. Inutile mais aussi risqué, si vous en parlez à vos proches, ils pourraient vous tourner le dos. Si vous les aimez vraiment, laissez-les mener leur vie comme ils l'entendent. À la place, montrez l'exemple, portez Votre

---

[403] *Qui nous affame ?*, Daniel Estulin, p : 87.

changement. Et si jamais quelqu'un vous questionne, ne répondez que le strict minimum. L'interlocuteur, s'il est suffisamment motivé, accouchera de lui-même de sa réponse.

Cette nouvelle impulsion vous fera penser différemment et cultiver la différence, une différence qui s'impose naturellement puisque nous le sommes tout. Selon Philip Zimbardo, cette différence vous permettra, si la situation s'y prête, de devenir un héros.[404] Pour cet aréopage de la psychologie sociale, le héros c'est une personne *lambda* qui dans une situation particulière agit quand les autres ne font rien. Ses observations lui montrent que les individus qui font des actes de bravoure sont ceux qui sont les plus différents sur les lieux de l'incident. De par leurs différences, ils vont aller à l'encontre de la volonté implicite du groupe qui les entoure. À l'inverse, celui fondu dans la masse se laissera porter par le comportement adopté par la masse. Plus il y aura de membres de son groupe d'appartenance présent pour former la masse, plus la responsabilité des membres de ce groupe sera diluée. Ainsi, si une personne fait un malaise ou se fait même violer devant un individu fondu dans la masse, ce dernier ne bougera pas, simplement parce que les autres ne bougent pas, puisque personne ne se sent responsable. En revanche si la même situation se reproduit et qu'il est seul ou en présence d'un groupe auquel il n'appartient pas, il va se sentir responsable et sera plus enclin à agir.

Cette perte de responsabilité dans un groupe uniforme pourra entraîner des actes odieux si la situation s'y prête. Zimbardo prend l'exemple des soldats Américains à Abu Ghraib qui ont torturé et humilié des détenus. L'absence de responsabilité ressentie par un individu fondu dans la masse conjuguée à une situation propice à ce genre d'acte ont transformé le citoyen moyen en un sadique.

Quoi de mieux pour l'*Empire* qu'un monde uniformisé, rempli de moutons déresponsabilisés, dont les agissements seront prédictibles uniquement en maîtrisant le contexte ? Un contexte façonné ou créé par la culture dominante, nos médias et notre éducation. Voyez comme il est facile de mener à la baguette le monde voulu par l'élite.

---

[404]https://www.ted.com/talks/philip_zimbardo_on_the_psychology_of_evil?language=fr

Vous savez ce qu'il vous reste à faire. Cultivez votre différence, vous serez moins influençable et plus responsable. Vous saurez quoi faire au bon moment. Libérez-vous de ce que vous croyez savoir et entamez votre désintoxication mentale de cette culture de l'informe pour faire naître une culture de rebelles. Si vous n'avez pas le temps et l'énergie d'achever votre mutation, faites-en sorte que vos enfants soient le mieux armés pour le faire ou mieux, qu'ils apprennent à cultiver leurs différences dès le début.

Une autre éducation

Tous les garçons et les filles apprendront dès leur jeune âge à être ce qu'on appelle « coopératifs », c'est-à-dire, à faire exactement ce que tout le monde fait. Toute initiative sera découragée et l'insubordination, sans être punie, leur sera scientifiquement retirée...

... L'éducation devra viser à détruire le libre arbitre, afin que, après qu'ils aient quitté l'école, les élèves puissent être incapables, pour le restant de leur vie, à penser ou agir autrement que comme leurs maîtres le souhaitent...

*... **Le régime alimentaire**, les injections et les injonctions se combineront, dès le jeune âge, afin de produire le caractère et les croyances que les autorités jugent souhaitables et toute critique sérieuse du pouvoir deviendra psychologiquement impossible. Même si tous sont malheureux, tous se croiront heureux, parce que le gouvernement leur dira qu'ils le sont.*[405]

Bertrand Russel, *L'esprit scientifique*, **1931**.

Comme le dit Morpheus dans Matrix, « on ne libère pas un esprit passé un certain âge, c'est dangereux, l'esprit a du mal à lâcher prise ». Remettre en cause les fondamentaux sur lesquels nous nous sommes construits – démocratie, capitalisme, darwinisme, *Progrès*, matérialisme, Histoire, etc. – peut conduire l'individu à la psychose. Laissez donc le choix à autrui de croire en ce qu'il peut. Le déni est un

---

[405] Cité par David Icke dans *Race humaine, lève-toi !*, p : 699.

mécanisme de défense comme un autre pour préserver son identité ou sa santé mentale. Le plus souvent, briser ses chaînes se fait dans un bruit assourdissant, dans la souffrance. Si nous ne le faisons pas là, avec la possibilité de le faire par petites doses, nous devrons le faire demain dans la réalité la plus crue. Évitons aux moins à nos enfants ce travail fastidieux.

Nos comportements, nos valeurs, nos goûts ou même nos émotions – en Nouvelle- Guinée celui qui éprouve de la honte se met à transpirer, ses cheveux se dressent et ses dents claquent, il ne rougit pas – s'acquièrent de façon inconsciente, originellement auprès de la famille. L'ancrage de ce conditionnement psychologique se fait le plus sentir dans les jeunes années, quand le sens critique n'est pas développé ou même absent.

L'*Empire* l'a bien compris. D'un côté, il s'est caché derrière l'émancipation de la Femme pour les éloigner de leurs enfants. Maman est trop occupée à aller travailler – une arrivée de main- d'œuvre qui participera à la baisse des salaires – et aider la famille pour qu'elle puisse s'acheter à crédit des frivolités vouées à l'obsolescence programmée. Elle n'a plus de temps pour s'occuper des bambins et les dépose à l'école le plus tôt possible. De l'autre, l'*Empire* prend le contrôle de l'éducation. Le système scolaire Américain a été sponsorisé par les Rockefeller et plus tard par la fondation Carnegie Ford grâce à la National Éducation Association.

L'école remplace le rôle des parents. Elle récupère le chérubin pour qu'il soit formé et conditionné. L'école s'attelle à détruire la différence : dépendance et conformité priment, sauf dans les écoles de l'élite qui se sépare de plus en plus de l'école des rustres.

L'enfant apprend à obéir à l'autorité, le sens critique est étouffé. Les savoirs qui sont un peu trop « instructifs » sont retirés des programmes et circulent uniquement dans un cercle d'initié. Par exemple, en sortant de l'école obligatoire, personne ne sait vraiment comment l'économie réelle fonctionne, ce qu'implique réellement la démocratie, les mécanismes de l'ingénierie sociale, l'importance des réseaux, des lois qui régissent l'univers… L'enseignement est partialisé, pour rendre très difficile, voire impossible, une compréhension d'ensemble.

Les femmes de l'ancien bloc soviétique ont été éduquées par le système communiste pour avoir une étroitesse d'esprit afin d'éviter une remise en cause du régime. Le résultat de cette éducation leur permet par exemple de se prostituer et garder plus facilement une vie normale alors qu'une Italienne aura beaucoup plus de difficulté dans la même situation. Pensez-vous que son ennemi, le capitalisme, n'a pas utilisé les mêmes leviers ? Surtout que les communistes utilisaient la force et la propagande ouverte pour exercer leur pouvoir alors que le capitalisme utilise des manipulations psychologiques pour arriver à leurs fins.[406]

Le système scolaire

> *L'homme sage n'est pas comme un vase ou un instrument qui n'a qu'un usage ; il est apte à tout.*
>
> Confucius

Rabelais disait qu'une science sans conscience n'est qu'une ruine de l'âme. Malheureusement, notre système repose exclusivement sur une science sans conscience, il suffit de voir l'état de la Terre aujourd'hui. Celle-ci emplit le crâne des jeunes, à la fin de leur étude ils sont diplômés, mais ne savent rien ou presque de ce qui les entoure. Ils vont travailler pour le capital et dans l'intérêt du capital sans se soucier de l'Homme. Belkasem est la première à le clamer : l'école n'est qu'un moyen de préparer les enfants à un emploi. Les établissements scolaires sont devenus des organismes prestataires de services, une anti chambre des cabinets d'embauches. Le tournant décisif à lieu lorsque l'école change de nom. L'instruction publique devint l'éducation nationale :

« Au projet paternel d'instruire (*instrere* signifiant « armer pour la bataille, équiper, outiller ») s'est substitué le projet maternel d'éduquer (*educare* ayant comme sens premier… « nourrir »). L'instruction, qui fait appel à l'intelligence, aux capacités rationnelles, est supplantée par

---

[406] Voir ou lire, *la fabrication du consentement* de Noam Chomsky pour approfondir.

l'éducation, avec sa dimension affective, tournée vers l'épanouissement de l'enfant. »[407]

Dit autrement, l'école se concentre sur le contenant plutôt que le contenu. Nos enfants sont de beaux vases avec rien dedans. Nous produisons des générations d'assistées qui peinent à construire une pensée critique. Et comme l'intelligence n'intervient plus dans la réussite, d'autres critères viennent s'immiscer.

La réussite n'est plus déterminée que par l'aptitude à reproduire le comportement attendu par l'évaluateur. On se retrouve dans les mêmes schémas qu'avec le test d'intelligence mis au point par Binet en 1905. Sur la définition de l'intelligence, Binet répondra « c'est ce que mesurent mes tests ». Ce test fut utilisé pour légitimer la colonisation, prétextant que les noirs étaient moins intelligents que les blancs, pourtant l'Histoire montra qu'ils l'étaient tout autant. La différence des résultats au test de Binet s'expliquait surtout par la différence de culture, du mode de pensée. « L'intelligence » qui est soi-disant mesurée n'est que la représentation que se fait l'évaluateur de l'intelligence.

L'école suit le même principe. Si vous pensez comme l'évaluateur, vous réussirez les épreuves haut la main. Or, le mode de pensée est conditionné par le groupe d'appartenance de l'individu. *In fine*, la réussite scolaire ne mesure plus que le conditionnement social des individus qui créent l'outil. Comme l'école est décidée et enseignée par ce qui fut jusque-là, puisqu'on détruit la profession, des personnes de bonne famille de la classe dominante. Logique que leurs enfants soient les plus aptes à réussir leurs tests de conditionnement.

En conséquence l'école est devenue extrêmement discriminatoire. L'égalité des chances – oxymore – n'est qu'un cache-sexe agité devant les parents les plus crédules – pauvres. Le principal facteur de réussite scolaire n'est pas l'intelligence, mais le milieu social des parents. Plus ils sont de milieu favorisé, plus leurs enfants réussiront brillamment à l'école. Ces différences sont présentes dès la maternelle et s'accentuent

---

[407] Hélène Vecchiali, *Ainsi soient-ils. Sans de vrais hommes, point de vraies femmes...*, Paris, Calmann-Lévy, 2005, 173p., pp.133-134. Cité par Arnaud de Tocquesaint, *la face cachée de l'école*, Kontre Kulture, p. 53

au cours du cursus. Ainsi tout en haut, 95% des doctorants ne viennent pas du milieu ouvrier, idem dans les écoles d'ingénieurs.[408] « L'égalité des chances » se poursuit sur le marché de l'emploi où il vaut mieux être fils de cadre que fils d'ouvrier.[409]

Si votre rejeton est moche, d'origine immigrée, qu'il s'exprime mal en français et que vous êtes ouvriers, les chances que votre enfant finisse médecin ou avocat, ou toutes autres professions nécessitant de hautes études, sont les plus faibles. À l'inverse, elles sont maximales s'il est beau, français de souche et fils de cadre supérieur ou plus. Tout cela s'expliquerait par les attentes générées consciemment ou non par l'enseignant envers un élève. Celui-ci finira par adopter un comportement qui va confirmer les attentes de l'enseignant, c'est ce qu'on appelle en psychologie sociale l'effet Pygmalion ou la prophétie qui s'autoréalise. Faites une expérience à la rentrée, dites à vos enfants d'écrire sur la feuille de renseignement du début d'année que vous êtes ingénieur ou un énarque de la république, ses appréciations et ses notes vont sûrement augmenter miraculeusement.

Les notes données par l'enseignant sont quasi arbitraires. Elles serviraient surtout d'outils pour repérer les riches des pauvres, et j'exagère à peine. Une même copie notée par différents correcteurs peut donner jusqu'à 11 points d'écart,[410] avec des commentaires qui varient eux aussi. Ces variations surviennent aussi dans des disciplines « objectives » comme les mathématiques…

Ne parlons même pas du modèle Américain où les pauvres doivent s'endetter sur des dizaines d'années s'ils veulent espérer participer à la loterie truquée. Avec des traités de libre-échange qui nous seront imposés, nous pourrions finir comme eux, qui sait. En tout cas, la

[408] http://www.inegalites.fr/spip.php ?article1176

[409] http://www.lexpress.fr/emploi/gestion-carriere/pour-trouver-un-emploi-durable-mieux-vaut-etre-enfant-de-cadres_1614931.html

[410] http://www.lefigaro.fr/actualites/2008/03/11/01001-20080311ARTFIG00381-une-etude-devoilela-loterie-des-notes-du-bac.php

volonté de l'OCDE et de l'UE est claire, ils veulent faire de l'éducation un marché comme un autre, donc à privatiser.[411]

En plus de cette sélection par l'argent, l'*Empire* empêche les pauvres de pouvoir renverser la situation. Nos maîtres ont besoin de pions obéissant pour faire avancer son agenda. Les postes clés seront accordés à ces derniers, en échange d'argent ou de quelques avantages, qui peuvent être des plus abominables.

Donc de génération en génération, les plus obéissants – les idiots utiles de l'*Empire* – s'enrichissent, font des enfants qui seront déjà formatés pour l'école, réussiront, trouveront un poste clé grâce aux relations des parents, seront promus pour leur obéissance et ainsi de suite. Si l'on considère que ce manège dure depuis des générations, cela nous donne un monde où une grande partie des rôles importants de notre société sont tenus par des collabos incompétents de bonne famille ou des cas de pauvres génies à l'obéissance aveugle.

Maintenant, incorporez la théorie de la dominance sociale. Théorie où pour maintenir leur position sociale avantageuse, les dominants développent et adhérent à des mythes légitimateurs qui « fournissent une justification intellectuelle et morale à la distribution inéquitable de la valeur sociale au sein du système social » (Sidanius & Pratto, 1999, p. 177). Ces mythes réfèrent à des croyances, des idéologies ou des attitudes qui favorisent le maintien de la hiérarchie sociale existante. Le racisme, le sexisme, le conservatisme, ou l'hostilité envers les groupes stigmatisés sont des exemples de mythes qui favorisent le maintien du statu quo.[412]

Vous comprendrez pourquoi ces grands pontes deviennent plus que des racistes et nous considèrent comme du bétail, au point de vouloir réduire la population de nuisibles. C'est quasi mécanique, leur

---

[411] Franck Lepage, sur le plateau de ce soir ou jamais présenté par Taddeï, l'école en crise ?, le 5 décembre 2014.

[412] https://www.cairn.info/revue-internationale-de-psychologie-sociale-2008-4-page-115.htm

pouvoir bâti sur des dynasties les transforme, pour beaucoup, en sociopathes.

L'aboutissement de cette logique se fait en ce moment avec la destruction de la classe moyenne par une crise provoquée. D'un côté, il ne restera que des chômeurs, pauvres, ignares, uniformisés et formatés pour assurer une seule et unique tâche dans une entreprise qui enrichira des Hommes intouchables. De l'autre l'élite et ses sbires, avec leurs propres écoles, qui détiennent l'argent, le savoir, les médias et donc le pouvoir.

L'échec se soigne

Depuis 1997, on s'accorde à dire que le niveau scolaire baisse.[413] Face à l'incompétence de notre système éducatif, les enfants sont pointés du doigt. Ils auraient des capacités attentionnelles anormalement faibles ce qui les empêche de se concentrer sur les tâches que l'école leur impose.

En France c'est environ 5% des mineurs qui souffrent d'un TDA/H (trouble de l'apprentissage avec ou sans hyperactivité). Une solution très répandue est la prescription du méthylphénidate, une molécule qu'on connaît mieux sous le nom d'un médicament, la Ritaline. Outre-Atlantique on le surnomme *Kiddy Coke*, la cocaïne des enfants, puisque la molécule en est un dérivé. Non seulement le médicament donne peu de résultats pour le traitement des TDA/H mais en plus il provoque de très nombreux effets secondaires, allant du trouble de l'appétit aux convulsions en passant par des hallucinations. Et comme la molécule agit de la même façon que de la cocaïne ou les amphétamines, le risque de dépendance est présent. Pourtant, comme nous l'avons vu précédemment, une suppression des additifs alimentaires et une alimentation de qualité semblent plus efficaces pour supprimer ces troubles.

Mais partout en Europe, les ventes de Ritaline explosent. Chez les British, les médecins délivrèrent près de 3500 ordonnances pour de la

---

[413] http://www.lemonde.fr/idees/article/2013/02/20/le-niveau-scolaire-baisse-cette-fois-ci-c-est-vrai_1835461_3232.html

Ritaline en 1993, 26 500 en 1996, 461 000 en 2007 et encore une augmentation de 53% entre 2007 et 2012. En France les ventes de Ritaline ont augmenté de 70% entre 2008 et 2012.[414] Aux États-Unis, deux millions d'enfants sont catalogués TDA/H et onze millions sont sous Ritaline, soit un enfant sur dix. Les chiffres ne cessent d'augmenter, car de plus en plus d'étudiants en prennent pour augmenter leurs performances cognitives. Pourquoi une soudaine envie de se doper le cerveau ?

Pour compenser les pertes des capacités cognitives liées à une consommation massive de télévision par exemple.

... des enfants de 8 ans n'ayant pas de télévision dans leur chambre présentent, par rapport à leurs congénères équipés, après prise en compte d'un grand nombre de covariables potentielles (niveau d'éducation des parents, langue parlée à la maison, sexe, âge de l'enfant, etc.), des performances supérieures de 21% en lecture, 26% en compétence verbale et 34% en mathématiques [...] il est démontré, après ajustement pour le QI et le sexe, que chaque heure de télévision consommée quotidiennement, en semaine, lorsque l'enfant est à l'école primaire, accroît de 43% la probabilité de voir ce dernier quitter un jour le système scolaire sans la moindre qualification.[415]

Il n'est pas nécessaire de regarder directement l'écran. Prenez des enfants en bas âge, mettez- les avec leurs jouets et allumez une télé un peu plus loin.

Les résultats montrèrent que le poste perturbait sérieusement l'activité spontanée des enfants. Ceux-ci regardaient très peu l'écran (moins de 5% du temps), mais chaque coup d'œil entraînait un abandon de la conduite en cours. Au final, les enfants soumis à une présence audiovisuelle d'arrière-plan changeaient de jouets plus fréquemment, présentaient des schèmes ludiques moins riches, affichaient des plages de jeux raccourcies et se révélaient moins concentrés durant ces plages. De façon intéressante, nombre de travaux ont montré que ce genre

---

[414] http://fr.myeurop.info/2013/11/15/dopage-cerveau-smart-drogue-Ritaline-Europe-12572

[415] *TV Lobotomie*, p : 98.

d'altérations prédisait une évolution peu favorable du QI à long terme et se retrouvait couramment chez les enfants souffrant de retards cognitifs. Il n'est dès lors pas totalement incongru de suggérer que la présence fréquente d'une télévision d'arrière-plan puisse désorganiser le déploiement intellectuel.[416]

La consommation de télévision affecte l'intelligence, l'imagination, le langage, la lecture, l'attention et la motricité. La génération qui grandit avec les tablettes ou jouant sur le téléphone portable de leurs parents, extasiés non seulement par les prouesses de leurs marmots qui se grille le cerveau, mais surtout par la paix royale qui l'accompagne, formera la fine fleur de l'*intelligentsia*, une génération de futur champion, assurément ! Dites-vous simplement que trente minutes devant un écran suffisent pour affecter leurs performances cognitives.[417] Et les ondes qui accompagnent ces petits appareils (Wifi, 3G, 4G…) ne vont pas non plus les aider.

La qualité de l'alimentation joue aussi. Aux États-Unis, 60% des adolescents testés avaient une carence en fer, 57% en vitamine A, 43% en vitamine C, 39% en vitamine B1, 30% manquaient de protéines, 16% en vitamine B2. Une expérience fut menée sur plus d'un million d'enfants. On leur a juste donné un apport multivitaminé et les élevés ont vu leurs notes au test d'admission augmenter. Le tout est plus que la somme des parties, c'est pourquoi le meilleur moyen de les apporter se trouve dans les aliments denses en nutriments issus de l'agriculture biologique et cuits à une température inférieure à 110°C.

Résumons : pour réussir à l'école, soyez riche. Si vous ne l'êtes pas, préparez-vous à un bourrage de crâne qui pourra être facilité si vous mangez hypotoxique avec des aliments nutritifs pour éviter les carences qui affecteront vos capacités cognitives, ne regardez plus la télé – même en bruit de fond – surtout en bas âge, éloignez-vous des écrans et des ondes électromagnétiques comme le Wifi. S'il est impossible de s'éloigner de la soupe électromagnétique qui règne, procurez-vous des

---

[416] *Ibid.* p : 112

[417] http://www.huffingtonpost.fr/2014/10/24/temps-ecran-enfants-regles-a-mettre-en-place_n_6042032.html

objets capables de neutraliser certains de leurs effets nocifs, comme le CMO fabriqué en France.[418]

Une école différente

> Garde-toi de donner par force aux enfants
> l'aliment des études, mais que ce soit en le
> mêlant à leur jeux, afin d'être encore plus
> capable d'apercevoir quelles sont les
> inclinations naturelles de chacun.
>
> Platon

Heureusement il est possible, contre de l'argent hélas, d'offrir à vos enfants une école différente, qui n'a pas vocation à produire de petites pièces remplaçables pour le monde de l'entreprise.

La plus rencontrée en France, c'est l'école Montessori. Elle fut développée par une Italienne en se basant sur des connaissances issues de la recherche en science humaine. L'objectif est d'aider les enfants à acquérir une autonomie maximale. Près de 200 établissements sont présents en France, elle coûte en moyenne de 190 à 350 euros par mois et par enfant.[419]

Vous pourrez opter aussi pour l'école Waldorf-Steiner. Steiner, l'homme derrière la biodynamie, a conçu un espace de vie où l'idée n'est pas de réussir contre l'autre, mais réussir avec l'autre. L'enfant apprend l'autonomie – ils font la vaisselle, passent le balai… –, le vivre ensemble, mais va aussi apprendre des tâches qu'on peut rencontrer dans la vie comme le tricot ou la menuiserie, tout en suivant le programme national. Les enfants des cadres d'eBay, Google, Appel et d'autres compagnies de la *Silicon Valley* débourse entre 13 et 19 000$[420] pour scolariser leur enfant dans ces écoles. Ils sont

---

[418] http://www.cem-vivant.com/

[419] https://decouvrir-montessori.com/les-tarifs-dune-ecole-montessori/

[420] https://www.speechi.net/fr/2012/02/22/dans-la-silicon-valley-les-geeks-paient-tres-cher-pour-envoyer-leurs- enfants-dans-des-ecoles-sans-aucun-ordinateur-2/

notamment attirés par le fait qu'elles interdisent l'utilisation des ordinateurs, tablette avant l'âge de 14ans.[421]

La première école Waldorf fut créée en 1919 à Stuttgart. On en compte plus de 800 dans le monde dont 22 en France. Il en coûtera de 250 à 300€ par mois par enfant avec fourniture et cantine compris. Pour les familles à revenu modeste, un fonds de solidarité existe. Cette école fait naître un fort sens de relation sociale, l'enseignant suit par exemple la même classe sur plusieurs années.

Avec ces écoles, l'enfant pourra intégrer l'université et les écoles supérieures comme les autres, mais eux auront appris à se débrouiller seuls. Point au combien essentiel dans un monde où l'emploi se raréfie et où on essaie de nous maintenir dans l'assistanat.

On notera que la Finlande, ayant l'un des meilleurs modèles éducatifs au monde, a construit sa méthode pédagogique en mélangeant Montessori et Waldorf-Steiner, prenant le meilleur de chacun dans un but tout simple : préparer à la vie. Au pays des mille lacs, tous les enfants apprennent des matières classiques comme les mathématiques, physique/chimie, mais aussi à coudre ou à cuisiner. Autre étrangeté locale, l'enseignant se restaure en compagnie des élèves. On est encore très loin de cette philosophie en France ou le système scolaire « a vocation à préparer à l'emploi ». Belkacem a tout compris, préparer les enfants à « la réussite et l'insertion professionnelle »[422] dans un monde où le travail se raréfie et où le chômage de masse est structurel...

7.2 Droit

Le sage se demande à lui-même la cause de ses fautes, l'insensé le demande aux autres.
Celui qui comprend son devoir et ne le remplit pas est un lâche.
Pour bien gouverner un État, il faut éloigner les beaux parleurs. Ils sont dangereux.

Confucius

---

[421] http://www.lopinion.fr/blog/carnet-liaison/l-ecole-qui-interdit-ecrans-meme-a-maison-28806

[422] https://www.youtube.com/watch?v=-cH6dIzVV4Y

Dans la société technotronique, la tendance semblerait aller vers le rassemblement du support individuel des citoyens non coordonnés, facilement à la portée d'individus aux personnalités magnétiques et attirantes exploitant efficacement les dernières techniques de communication pour manipuler les émotions et contrôler la raison.

La société technotronique,
Zbigniew Brzezingsky.

Il est peu probable que l'UMPS – enfin officialisé en LREM – ou d'autres partis politiques « extrêmes » ou « radicaux » changeront les choses. L'argent fait la loi, regardez la Grèce. Nous devons réfléchir à d'autres pistes pour faire un monde plus juste et montrer à nos gouvernants que nous ne sommes pas des enfants qui se laissent être menés à la baguette. Une seule voie possible : que chaque citoyen s'inscrive dans la démarche d'un Étienne Chouard.

Sa réflexion l'a mené à la notion de démocratie et de constitutions. Selon lui, « la cause des causes » aux problèmes rencontrés dans nos sociétés repose sur une impuissance des citoyens liés au fait que nous ne sommes pas dans une démocratie – puisqu'elle impliquerait nécessairement un tirage au sort. Notre suffrage universel consiste ni plus ni moins qu'à élire des maîtres qui feront les lois dans leurs intérêts et non pas celui du peuple. Pour sortir du langage orwellien, nous devrions qualifier notre système de ploutocratie, un régime ou le pouvoir des riches s'exerce sur les pauvres.

Etienne Chouard s'est lancé dans des petits groupes de réflexion pour que les citoyens réécrivent eux même leur constitution. Dans ces groupes, vous verrez qu'en s'intéressant aux problèmes sociétaux sous l'angle de la constitution, non seulement les solutions sautent aux yeux, mais en plus elles ne sont pas du tout utopiques ou compliquées à mettre en place. Il vous suffit de trouver deux ou trois personnes prêtes à réfléchir avec vous et s'intéresser à ce qu'est une constitution et ses mécanismes.

Rappelons que dans la Déclaration des droits de l'homme et du citoyen, il est dit :

Article 28. - Un peuple a toujours le droit de revoir, de réformer et de changer sa Constitution. Une génération ne peut assujettir à ses lois les générations futures.

Article 29. - Chaque citoyen à un droit égal de concourir à la formation de la loi et à la nomination de ses mandataires ou de ses agents.

Avec un peu de temps libre, les membres du réseau en circuit court ou de monnaie locale pourraient faire passer le message et encourager la création de petits ateliers d'assemblée constituante et lancer la réflexion. Quand le mouvement aura pris assez d'ampleur, nous pourrons le tester à l'échelle d'une commune, tirez au sort le maire et ses conseillers, les former un minimum et laisser le bon sens populaire décider de ce qui est bon pour lui.

La réflexion sur les différents domaines pourra être approfondie autour de conférences par exemple. Nous pourrions dupliquer ce processus démocratique dans les différents centres de décision, notamment dans le processus d'autorisation de mise en vente d'un produit.

Très rapidement, un point important devrait être soulevé, celui de la création monétaire.

7.3 Économie

Le sage attend tout de lui-même. Le vulgaire attend tous des autres.

Confucius

Avec les circuits courts et une monnaie locale, nous avons déjà une bonne base pour nous réapproprier l'économie. Une réflexion plus poussée pourrait amener un bénéfice plus grand aux peuples.

Une monnaie mutante

Pour l'heure une unité de monnaie locale, comme l'Eusko, le Galéco et autres, vaut un euro. Nous savons que l'euro est mal construit. Il ne favorise que l'économie Allemande et pénalise les autres sur la compétitivité laissant au seul salaire la charge de porter cette gageure. Si le mouvement est suivi par suffisamment de monde, serait-il possible de créer, légalement, une monnaie locale, à l'échelle d'un département, qui soit détaché de l'euro et crée une monnaie à part entière ?

Jacques Sapir souhaiterait une sortie de l'euro tel qu'il est actuellement, mais il le garderait pour les échanges internationaux et propose une seconde monnaie à l'échelle d'un pays – pourquoi pas plus petit – pour du commerce de proximité. Une monnaie locale pourrait-elle faire la liaison ? Comment construire cette monnaie ? Devrait-elle être fondante ou thésaurisable ? Ou une de chaque, c'est-à-dire une monnaie qui sert à garder de la valeur, qui ne circule pas et une autre monnaie qui est faite pour circuler et qui perd progressivement de la valeur. Etienne Chouard nous dit dans une conférence qu'au moins deux fois dans l'Histoire des régions ont adopté ce principe de double monnaie et ils connurent des périodes de prospérité économique.[423]

Pourquoi notre monnaie ne se baserait pas sur un étalon temps comme dans les systèmes d'échange local (SEL) ? C'est un bon moyen de récré une famille informelle constituée des membres du réseau. Ils se donnent des coups de main, chacun dans ses compétences, contre du temps et non contre de l'argent. Aujourd'hui j'aide un membre à construire son système aquaponique, il me donne 1 heure en monnaie que je vais dépenser auprès d'un autre membre pour qu'il me coupe les cheveux par exemple.

Doit-on retourner vers un étalon travail ? Francis Delaisi dans *La révolution européenne* nous raconte comment l'Allemagne vaincu après la Première Guerre Mondiale, réussie à s'affranchir de ses dettes et retrouver une économie impressionnante en quelques années grâce à ce système. Serait-il toujours d'actualité dans nos pays endettés jusqu'au cou ?

Toutes ces questions sur la monnaie, pour devenir beaucoup plus intéressantes, doivent s'inscrire avec la notion de salaire à vie – que nous développerons plus loin. La conjugaison de ces deux concepts nous donnera une liberté beaucoup plus grande pour comprendre et maîtriser notre économie avec ses conséquences sociales. De nombreuses théories économiques très intéressantes, et beaucoup plus

---

[423] Etienne Chouard - contre la crise : la création monétaire et le revenu de base - Ile de La Réunion https://www.youtube.com/watch ?v=9-hcpsgzt10

performantes que la pensée unique qu'on nous sert, n'attendent que vous.

Vers la fin du travail ?

La crise, l'Euro, l'Union Européenne et les traités de libre-échange s'attellent à précariser le travail. Nous accueillons une immigration contrôlée ou non, notre société évolue et quasi personne ne peut espérer garder un emploi toute sa vie – au moins dans le privé. Après chaque licenciement ou fin de contrat, vous serez obligés d'intenter un marathon administratif pour toucher ce pour quoi vous cotisez. La Terre est finie, la croissance porteuse de l'activité économique, et soi-disant de l'emploi, est aussi finie – que ce soit pour des raisons démographies comme le montre les Econoclastes[424] et pour des raisons de finitude des ressources décrites par Philippe Bihouix. Quel avenir pour le travailleur ? La situation est hors de contrôle, il arrive que notre système ne permette plus aux retraités de toucher leur argent. Aux États-Unis, ils prévoient de s'attaquer aux retraites des chauffeurs de camion en les réduisant parfois de 60%,[425] en Espagne certains retraités ne perçoivent plus du tout leur retraite. On nous dira que pour sauver le système, il faudra travailler davantage et repousser l'âge du départ à la retraite, sans pour autant être garanti qu'elle soit suffisante pour vivre décemment. Encore des places en moins pour l'intégration de la nouvelle génération sur le marché du travail déjà saturé.

En plus du chômage structurel, les progrès technologiques vont s'accentuer à court terme, la pression sur les salariés qui seront de plus en plus en concurrence avec la machine. Les employeurs feront du chantage à l'embauche, baisseront les salaires ou licencieront. On consommera moins et ce sera la récession assurée.

---

[424] Le Jour d'après – Les Econoclastes à l'École de Guerre.
http://leseconoclastes.fr/2017/12/jour-dapres-replay/

[425] http://money.cnn.com/2016/05/20/retirement/central-states-pension-fund/index.html ?iid=hp-stack-dom

Progrès technique

Depuis son arrivée, la mécanisation a remplacé peu à peu la main humaine. Aujourd'hui, la machine commence à supplanter la cognition humaine. Demain, la machine pourra non seulement exécuter les tâches nécessitant la motricité fine de l'Homme, mais aussi le dominer sur le plan cognitif. On annonce que 50% de la population active sera remplacée par une machine dans les trente prochaines années.[426] Chiffre qu'il faut nuancer, car des problèmes énergétiques obligeront un retour à la main-d'œuvre sur le long terme. Comprenons bien que ce ne sont pas que de vulgaires machines dont il est question, mais d'intelligence artificielle. Elle ne remplacera pas seulement l'ouvrier non qualifié, elle touchera des emplois de la classe moyenne. Récemment c'est un pilote de combat aérien, un colonel, qui s'est fait damer le pion par une boîte de conserve dernier cri lors d'une simulation de combat.[427] Sur les marchés boursiers, ce sont 50% des transactions financières qui sont assurées par la machine et sans aucune intervention des traders.[428] Demain, le diagnostic médical, les transports, l'armée, la manutention, l'agriculture… seront envahis de ces nouveaux jouets. Ce n'est qu'une question de temps avant que l'intelligence de la machine soit en capacité de remplacer la majorité des métiers.

Une chose est certaine, les économies liées à l'introduction de cette technologie bénéficieront directement au patron et l'écart entre les salaires continuera de s'accroître. Comme il y a peu de chances qu'ils paient leurs impôts – paradis fiscaux et/ou très grande largesse de l'État oblige – le peuple ne profitera pas de ces avancés, il se fera encore une fois berner. Cela engendrera une crise économique qui affaiblira une grande partie de la population la faisant passer d'une vie de dur labeur à une survie dans le chômage et l'économie parallèle. Le salaire deviendra la seule et unique option pour continuer à vivre puisque la structure familiale devrait être complètement éradiquée. Ce sera chacun

[426] http://www.lexpress.fr/actualite/sciences/l-intelligence-artificielle-pourrait-mettre-50-de-l-humanite-au- chomage_1763475.html

[427] http://hightech.bfmtv.com/epoque/l-intelligence-artificielle-est-desormais-superieure-aux-pilotes-de-chasse-998235.html

[428] http://www.lemonde.fr/emploi/article/2015/12/16/emploi-et-robotisation-progres-ou-proletarisation-un-choix- politique_4832998_1698637.html

pour sa pomme. Alors que fera l'Homme sans argent dans un monde gouverné par celui-ci ?

En détruisant l'industrie, l'élite crée de plus en plus de pauvres qui ne pourront jamais s'offrir l'évolution technologique. Or, cette même élite fait l'apologie du transhumanisme pour permettre aux plus riches de dépasser, se « libérer », de la condition humaine, tout en allant au bout de sa logique d'uniformisation. Des êtres bioniques, aux capacités améliorées et à l'espérance de vie accrue, beaucoup en sont persuadés. Google, la CIA, la NSA et le complexe militaro-industriel Américain ont tout acheté dans le domaine. Dans ce futur souhaité, l'écart entre riches et pauvres sera tel qu'il provoquera une désintégration sociale qui se réglera probablement qu'avec l'instauration d'un régime autoritaire à l'image de ceux décrits dans nos films de « science-fiction ».

Pour que le peuple survive, il faudra soit partager le travail soit partager les bénéfices. Dans un pays avec 50% de chômage ou plus, l'État devra obligatoirement garantir ce que la famille offrait. Un salaire à vie paraît tout à fait logique si l'on veut continuer à vivre sans d'énormes bouleversements.

Tripalium

L'emploi tue. [429]
Bernard Friot

Quid du travail lui-même ? Il s'intensifie, la machine vient accélérer la cadence. À cela s'ajoute la précarité, la mort des syndicats, la recrudescence des risques psychosociaux. Le travailleur baigne dans un monde où il faut toujours plus de productivité, de rentabilité, de compétitivité... Tout cela pour quoi ? Nous devrions dire pour qui ! Pour des pierrots qui ont pris trop de gallons, qui travaillent très peu voir pas du tout au regard de ce qu'ils amassent et qui redonnent, sous condition, une partie de l'argent que vous leur avez fait gagner. *Grosso modo*, sur les 2000 milliards produits par la France chaque année, 700 milliards sont pris par le Capital sous prétexte qu'ils avancent l'argent.

---

[429] Un salaire à vie ? À mort l'emploi, vive le travail ! - Friot, Lepage, Réseau Salariat, https://www.youtube.com/watch ?v=7HcnefkpZQ0

Une grande partie de cet argent sera perdu, sortie puisqu'il ne sera pas réinvesti dans l'économie, et si malgré tout le capital le fait, ce sera pour se servir encore plus la prochaine fois.[430] Et d'où vient leur capital au juste ? De la captation de la valeur produite par le travail des autres. Donc plus les petites gens travaillent dur, plus ils se font spolier et plus ils seront obligés de travailler dur, ils n'ont pas d'autre choix. Manifester ou espérer une solution dans les mouvements syndicaux ne sert plus à rien, le Capital est seul maître à bord. Il faut s'accrocher à son emploi coûte que coûte pour éviter la misère matérielle et sociale du chômage, surtout passé un certain âge.

Cette obligation combinée à la rareté de l'emploi, a fait disparaître la majorité des individus qui travaillaient pour quelque chose de plus grand qu'eux, qui étaient investis d'une mission.

Auparavant, le travail était un moyen d'apporter sa pierre à l'effort collectif, un devoir social pour ne pas vivre sur le dos des autres. Aujourd'hui, l'emploi est devenu un privilège devant lequel on doit s'écraser sous peine de le perdre – le phénomène #balancetonporc par exemple n'aurait pas eu tant d'ampleur dans une société de plein emploi. Sa dimension sociale à presque disparu, il n'est plus qu'un moyen de gagner de l'argent pour assurer ses besoins vitaux et acheter, après une lobotomisation par la publicité, quelques bêtises le plus souvent superflues.

L'objectif de nos vies, répété en boucle depuis tout petit, serait d'avoir une quantité d'argent supérieur comparé à celle des autres – surtout de ses voisins –, pour espérer jouir plus intensément et longtemps de plaisirs artificiels. Une tâche proprement impossible qui crée une éternelle insatisfaction. Les plus formatés réveilleront leurs plus bas instincts pour atteindre cette hérésie. Elle engendre une guerre économique à tous les niveaux, une guerre perdue d'avance et qui profite aux mêmes. Vous aurez beau faire la course aux diplômes, jeter vos collègues, ou le pays voisin, en pâture à l'ours de la crise, un jour viendra où il vous mangera à votre tour. Pour courir et jouir le plus longtemps possible, nous sacrifions des emplois, dénaturons le travail, nous baissons les salaires, acceptons des conditions difficiles qui nous poussent à nous gaver d'antidépresseurs ou de drogues dures.

---

[430] https://www.youtube.com/watch?v=uhg0SUYOXjw

L'ambiance de travail est de plus en plus tendue, les prud'hommes traitent trois fois plus d'affaires qu'il y a 20 ans.[431] Dans ce marathon mené à tombeau ouvert, nous croisons de plus en plus de gladiateurs du marché du travail frappés de troubles musculo-squelettiques, de *burnout* ou de *Karôshi.*

Le travail reprend son sens premier, celui du *Tripalium.* La souffrance qu'il engendre n'est plus provoquée par autrui comme autrefois, nous nous l'infligeons de notre propre chef par crainte de perdre le sacro-saint emploi. Nos performances au travail n'en sont que décuplées, nous sommes prêts à tout, quitte à se suicider lentement à la tâche. Parfois, des employés poussés à bout choisissent des moyens plus rapides et plus brutaux. C'est tout bénef pour celui pour qui nous travaillons – celui tout en haut de la pyramide, qui fait partie des 1%. Il n'a plus besoin de surveiller ou d'user de la force pour que le travail soit accompli. La carotte est définitivement plus efficace que le bâton.

Une solution possible

> *Le travail ne doit pas être un moyen de gagner*
> *sa liberté. Il doit être la liberté elle- même.*
> Dogen Roshi

Le salariat ressemble de plus en plus au « *Arbeit macht frei* ».[432] Ne faudrait-il pas plutôt penser à « faire du travail libre » ?

Actuellement, nous sommes en capacité de repenser totalement notre façon de voir le travail et la crise systémique et **inévitable** qui arrive nous permettra, si nous sommes suffisamment malins et organisés, de proposer un modèle alternatif. L'UE a même ouvert les hostilités en ~~imposant~~ lançant le débat sur le revenu de base universel, un sujet qui pourrait être une avancée sociale incroyable. Mais comme à son habitude, Bruxelles en profitera sûrement pour nous glisser une « quenelle », une de plus, puisque cette mesure « comptent parmi ses

---

[431] *La mise à mort du travail, Destruction*, Jean-Robert Viallet, Alice Odiot, France 3, 2009. https://www.youtube.com/watch ?v=n7LWLNR6F7I

[432] *Le travail rend libre*, slogan d'IG Farben repris à l'entrée des camps de concentration.

promoteurs [...] des néolibéraux, qui y voient un moyen de simplifier le marché du travail et de réduire le rôle de l'État ».[433] En donnant gracieusement moins que le minimum à tous, les employeurs pourront baisser les salaires, précariser le travail et détruire les acquis sociaux. Les « sans dents » seront obligés de compléter leurs revenus avec un salaire de misère issu d'un emploi précarisé comme jamais. C'est très probablement dans cette optique que l'UE travaille, elle qui a poussé les États membres à réformer leur droit du travail ou elle encore qui veut dissoudre l'autorité des pays souverains dans les Eurorégions. Méfions-nous de cette avancée sociale qui pourrait se retourner contre nous.

La Finlande fut le premier pays de l'UE à mettre en place ce revenu de base depuis 2017.[434] Le gouvernement compte mettre fin aux allocations chômage, inciter les chômeurs à reprendre une activité au moins à temps partiel et il pense rendre le système de protection sociale moins coûteux.

Même si un revenu de base, un qui s'inscrit véritablement comme un progrès social, voit le jour, rien ne changera vraiment. L'*Empire* pourra juste s'acheter la paix sociale et continuer tranquillement ses petites affaires opaques et tenir son agenda tout en faisant payer la note à la classe moyenne. Il restera toujours en parfaite maîtrise des capitaux dans un monde où le capitalisme règne sans partage. Au besoin, il n'aura qu'à utiliser l'un de ses fléaux – légaux ou non – pour faire rentrer les récalcitrants dans le rang. Pour se débarrasser de ceux qui nous ont volé notre Histoire, notre savoir, nos institutions... et qui s'emparent aujourd'hui du Droit, il nous faut les priver de la source de leur pouvoir : le système capitaliste. Pour ce faire, au moins deux points essentiels doivent capituler : la pratique du crédit et la propriété lucrative.

Une alternative au capitalisme

---

[433] http://www.lepoint.fr/economie/vers-un-revenu-de-base-pour-tous-11-01-2016-2008659_28.php

[434] http://www.wedemain.fr/Finlande-Pays-Bas-Suisse-Le-revenu-universel-va-t-il-conquerir-l-Europe_a1538.html

C'est ce que propose Bernard Friot en développant non pas l'idée d'un revenu de base, mais celui d'un salaire à vie. Le revenu de base n'est qu'un moyen de donner de l'argent à des « assistés », ceux qui ne produiraient rien, désignés arbitrairement par le politique. Or, Friot nous montre que tout le monde est actif – même le chômeur ou le retraité –, mais le capital a décidé que les personnes qui travaillent dans leurs intérêts, qui créent de la *valeur économique abstraite*, sont les seuls dont le travail est productif. Les personnes qui créent de la *valeur d'usage*, qui engendrent pourtant de la richesse, mais qui ne produisent pas forcément de valeur économique sont jugées non productives. Ainsi la société va stigmatiser ces personnes, comme des parias. On leur met la pression pour qu'ils arrêtent d'être un poids pour la société en accédant au marché de l'emploi, c'est-à-dire à leur exploitation comme simple force de travail. Pour briser ce chantage à l'emploi, Friot nous propose de considérer la personne par ses qualifications propres et non pas au travers de la qualification liée à son poste. Sous cet angle, l'individu continue à être payé même s'il n'a pas plus de postes de travail, c'est ce qui se passe pour les fonctionnaires. Étendu à tous les citoyens, le marché du travail serait aboli. Chacun pourrait par exemple toucher 1500€ par mois pouvant évoluer, par l'amélioration de ses qualifications, jusqu'à 6000€ maximum.

Financement du salaire à vie

Pour financier un salaire à vie, reposant sur la qualification de la personne, Friot propose de socialiser les salaires pour mieux répartir les richesses. L'impôt devrait tenir ce rôle, mais il est inefficace, et ce n'est pas une nouveauté, puisque les riches arrivent facilement à l'éviter. Il faut donc penser une nouvelle forme de répartition, qui pourtant existe déjà : c'est la cotisation.

Le salaire des Français est *grosso modo* pour moitié soumis à ce fonctionnement. Le salaire brut et net affiché sur votre fiche de paie n'est qu'une partie de votre salaire total, l'employeur verse encore des cotisations qui n'y figurent pas. Ces cotisations vont remplir les caisses de la sécurité sociale, les caisses de retraite, etc.

Friot propose ni plus ni moins de socialiser l'ensemble du salaire. L'entièreté de l'argent issu du travail du salarié irait dans différentes caisses et serait répartie sous forme d'un salaire à vie pour chaque citoyen, établi en fonction de son grade. 60% du PIB permettrait de rendre cela possible et c'est déjà la somme que produit le salariat dans le PIB. Donc, si nous le voulions, nous pourrions déjà dire adieu au marché de l'emploi et son chantage humiliant.

Pour qu'un salaire à vie puisse fonctionner et abolir le marché de l'emploi, Friot insiste sur le fait qu'il faille abolir la propriété lucrative et que chaque salarié devienne copropriétaire d'usage de ses moyens de production. Le droit à la propriété lucrative est reconnu depuis 1789, date qu'on associe à l'idée de révolution, mais qui n'est ni plus ni moins qu'un coup d'État des bourgeois en France en agitant le petit peuple. En dégageant ce fondement du capitalisme, nous récupérons les 40% du PIB restant, le *profit* du capital lié à la production lucrative. Nous récupérons 700 milliards d'euros qui pourront être utilisés pour de l'investissement accordé par la subvention et non plus par du crédit lucratif. Il ne restera plus qu'à contrôler la création monétaire pour anticiper la production de la valeur économique.

Ainsi le salarié devient copropriétaire d'usage de ses moyens de production. Une partie de l'argent issu de son travail lui reviendra sous forme d'un salaire à vie – en reconnaissance de sa qualification et non de son poste –, une partie servirait pour autofinancer l'entreprise – sur décision des salariés qui y travaillent –, une autre serait envoyée dans une caisse pour l'investissement et une dernière irait dans une caisse destinée à rendre des services gratuits – transports de proximité, logements, etc.

Pour aller plus loin, référez-vous à *L'enjeu du salaire* ou *Émanciper le travail* de Bernard Friot.[435]

La destruction de la propriété lucrative et du marché de l'emploi cassera les reins du Capital et des dynasties régnantes à leur tête. Nous n'aurons plus besoin d'échanger nos services contre la carotte de l'argent. Notre société n'en sera que plus cohérente, apaisée, égalitaire et démocratique.

---

[435] Aux éditions La Dispute.

Repenser le travail

> *Choisissez un travail que vous aimez et vous n'aurez pas à travailler un seul jour de votre vie.*
>
> Confucius

Le principal argument contre cette idée est que les bénéficiaires sombreront dans l'oisiveté. Le seul point de comparaison que nous ayons, ce sont les retraités. Ils perçoivent un revenu sans avoir d'emploi et pourtant ils restent très actifs. En plus ils sont heureux, heureux de faire ce qu'ils veulent sans se soucier du reste. Cet affranchissement les oriente très souvent à se mettre au service du bien commun. Quand on sonde les personnes aux hasards et qu'on leur demande ce qu'ils feraient s'ils avaient un salaire à vie, 60% disent vouloir continuer à travailler comme il le faisait avant, 30% avec moins d'heures ou feraient autre chose et 10% veulent se reposer et ensuite réfléchir à ce qu'ils feront comme voyager ou reprendre des études. Quand on demande ce que feraient les autres dans cette situation, 80% pensent qu'ils arrêteront de travailler.[436] En Suisse, c'est 2% des interrogés qui déclaraient vouloir arrêter de travailler et 8% y songeraient dans le cas où un revenu de base serait mis en place.[437] Argument anti salaire à vie bien maigre en comparaison de ce que cela nous apportera, surtout si notre système éducatif évolue dans le bon sens et forme de jeunes gens autonomes et instruits.

Les tâches ingrates pourraient être partagées ou réalisées par des volontaires en échange d'une récompense financière ou sociale. Les autres pourront se consacrer à faire ce qu'ils aiment. S'ils ne l'ont pas trouvé, ils pourront quand même travailler pour gagner plus d'argent que les autres.

Ce sera l'occasion de repenser le travail pénible, sur le plan physique ou mental. Le travail aura peut-être plus de sens. Le fait de choisir son travail créera de la satisfaction et de la motivation au travail.

---

[436] *Le Revenu de Base*, Film version Française
https://www.youtube.com/watch?v=-cwdVDcm-Z0

[437] http://www.rts.ch/info/suisse/7448433-avec-le-revenu-universel-2-des-suisses-arreteraient-de-travailler.html

Le salarié pourra se dire qu'il peut quitter l'entreprise quand il le souhaite sans trop de difficultés. Cette sensation de liberté les motivera, le stress au travail sera moindre.

Selon le modèle « demande-autonomie » de Karasek, le stress au travail découle de la conjonction de deux axes : l'autonomie décisionnelle et la demande psychologique. En dernière instance, le travailleur pourra toujours claquer la porte si la situation ne le convient pas. Il n'aura pas à s'infliger une énorme charge de stress juste pour assurer un revenu. « L'employeur » – les copropriétaires en charge pensé par Friot – sera confronté à un *turn-over* très important qui l'obligera à réfléchir à une solution et d'engager le dialogue avec les travailleurs. Le management sera plus démocratique, chacun pourra enfin décider de son travail ce qui engendrera de l'initiative. En conséquence, l'autonomie décisionnelle des travailleurs sera toujours élevée, ils seront dans un état détendu si la demande psychologique est faible, ou dans un état d'apprentissage actif si la demande psychologique est élevée.

La satisfaction au travail, l'engagement pris par le travailleur qui choisit librement de rester dans cette entreprise créera de la motivation surtout si l'individu reçoit un retour d'information sur la qualité de son travail et que les objectifs à atteindre sont suffisamment stimulants. Les personnes seront plus productives et inventives dans un métier qu'ils aiment.

Petit à petit nous serons obligés de penser très sérieusement à l'avenir. Dans au **maximum** une génération, la finitude des ressources nous mènera à revoir en profondeur notre façon de vivre, de travailler, mais aussi d'imaginer l'économie. Pour Philippe Bihouix, dire que telle ou telle catégorie (les séniors, les riches, les bobos...) au pouvoir d'achat supérieur à la moyenne de la population « crée de la richesse » et « crée des emplois » par la consommation, on pourrait tout aussi bien dire qu'elle crée un surcroît de travail pour la population active.[438]

La raréfaction des ressources nous obligera à nous passer de voitures par exemple. L'abandon forcé de la voiture signifie moins de temps de travail pour les construire, pour entretenir les infrastructures,

---

[438] L'âge des low tech, p :288.

pour fabriquer les pneus, etc. Dans un monde sans voiture, 2 à 3 jours de travail par semaine suffiraient pour assurer les besoins beaucoup moins dispendieux de la société. Nous devrons produire avec peu de ressource à disposition, donc des choses utiles, durables, recyclables et plus simplement fabriquer du superflu pour dégager du profit comme l'agriculture chimique totalement décadente, les produits issus de l'obsolescence programmée, etc. Et le meilleur moyen d'y arriver est d'avoir la pleine possession de nos moyens de production.

En définitive, un salaire à vie nous redonnera un choix, un libre arbitre et nous permettra de choisir notre rôle dans la cité. Les citoyens ne seront plus dans cet état de résignation acquise, broyés – depuis la plus tendre enfance – par un système malade de la pensée unique, qui les ont rendus passifs et assistés. En faisant un travail sur eux-mêmes, en sortant des schémas imposés, ils verront qu'ils sont forcément doués pour quelque chose. Les idées et désirs de chacun reviendront à la surface, la confiance en soi reviendra elle aussi et ils pourront se permettre de prendre le risque d'une initiative puisque leur survie est assurée. Ces nouvelles idées finiront par créer de l'innovation qui pourra peut-être amortir notre entrée dans un monde aux ressources très limitées. Mais attention nous pourrions voir émerger des risques de surmenage. 90% de ceux qui font de l'excès de zèle déclaraient spontanément ne pas travailler seulement pour le salaire ou le statut.[439] Si en plus on ajoute les économies de santé liées à une alimentation de qualité, qu'on enlève les effets du *Tripalium* : le *turn-over*, d'absentéisme, de présentéisme, moins d'accidents du travail, moins de maladies cardiovasculaires, de trouble musculo- squelettique, d'état dépressif et anxieux. Que les meilleures conditions de travail engendrent plus de productivité, de créativité donc d'innovation… Et qu'en plus nous pouvons mieux maîtriser l'économie en faisant marcher de pair une monnaie locale et un salaire à vie… les retombés socio-économiques seront phénoménales. Elles nous permettront, je l'espère, de préparer une société *low tech*, pour que nos enfants jouissent d'un minimum de confort.

---

[439] http://rue89.nouvelobs.com/rue89-eco/2012/11/26/zele-au-travail-attention-aux-explications-psychologiques-237263

Vers un monde de rebelles

*Ceux qui savent ne parlent pas, ceux qui parlent
ne savent pas. Le sage enseigne par ses actes,
non par ses paroles.*

Lao Tseu

Notre niveau de vie n'est pas compatible avec la santé de la planète. Soit nous suivons l'élite décadente pour finir pauvres, malades, voire stériles, et souffrir en les observant mener une vie de château dans leur tour d'ivoire. Soit nous engageons la révolution en changeant nos comportements et choisissant une autonomie à tous les niveaux. Plus nous attendrons plus le choix sera dur et difficile.

L'idée de ville en transition reprend beaucoup des concepts que nous venons d'aborder. Cette idée est venue d'une réflexion sur un monde où le pétrole se raréfie et qui deviendra de plus en plus cher. L'autonomie alimentaire, énergétique, en eau, des circuits courts et une monnaie locale, la durabilité, la solidarité et le rapprochement social, sont des facettes de ces villages comme Urgensheim ou Loos-En-Gohelle, qui se sont lancés dans l'aventure, avec plus ou moins de succès.

Nous devons aller un peu plus loin et créer une ville de rebelles, où chacun peut exprimer son plein potentiel. Autonome au possible, dans un environnement plus solide que liquide, avec des valeurs familiales plus fortes, avec sa banque, ses magasins de proximité cogérés, des petites manufactures – vêtement, vaisselle, outillage, chaussure – des assemblées constituantes, un maire tiré au sort, des écoles différentes, et qui peut-être nous mènera vers un salaire à vie qui nous fera sortir en douceur du capitalisme.

Une agriculture rebelle, possible en ville grâce à l'aquaponie vous redonnera les clés pour achever votre mutation et déclencher la mutation des autres. De plus en plus de rebelles verront le jour, la diversité reviendra et avec elle une nouvelle culture. Une culture construite sur le réel, celle qui nous est offerte en spectacle chaque jour par la Nature, mais que peu ont appris à observer, une culture à l'encontre des valeurs imposées par l'*Empire*. Cette résistance idéologique et une autonomie qui vous évitera de passer par l'économie du « marché libre » provoquera, espérons-le, une révolution qui est nécessaire sans passer par la résistance physique.

Chacun doit se mettre à l'eau. C'est à vous de montrer l'exemple, d'imaginer et de façonner vos villes : il suffit d'agir quand les autres n'agissent pas pour être un héros.

Le mot de la faim

Nous sommes ce que nous mangeons.

Hippocrate

Cet adage se vérifie littéralement. Certaines tribus mangeaient, ou mangent encore, de la chair humaine dans le but de s'approprier la force ou les qualités de l'individu qui sert de repas. La greffe d'organe, qu'on peut comprendre comme l'absorption d'un corps étranger, peut aussi intervenir sur le receveur. Il n'est pas rare d'entendre des récits de transplantés qui reviennent spontanément sur les lieux de l'accident qui ôta la vie au donneur alors qu'ils n'y ont jamais mis les pieds auparavant. Quelques-uns développent même des capacités ou des traits de caractère du donneur.

Si la physique quantique permet de comprendre que dans certaines conditions l'eau peut retenir de l'information, qu'en est-il de notre corps ou de tout autre objet ? D'après vous quelle information contient la plante, cultivée à la sauce intensive, que nous mangeons ? Et que dire de l'animal maltraité, stressé, malade, qui nous sert de steak ? Nous pouvons à peine en mesurer les effets en bout de chaîne avec la cristallisation sensible et les phénomènes énergétiques. Les expériences sur les plantes de Cleve Bakster nous montrent qu'au moins tous les êtres vivants, biologiquement parlant, sont interreliés en permanence par des moyens dont la science ignore encore tout.

Nous sommes ce que nous mangeons et nous pourrions rajouter que notre société est à l'image de notre agriculture. Nos points communs ? L'uniformisation, le stress, la maladie, la violence, la médecine chimique qui fait plus de mal que de bien... Une société d'apparence, vide de substance, où les valeurs et le sens moral sont remplacés par la religion capitaliste toute puissante. Tout comme notre agriculture, nous voulons toujours plus et toujours moins cher quitte à tout détruire, polluer ou même nous tuer.

Nous sommes des humains, parfois cultivés « hors sol », aux racines de plus en plus courtes qui puisent son savoir dans le NPK de l'Éducation nationale. Nous sommes sélectionnés depuis petit, hybridés, dans le but de produire des caractères identiques, pour répondre aux besoins du marché. De belles poires ou cornichons avec rien dedans. Nos carences culturelles nous affaiblissent et nous empêchent de développer notre plein potentiel de rebelle. La différence liée aux terroirs s'efface, les humains s'uniformisent, sont fades, sans surprise, la monoculture est reine.

Cette uniformisation détruit la phytosociologie humaine. Plus personne ne peut s'entraider, les prédateurs et les maladies en profitent. Ils se nourrissent de nous et finiront peut-être par détruire tout le champ.

Changer d'agriculture c'est se changer soi-même et changer la société. Il est grand temps que les citoyens passifs deviennent des rebelles actifs, qu'ils cultivent la différence pour créer un écosystème où chacun aura un rôle à jouer, où les prédateurs de l'*Empire* ne pourront plus se développer et se gaver impunément. Tout comme une forêt primaire, nous finirons par créer un monde très riche, prospère, en pleine santé, suivant les rythmes de la nature et débordant d'ingéniosité. Chacun y trouvera une place pour s'épanouir.

Seuls les rebelles, enracinés dans la vérité créeront cette forêt.

Si vous demeurez dans ma parole, vous êtes vraiment mes disciples **vous connaîtrez la vérité, et la vérité vous affranchira.**
Jésus-Christ

Bibliographie

Alain de Benoist, *Le traité transatlantique et autres menaces*, Pierre-Guillaume de Roux Éditions.

Alain Soral, *Comprendre l'Empire*, Blanche.

Aldous Huxley, *Le meilleur des mondes*, Pocket.

Anne Givaudan, *Celui qui vient, Tome 2, Les dossiers sur le gouvernement mondial*, Éditions Sois.

Anton Parks, *Les chroniques du Girkù 2 Adam Genesis*, J'ai lu.

Arnaud De Tocquesaint, *La face cachée de l'école*, Kontre Kulture.

Benard Friot, *L'enjeu du salaire*, La dispute.

Benoit Tramblay, *Biodynamie et géobiologie*, Lulu entreprises.

Bertrand Hervieu, François Purseigle, *Sociologie des mondes agricoles*, Armand Colin.

Biomassacre la biologie synthétique menace de la biodiversité et les modes de subsistance, ETC group.

Brendan Brazier, *Thrive the vegan nutrition guide to optimal performance in sports and life*, Da Capo Press Inc.

Christopher Dunn, *Lost technologies of ancient Egypt*, Bear & Company, 2010.

Claire Séverac, *Complot mondiale contre la santé*, Elie & Mado Éditions.

Claude et Lydia Bourguignon, *Le sol la terre et les champs, pour retrouver une agriculture saine*, Sang de la Terre.

Daniel Estulin, *Qui nous affame - de la crise financière à la famine organisé l'intolérable stratégie des riches*, Blanche.

David Icke, *Race humaine, lève-toi !*, Macro Éditions.

Denis Riché, *Epinutrition du sportif*, De Boeck supérieur, 2017.

Dr Hervé Grogogeat, *La méthode acide base : Perdre du poids, ralentir le vieillissement, prévenir les maladies*, Odile Jacob.

Dr Jean Pierre Willemen, *Les intolérances alimentaires*, Guy Trédaniel.

Dr Jean Seignalet, *Alimentation la 3ème médecine*, 5ème Édition, François Xavier de Guibert

Ernst Jünger, *Traité du rebelle, ou le recours aux forêts* ; suivi de Polarisations, Seuil.

Foucard P., Tocqueville A., Gaumé M., Labbé L., Lejolivet C., Baroiller J.F., Lesage S., Darfeuille B., (2015) - *L'aquaponie : une association vertueuse des poissons et des végétaux en eau douce : synthèse technique, économique, et réglementaire.* Projet APIVA® (AquaPonie, Innovation Végétale et Aquaculture).

Francis Delaisi, *La révolution européenne*, Kontre Kulture.

George Orwell, *1984, La ferme des animaux*, Classipublica.

Gérard Choplin, Alexandra Strickner, Aurélie Trouvé, *Souveraineté alimentaire que fait l'Europe ?*, Éditions Syllepse.

Gilles Luneau, José Bové, *L'alimentation en otage*, Le Livre de Poche.

Giulia Enders, *Le charme discret de l'intestin*, Actes Sud Éditions.

Henri Mendras, *La fin des paysans*, Babel.

Henry Puget, *Lune et santé mode d'emploi*, Minerva.

Hervé Kempf, *Comment les riches détruisent la planète*, Seuil, 2007.

Hugo Erbe, *Agriculture Biodynamique, principe complémentaire*, Sang de la Terre.

Isabelle Saporta, *Le livre noir de l'agriculture*, J'ai lu Document.

Jacqueline Bousquet, *Au cœur du vivant*.

Jacqueline Bousquet, *Science dans la lumière*.

Jacques Collin, *L'eau-delà de l'eau*, Guy Trédaniel.

Jérôme Halzan, *Mythes et réalités de la science*, Kontre Kulture.

Jérôme Manetta, *Micronutrition et nutrithérapie optimisation des performances*, Sparte, 2017.

John Desalvo, *Décoder les pyramides, explorez les structures les plus énigmatiques du monde*, Véga.

Jure George Vujic, *Nous n'attendrons plus les barbares*, Kontre Kulture.

Marcel Violet, *Le secret des patriarches*.

Marco Della Luna, Paolo Cioni, *Neuro-Esclaves*, 2nd Édition, Macro Édition.

Marie-Françoise Tesson, Miguel Angel Fernandez Bravo, *Cristaux sensible*, Éditions du Fraysse

Marion Kaplan, *Alimentation sans gluten ni laitages*, Jouvence Santé, 2010

Marion Kaplan, *Paléobiotique*, Thierry Souccar.

Matt Frazier, *No meat athlete*, Fair Winds Press.

Michel Desmurget, *TV Lobotomie*, Max Milo éditions.

Michel Odoul, *Dis-moi ou tu as mal je te dirais pourquoi*, Albin Michel.

Nicolas Fabre, *Mon retour à la terre : Guide du néo-rural*, Kontre Kulture.

Philippe Bihouix, *L'Âge des low tech. Vers une civilisation techniquement soutenable*, Seuil.

Philippe Desbrosses, *Nous redeviendrons paysans*, Dangles.

Pierre Hillard, *La marche irrésistible du nouvel ordre mondial*, François-Xavier de Guibert, 2013.

Pierre Jovanovic, *Adolf Hitler ou la vengeance de la planche à billets*, Le Jardin des Livres.

Pierre Masson, *Guide pratique pour l'agriculture biodynamique*, BioDynamie Services.

Rudolf Steiner, *L'essence de la musique, l'expérience du son*, Éditions Anthroposophiques Romandes.

Scott Jurek, *Eat & Run (manger pour gagner)*, Guérin éditions Paulsen.

Stéphane Cardinaux, *Géométries sacrées tome 1*, Trajectoire. Sylvia Bernstein, Aquaponic gardening, Saraband.

William Engdahl, *OGM semence de destruction, l'arme de la faim*, Jean-Cyrille Godefroy Éditions.

William Golding, *Sa majesté des mouches*, Belin - Gallimard, 1983.

Yann Olivau, *La nature de l'eau*, Pietteur Marco.

Éditions Le Retour aux Sources

LE RETOUR AUX SOURCES

Albert Roche, premier soldat de FRANCE

L'incroyable histoire de l'engagé volontaire qui captura à lui seul 1180 prisonniers !

LE RETOUR AUX SOURCES

L'imposture du sauveur AMÉRICAIN 1917-1918 / 1941-1945

Un ouvrage passionnant qui balaye de nombreux clichés et rétablit des vérités historiques méconnues

ÉDITIONS LE RETOUR AUX SOURCES

LES GRANDES BATAILLES de la PREMIÈRE GUERRE MONDIALE

Une vision globale, tactique et stratégique des douze grandes batailles qui marquèrent un tournant dans l'histoire militaire